SIGNETS

BELLES LETTRES

Collection dirigée
par
Laure de Chantal

T0098782

EX MACHINA

DANS LA MÊME COLLECTION

1. Panthéon en poche *Dieux et déesses de l'Antiquité*
2. À la table des Anciens *Guide de cuisine antique*
3. Séduire comme un dieu *Leçons de flirt antique*
4. À l'école des Anciens *Professeurs, élèves et étudiants*
5. À la rencontre de l'étrang . *L'image de l'Autre chez les Anciens*
6. Sur la mer violette *Naviguer dans l'Antiquité*
7. Monstres et m veilles. *Créatures prodigieuses de l'Antiquité*
8. Professionnelles de l'amo . *Antiques & impudiques*
9. Dixit *L'art de la parole dans l'Antiquité*
10. Des lyres et cithare *Musiques & musiciens de l'Antiquité*
11. Homosexualit *Aimer en Grèce et à Rome*
12. Celebrit *Riches, célèbres et antiques*
13. Devenir dieu *Désir de puissance et rêve d'éternité chez les Anciens*
14. Paranormale Antiquit *La mort et ses démons en Grèce et à Rome*
15. 'Empire des loisirs. *L'otium des Romains*
16. Odeurs antiq
17. Hocus Pocu *À l'école des sorciers en Grèce et à Rome*
18. Exi *Exclus et marginaux en Grèce et à Rome*
19. Mercat *Le commerce dans les mondes grec et romain*
20. Torturer à l'antique. *Supplices, peines et châtiments en Grèce et à Rome*
21. Nuits antiq
22. E Ω. *Écologie et environnement en Grèce et à Rome*
23. Clio et ses disciple *Écrire l'histoire en Grèce et à Rome*
24. Rouge san *Crimes et sentiments en Grèce et à Rome*
25. Cave Cane *Hommes et bêtes dans l'Antiquité*
26. Rire avec les Ancien *L'humour des Grecs et des Romains*
27. Impera . *Diriger en Grèce et à Rome*
28. Flor *Les fleurs dans l'Antiquité*
29. Métamorphose *D'Actéon au posthumanisme*
30. Incognit *L'art de la ruse et de la dissulation dans l'Antiquité*
31. Minu *La petite enfance en Grèce et à Rome*
32. Mathematikos. *Vies et découvertes des mathématiciens en Grèce et à Rome*
33. Ex Machin *Machines, automates et robots dans l'Antiquité*
34. L'Antiquité en détresse. *Catastrophes & épidémies dans le monde gréco-romain*
35. Arma. *L'Antiquité en guerre*

EX MACHINA

*Machines, automates et robots
dans l'Antiquité*

Précédé d'un entretien
avec Cédric Villani

Textes réunis et présentés
par
Annie Collognat & Bernadette Choppin

Deuxième tirage

LES BELLES LETTRES

2021

© 2021, Société d'édition Les Belles Lettres
95, bd Raspail 75006 Paris

www.lesbelleslettres.com
Retrouvez Les Belles Lettres
sur Facebook et Twitter

Premier tirage 2020

ISBN : 978-2-251-45097-1
ISSN : 0003-181X

ENTRETIEN
AVEC CÉDRIC VILLANI
Propos recueillis
par Annie Collognat

Ancien élève de l'École normale supérieure, agrégé et docteur en mathématiques, professeur à l'université de Lyon, Cédric Villani est un mathématicien et chercheur de renommée internationale : en 2010, il a reçu la médaille Fields, la plus prestigieuse des récompenses dans le domaine des mathématiques. Membre de l'Académie des sciences, il se consacre désormais à la vulgarisation des mathématiques et à la politique. Passionné par la question de l'intelligence artificielle, il a publié plusieurs ouvrages sur ce sujet : entre autres, Théorème vivant *(Grasset et Fasquelle, 2012),* Les Coulisses de la création *avec Karol Beffa (Flammarion, 2015),* Les mathématiques sont la poésie des sciences *(Flammarion, 2018), ainsi qu'une bande dessinée intitulée* Ballade pour un bébé robot *avec le dessinateur Edmond Baudoin (Gallimard Jeunesse, 2018). En 2017, il a été élu député dans la cinquième circonscription de l'Essonne. Du 8 septembre 2017 au 8 mars 2018, il a conduit une mission parlementaire confiée par le Premier ministre Édouard Philippe et intitulée* « Donner un sens à l'intelligence artificielle, pour une stratégie nationale et européenne » *; il en a rédigé le rapport paru en mars 2018.*

ANNIE COLLOGNAT. *Cette anthologie est née du désir de donner à lire un ensemble de textes antiques, grecs et latins, sur le thème de l'« automate », au sens étymologique*

*du terme, et, plus généralement, sur la « machine »
qui imite le vivant, un sujet sur lequel vous avez
beaucoup réfléchi et écrit, comme le montre, entre autres,
votre récent rapport. Une question pour commencer :
pensez-vous que la distinction entre* Homo sapiens *et*
Homo faber*, telle qu'elle est posée par Henri Bergson,
soit aujourd'hui pertinente ? Autrement dit, l'un doit-il
chasser l'autre ?*

CÉDRIC VILLANI. Mon impression est que *Homo
sapiens* et *Homo faber* ont toujours coexisté ; en tout
cas, ils se nourrissent l'un de l'autre. C'est avec du
faber que se construit le *sapiens,* et c'est le *sapiens* qui
permet de fabriquer du *faber,* donc je ne ferai pas
la distinction entre les deux. Il est à noter aussi, bien
sûr, qu'il y a eu plusieurs espèces de *sapiens,* en tout cas
bien plus que ce qu'on croyait à l'époque de Bergson.
De façon générale, on a trouvé que les hommes dans
les temps préhistoriques étaient tout à la fois plus
habiles et plus intelligents que ce que l'on croyait.
On peut dire que la découverte de la grotte Chauvet
a tout changé : en termes de conscience, de sentiment, de sensation, de sens artistique, tout y était…
Et cela met aussi à mal tout ce qu'on a pu dire sur
le fait que la conscience était diffuse et que les réalisations se faisaient uniquement de manière vaguement
dégrossie par le collectif ; on voit bien que là, dans
la grotte Chauvet, presque à coup sûr, c'est un individu qui s'est exprimé – ou un individu avec un petit
nombre de disciples. Tout est parfaitement réfléchi,
conscient, programmé, prévu… Donc, effectivement,
ça change tout.

*A. C. Considérons les « savants » et les « sages » (avec
toute la polysémie du mot que l'on retrouve dans « philosophe »). Dans l'Antiquité, on les appelait aussi des « mécaniciens », avec cette fameuse « école d'Alexandrie » dont
faisait partie Héron, par exemple. Qu'en est-il aujourd'hui ?*

Pensez-vous que l'on puisse encore prétendre à un savoir « encyclopédique » ou est-il désormais obligatoire de se spécialiser ?

C. V. Le savant, au sens où on l'entendait, a disparu. Et d'ailleurs le scientifique aux manettes ne s'appelle plus savant mais chercheur, ce qui change du tout au tout. Le savant est celui qui sait des choses, le chercheur est celui qui les ignore, et cela traduit un renversement de point de vue : on est passé de l'impression qu'on avait des montagnes de connaissances à l'impression qu'on a des montagnes de mystères. C'est venu avec l'exploration, avec les constructions, avec la perception que les mystères sont tellement plus vastes... c'est venu très clairement avec le XXe siècle, qui a connu aussi sa profusion de scientifiques, la professionnalisation des institutions, la diversification des thèmes, ainsi que la mise en place de systèmes étatiques organisés pour la recherche. En bref, tout change d'échelle au XXe siècle, et avec cette multitude d'acteurs, paradoxalement, on découvre que l'univers de la recherche, l'univers des possibles, l'univers des inconnus est beaucoup, oui, beaucoup plus grand que ce que l'on imaginait. Le savoir connu, lui, a cru exponentiellement : il est devenu inaccessible à un individu seul. Il reste de la place pour une certaine forme d'érudition, mais elle est beaucoup plus générale, beaucoup plus vague, beaucoup plus diffuse que ce qu'a pu être l'érudition à une époque, et tout particulièrement dans l'Antiquité. Elle n'est plus valorisée pareillement : sa place n'est plus dans la sphère scientifique, mais plutôt dans celle des intellectuels, des conférenciers, où ce type de savoir est mis en valeur – comme, disons, un Michel Serres ou un Hubert Reeves, qui ne sont pas célèbres par leurs découvertes mais par la façon qu'ils ont de produire des synthèses accessibles à un large public. Cette ouverture au public est importante, bien sûr, mais la conception de la science a changé par rapport à une époque où effectivement – encore récemment – un scientifique de pointe pouvait aussi avoir une vraie érudition dans tous les domaines, le plus emblématique étant certainement Henri Poincaré.

A. C. Pour revenir à nos fameux « mécaniciens » antiques, prenons un exemple concret, celui de l'éolipile, c'est-à-dire en latin Aeoli pila, *la « boule d'Éole », le dieu des vents : une petite sphère tournante conçue par Héron d'Alexandrie au 1er siècle après J.-C. et décrite par Vitruve (voir p. 205), dans laquelle on a pu voir la préfiguration de la machine à vapeur. Mais cette invention n'a pas donné lieu à autre chose qu'un objet de curiosité, c'est pourquoi on a souvent dit que c'était « un tournant raté » dans l'histoire des « progrès » humains : il y avait bien l'intelligence créatrice, mais pas son application industrielle puisque celle-ci n'interviendra qu'à partir de la fin du XVIIIe siècle avec la machine à vapeur de James Watt. Peut-on imaginer quel serait le monde d'aujourd'hui, si, selon le principe de l'uchronie, l'éolipile n'avait pas en quelque sorte manqué son rendez-vous avec l'Histoire ?*

C. V. L'affaire est intéressante. Pour le coup, c'est un problème sur lequel il faudrait faire plancher une petite équipe si on voulait avoir une réponse sérieuse. Certes, pour lancer la révolution industrielle, il fallait le principe, les expériences et le fameux moteur attribué à Watt et compagnie, mais il y avait aussi un niveau de production technique qui faisait qu'on était capable de construire des mécanismes avec une certaine précision, de façon industrielle. Il y avait la capacité de construire des rails qui puissent accueillir des trains, etc., bref il y avait tout un ensemble de processus, relevant de la physique, de la chimie, qui étaient au point à cette époque-là, mais qui ne l'étaient pas encore dans l'Antiquité. Alors, oui, on peut se demander s'il aurait été possible de construire quelque chose d'un peu sophistiqué avec les moyens de l'époque. Je ne sais pas... honnêtement, je ne sais pas.

A. C. Il faut dire aussi que la question économique, celle de l'esclavage, a figé la société antique et, de manière générale, toutes les sociétés pré-industrielles.

C. V. En fait, ce n'est pas forcément si éloigné que cela au sens où il y avait au XVIIIe siècle, et particulièrement en Grande-Bretagne, un prolétariat qui vivait en réalité dans les conditions de l'esclavage et qui jouait donc le rôle des esclaves de l'Antiquité. Il y avait des besoins importants en matière de transport, d'extraction, etc. On peut imaginer après tout un scénario dans lequel les choses se seraient développées dans une certaine mesure. Par exemple, quelqu'un découvre le principe de l'ordinateur électronique au XVIIIe siècle, mais il ne peut rien en faire parce qu'il n'y a pas de grandes installations électriques, ni industrie ni chimie suffisantes pour produire les choses, etc. Avoir un principe n'est pas suffisant pour passer à une échelle industrielle. On évoque parfois un autre épisode comme un « tournant technologique raté », ce sont les fameux mécanismes d'Anticythère : certains ont voulu y voir les prémisses de l'ordinateur. Sans aller jusque-là, je dirais qu'ils annoncent les mécanismes de précision, ceux de l'horlogerie. Il a fallu à peu près mille ans pour les retrouver. Ainsi, il a pu arriver que l'on passe à côté de grandes avancées. Mais, en y réfléchissant, on peut aussi utiliser cet exemple pour envisager l'issue la plus probable : supposons que quelqu'un ait mis au point la machine à vapeur dans l'Antiquité, cela serait resté une curiosité isolée, qui se serait éteinte d'elle-même, parce qu'il n'y avait pas le moyen de passer à une autre échelle, de même que le mécanisme d'horlogerie a été découvert mais ne s'est pas répandu. Une voie sans issue pour cette époque-là.

A. C. Donc pas d'uchronie à la Jules Verne ?

C. V. On peut toujours s'amuser à l'imaginer ! Cependant, il faut combattre l'idée selon laquelle les progrès s'effectuent selon une échelle linéaire : on sait qu'ils se manifestent d'une façon « bourgeonnante » et, même si l'une des cases est remplie bien avant l'échéance, il y en a tellement d'autres à combler ! Cela ne peut pas dispenser de conduire des recherches théoriques et pratiques sur bien des sujets. Il faut rappeler que la thermodynamique n'a été développée qu'à partir du début du XIXe siècle et pas seulement pour des questions technologiques : au niveau théorique, il y avait aussi de grands obstacles conceptuels ; même avec le moteur à vapeur, je ne vois pas comment on aurait pu les résoudre avant la renaissance scientifique.

*A. C. Dans le mot « machine », il y a aussi le sens de « machination ». Un passage célèbre de l'*Antigone *de Sophocle (vers 334-366) célèbre l'homme comme « la plus grande des merveilles », capable d'inventer des « machines » pour se sortir de toutes les situations, « riche d'une intelligence incroyablement féconde », dans le mal comme dans le bien. Pour vous, comment concevoir le rapport de l'homme et de la machine aujourd'hui ?*

C. V. Tous les outils de l'humanité subissent ce sort, avant comme après les machines. La question de l'éthique se pose depuis fort longtemps…

A. C. Elle nous amène à la question du « créateur ». Platon imagine que le « démiurge », le Créateur de l'univers, délègue aux dieux « inférieurs » (les Olympiens) le soin de créer les espèces vivantes et mortelles en précisant : « Si je leur donnais moi-même la naissance et la vie, elles seraient égales aux dieux » (Timée, 41a). Que pensez-vous de la tentation du « démiurge » aujourd'hui ? Doit-on craindre qu'un jour prochain la créature finisse par égaler son créateur ?

C. V. Dans cette façon qu'a Platon de poser le problème, je vois une forme de narcissisme par rapport à l'espèce : une façon étrange de placer sa fierté d'espèce en se gargarisant de ce qu'elle est intelligente et supérieure aux autres. Je ne porte pas particulièrement Platon dans mon cœur avec sa façon de voir la morale, avec cette idée de placer l'homme au-dessus du reste. Quant à la question de savoir si l'homme se fait égaler ou pas par sa création, elle n'entre pas dans la façon dont j'ai envie de voir les choses. Dès que vous faites un outil, vous le faites pour remplir une tâche que vous ne savez pas faire, et donc l'outil vous dépasse par certains côtés. Que l'outil soit intelligent ou pas, si c'est un couteau, il est plus tranchant que vous ; si c'est un livre, il a beaucoup plus de mémoire que vous. Aujourd'hui, un ordinateur arrive à vous battre pour toutes sortes d'activités : savoir si un jour il va vous égaler ou non n'est pas la bonne façon de voir les choses.

A. C. Poursuivons avec le mythe de Pygmalion et de sa création : stricto sensu, ce n'est pas une « machine » au sens où on l'entendrait aujourd'hui, mais l'œuvre d'un sculpteur, un artefact, une statue qui prend vie. En ce sens, ce mythe pose aussi le problème plus large de « l'intelligence artificielle », et nous partageons ici les mêmes références : Blade Runner, bien sûr, le film de Ridley Scott (1982), que vous citez dans votre rapport, ainsi que Her de Spike Jonze (2013). J'y ajoute la première de toutes, celle d'Homère qui montre Héphaïstos créant les premiers robots humanoïdes : des servantes en or dotées de « corps de vierge », mais aussi de la parole et de l'intelligence (voir p. 44).

C. V. Bien sûr, l'idée de robot, de mécanisme reproduisant la vie renvoie à un rêve ancien. On retrouve la question du lien qui unit *faber* et *sapiens* : faire, c'est aussi comprendre. La vie et l'intelligence, l'une et l'autre mélangées, restent l'un de nos plus grands mystères : comment ça fonctionne ? Le fait de réaliser quelque chose d'animé, c'est un pas, un pas important dans cette direction. Évidemment, au fur et à mesure des progrès, on peut être plus exigeant sur la notion d'animé. Pour l'instant, sur le plan technologique et scientifique, d'une part les progrès sur ce qui s'anime, disons sur la partie robotique, et d'autre part les progrès sur la partie flexion de pensée, plutôt analyse, intelligence artificielle, sont faits de façon assez séparée, presque indépendante. Mettre les deux ensemble est l'un des défis scientifiques de notre époque.

A. C. Et la réalité prend même le pas sur la fiction : au printemps 2017, un ingénieur chinois épousait son robot humanoïde. Dans son essai intitulé Le jour où mon robot m'aimera *(Albin Michel, 2015), le psychologue Serge Tisseron s'interroge sur le développement futur d'une empathie artificielle. Qu'en pensez-vous ?*

C. V. Il y a une grande propension des êtres humains à s'attacher à des machines dès qu'elles sont vaguement humanoïdes ou animaloïdes (on pense à la mode des tamagotchis japonais créés en 1996). La personnalisation, c'est vraiment très facile : cela fait partie de nos réflexes les plus puissants. Bien sûr, des robots animés seraient « des êtres » auxquels on s'attacherait très facilement. Je pense que ce réflexe d'attachement – cette facilité à s'attacher à des objets qui ont l'air vaguement « semblables » – est ancré biologiquement en nous.

A. C. Pensez-vous que, comme dans Blade Runner *ou encore dans la série* Real Humans, *récemment diffusée sur Arte, on puisse un jour abolir la distinction entre les hommes et les robots ?*

C. V. Dans l'absolu, qui sait ? En pratique, c'est très, très loin. Ce sont des choses tellement différentes pour l'instant qu'on ne s'imagine pas le voir arriver un jour, je veux dire ni dans le futur proche, ni dans le futur lointain « raisonnable » : on est dans les supputations les plus sauvages.

A. C. Dans dix-sept siècles ?

C. V. Peut-être. Mais comment va-t-on faire pour tenir encore dix-sept siècles ? des siècles de conceptions, de complications civilisationnelles ? Cela donne le tournis...

A. C. Dans votre rapport, vous évoquez « l'alliance des projections fictionnelles » en ces termes : « C'est probablement cette alliance entre des projections fictionnelles et la recherche scientifique qui constitue l'essence de ce qu'on appelle l'IA. Les imaginaires, souvent ethno-centrés et organisés autour d'idéologies politiques sous-jacentes, jouent donc un rôle majeur, bien que souvent négligé, dans la direction que prend le développement de cette discipline » (p. 9).

C. V. Bien sûr, c'est-à-dire qu'il y a les projections très lointaines qui sont comme des sortes de rêves inaccessibles et les projections moins lointaines qui, petit à petit, se transforment en réalisations. Quoi qu'il en soit, ce que reflète cette constatation, c'est surtout que nous sommes tournés vers le futur par nature.

A. C. Dans un colloque sur les usines du futur, où vous interveniez sur le thème « Humain, robot, usine, le grand

ménage à trois », vous avez développé « trois idées succes-
sives : les rapports homme/robot selon la dialectique maître/
esclave, puis selon la dialectique maître/élève (qui est diffé-
rente, car le maître a intérêt au progrès de l'élève mais pas
de l'esclave), et enfin la dialectique maître/maîtresse, avec
l'usine prenant le robot comme nouvel amant après avoir
eu l'homme pendant des siècles » (in Les Coulisses de
la création*). Quelle évolution imaginez-vous pour le futur ?*
Ces trois types de rapports vont-ils subsister ?

C. V. Oui, je crois : l'un qui nous permet
d'apprendre, l'autre qui nous donne des moyens et
en même temps nous rend esclaves, et puis finalement le lien affectif, qui unit l'un avec l'autre. Oui,
je le pense, ces trois types de rapports vont continuer
à se développer. Le lien affectif qui est aussi dans
l'amour et dans la jalousie.

A. C. En conséquence, faut-il aussi supposer trois
« classes » de robots ?

C. V. Non, ce sont plutôt les mêmes, avec certaines
variantes, qui développeront selon les circonstances
une tendance ou plutôt une autre, surtout selon
la façon dont on envisage notre relation. C'est l'homme
qui déterminera le rapport qu'il entretiendra avec
le robot : il s'agit avant tout d'une question de rapports
humains, il faut voir comment la société humaine
s'appropriera le sujet.

A. C. Un point très important de votre rapport est
aussi consacré à la réflexion sur la place du robot à l'école,
pour « renforcer la créativité et les pédagogies innovantes »
(p. 116).

C. V. Oui, c'est toute une activité que la program-
mation des robots à l'école. Le robot vient aussi comme
compagnon, comme partenaire – comme *sparring*

partner – : il peut être employé de beaucoup de manières, très variées, avec les élèves. Dans certaines expériences, le robot est là clairement pour pallier le manque de disponibilité de l'humain ; il faut noter aussi le fait qu'il peut y avoir des humains qui ont des difficultés à communiquer directement avec des humains, qui ont besoin d'un intermédiaire : je pense aux robots pour les jeunes autistes. De toute façon, c'est le facteur humain qui est le plus complexe, le plus difficile à prévoir et à appréhender, maintenant et pour longtemps.

A. C. Vous avez écrit une bande dessinée, Ballade pour un bébé robot, *une aventure de science-fiction originale, poétique, philosophique et mathématique. Croyez-vous, pour finir, que la poésie sauvera le monde, les hommes… et les robots ?*

C. V. Pour les hommes, j'en suis persuadé : nous en avons vraiment besoin. Nous sommes dans une période de notre histoire extrêmement dure : montée des tensions par rapport au statut de l'autre, montée des tensions à travers le monde, dématérialisation des rapports – ce qui devait rapprocher bien souvent a plutôt écarté –, multiplicité des sollicitations, banalisation de certains comportements, dureté – oui, dureté… –, indifférence. On a besoin de poésie, de remettre du sentiment et de l'émotion : il est plus que jamais temps de réenchanter le monde. Quand j'ai rédigé ce petit passage où il est question de poésie ici et là, j'avais en tête certains couplets de la chanson du groupe finlandais Nightwish qui s'appelle « The Greatest Show on Earth » : c'est un groupe de hardrock symphonique dont la tête pensante est un « geek » scientifico-poète. Il a construit un album autour de l'origine des espèces de Darwin, et sa chanson finale (« The Greatest Show on Earth ») est une sorte de gigantesque fresque, un opéra symphonique de vingt-cinq minutes environ, qui part de la création du monde pour évoquer toute l'histoire de l'univers, y compris de l'humanité. J'en ai retenu deux idées dans *Ballade pour un bébé robot* : l'une, c'est l'histoire du grain de sable – « il rêvait de comprendre un grain de sable » –, et l'autre, c'est pour parler de l'homme qui « inventa la poésie » – comme si c'était la grande invention technologique, plus importante encore que le silex taillé, que la roue et que tout le reste… C'est possible, au sens où, petit à petit, se fait dans la tête des humains, en même temps que *faber* et *sapiens*, l'idée de représenter le monde avec des concepts, avec des idées et des plans : on voit des régularités, on veut arriver à les capturer, à les décrire. En tout cas, à un moment, arrive cette représentation du monde pour partie en concepts mathématiques, pour partie en mots, en idées. Oui, petit à petit, on passe ainsi des objets aux théories, qui se combattent les unes les autres, qui se répondent les unes les autres et qui représentent le monde selon notre point de vue.

A. C. *On revient à Platon… Certains ont même vu des robots dans le mythe de la caverne ! En fait, pour les Anciens, la* poièsis *– la « poétique » –, c'est aussi, avant tout, l'art du « faire ». Le poète, c'est aussi un technicien.*

C. V. Oui, bien sûr, c'est la re-création du monde. Je pense aux œuvres-concepts de l'auteur de bande dessinée Marc-Antoine Mathieu, artiste insaisissable, toujours très précis, toujours dans la sophistication logique. Dans *Trois secondes* (Delcourt, 2011), on suit les différents trajets de la lumière, qui se perçoit selon toutes sortes de points de vue, pendant trois secondes, jusqu'à aller sur la Lune et revenir sur diverses surfaces réfléchissantes. Son dernier ouvrage, publié par Delcourt (novembre 2018), s'appelle *3 rêveries* : un poème graphique sous forme de coffret sous-titré *Homo Temporis, Homo Logos, Homo Faber*. C'est bien ainsi que se déploie le triptyque des créations humaines : le temps, l'outil et la pensée.

CARTES

La Méditérranée antique (1 cm = 280 km)

© Les Belles Lettres

Le monde grec (1 cm = 98 km)

© Les Belles Lettres

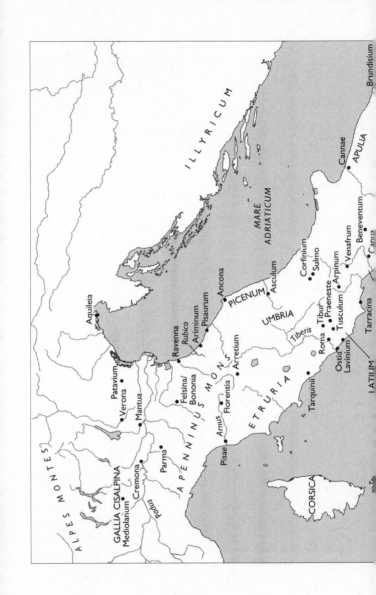

L'Italie antique (1 cm = 93 km)

© Les Belles Lettres

I

HOMO FABER :
LE TEMPS DU MYTHE

ARTS ET MÉTIERS :
QUELQUES RÉFLEXIONS
DE PHILOSOPHES

Défini comme *Homo sapiens*, l'homme se distingue aussi des autres espèces du règne animal en tant qu'*Homo faber*. Pour Henri Bergson, c'est même là ce qui le caractérise par essence : « En ce qui concerne l'intelligence humaine, on n'a pas assez remarqué que l'invention mécanique a d'abord été sa démarche essentielle, qu'aujourd'hui encore notre vie sociale gravite autour de la fabrication et de l'utilisation d'instruments artificiels, que les inventions qui jalonnent la route du progrès en ont aussi tracé la direction. [...] Si nous pouvions nous dépouiller de tout orgueil, si, pour définir notre espèce, nous nous en tenions strictement à ce que l'histoire et la préhistoire nous présentent comme la caractéristique constante de l'homme et de l'intelligence, nous ne dirions peut-être pas *Homo sapiens*, mais *Homo faber*. En définitive, l'intelligence, envisagée dans ce qui en paraît être la démarche originelle, est la faculté de fabriquer des objets artificiels, en particulier des outils à faire des outils et d'en varier indéfiniment la fabrication. » (*L'Évolution créatrice*, chap. II, 1907)

On a dit les Grecs plus « industrieux » que « mystiques » : cependant, l'importance des divinités « techniciennes », au premier rang desquelles Héphaïstos et Athéna, révèle une forme de sacralisation qu'il ne faut pas exclure de la τέχνη (*technè*), cette « habileté à fabriquer » qui recouvre aussi bien le savoir-faire de l'artisan que celui de l'artiste. Au centre de la cosmologie qu'il développe dans le *Timée*, Platon place un démiurge « qui travaille le métal, qui construit et assemble, qui pétrit et modèle l'argile, qui peint, qui donne une forme à la cire et qui tresse » (Luc Brisson, *Le Même et l'Autre dans la structure onto-logique du* Timée *de Platon*, 1974) : bref, le Créateur lui-même est le premier à « mettre la main à la pâte ».

Et c'est encore Platon qui revisite non sans humour le mythe de Prométhée pour expliquer l'ori-gine de l'*Homo faber*. Selon les mots de Protagoras, le fils du Titan Japet s'est glissé dans l'atelier d'Athéna et d'Héphaïstos pour leur voler leur τέχνη (*technè*) et la donner aux hommes. Il leur offre ainsi la σοφία (*sophia*), la « science » proprement appelée ἔντεχνος (*entechnos*), « technique » : autrement dit, le savoir-faire dans les « arts et métiers », tradition-nellement incarné par les figures complémentaires des deux divinités. Sans le feu, précise Protagoras, cette science divine est ἀμήχανος (*amèchanos*), litté-ralement « privée de moyen » (*a-mèchanè*). On voit ici le réseau de sens qui se dessine dans les termes mêmes : la μηχανή (*mèchanè*) – *machina* en latin, d'où notre nom « machine » – désigne en effet toute inven-tion ingénieuse qui constitue un moyen d'action ; ce peut être aussi un artifice conçu comme une ruse (au sens de machination). De manière plus générale, la *mèchanè* désigne le talent d'imaginer et d'inventer, selon les mêmes principes que la *technè*.

Pour les philosophes, si la maîtrise de la technique caractérise l'homme, dont la main est le premier ὄργανον (*organon*, outil), elle est aussi aux origines d'un débat primordial qui oppose « nature » et « indus-trie » : elle peut conduire l'humanité vers le progrès ou la corrompre en servant sa *libido dominandi*. Il faut « suivre la nature », dit Sénèque, « la métallurgie et l'agriculture ont perdu le genre humain », renchérit Jean-Jacques Rousseau : « Dès l'instant qu'un homme eut besoin du secours d'un autre, dès qu'on s'aperçut qu'il était utile à un seul d'avoir des provisions pour deux, l'égalité disparut, la propriété s'introduisit, le travail devint nécessaire et les vastes forêts se changèrent en des campagnes riantes qu'il fallut arroser de la sueur des hommes, et dans lesquelles on vit bientôt l'esclavage et la misère germer et croître avec les moissons. La métallurgie et l'agriculture furent les deux arts dont l'invention produisit cette grande révolution. Pour le poète, c'est l'or et l'argent ; mais pour le philosophe, ce sont le fer et le blé qui ont civilisé les hommes et perdu le genre humain » (*Discours sur l'origine et les fondements de l'inégalité parmi les hommes,* 1754).

Back to the trees ! (« Retour aux arbres ») s'écrie Oncle Vania, un *Homo sapiens* « réactionnaire » qui découvre le feu dans le chef-d'œuvre d'humour préhistorique écrit par Roy Lewis : « Si l'on reste dans des limites raisonnables, les outils, les coups de poing ne transgressent pas vraiment la nature. Les araignées se servent d'un filet pour capturer leur proie ; les oiseaux font des nids mieux construits que les nôtres ; et j'ai vu, il n'y a pas longtemps, une troupe de gorilles battre comme plâtre une paire d'éléphants – oui, tu m'entends, des éléphants ! – avec des triques. Je suis prêt à admettre, tu vois, qu'il est licite de tailler des cailloux, car c'est rester dans les voies de la nature. Pourvu, toutefois, qu'on ne se mette pas à en dépendre trop : la pierre taillée pour l'homme, non l'homme pour la pierre taillée ! Et qu'on ne veuille pas non plus les affiner plus qu'il n'est nécessaire. Je suis un libéral, Édouard, et j'ai le cœur à gauche. Jusque-là, je peux accepter. Mais ça, Édouard, ça ! Cette chose-là ! dit-il en montrant le feu, ça, c'est tout différent, et personne ne sait où ça pourrait finir » *(Pourquoi j'ai mangé mon père, 1960)*.

C'est bien le feu prométhéen, celui qui a été volé dans la forge même d'Héphaïstos, qui est aux origines de la « grande révolution » de l'humanité. Grâce à lui, la *technè* produit des « machines » de plus en plus performantes, dont certaines pourraient même se substituer à la main-d'œuvre humaine et libérer ainsi l'humanité de la contrainte même du travail : rêve utopique d'un nouvel âge d'or ? On pourra constater que seul Aristote semble avoir deviné comment le développement de la machine « automatisée » serait une alternative à l'esclavage, fondement économique des sociétés antiques.

HOMÈRE
VIIIe s. av. J.-C.

VIRGILE
Ier s. av. J.-C.

CLAUDIEN
Ve s. ap. J.-C.

Platon

Le premier « artisan » – celui qui maîtrise tous les artes *(en latin le mot recouvre les savoir-faire et les techniques, comme le grec* technè*) – est le « fabricant et père de l'univers » (Timée, 28c) : celui que Platon nomme précisément « le démiurge », c'est-à-dire « celui qui exerce un travail [ergon] pour le public [dèmos] », ici au sens de « créateur du monde ». En effet, il a agencé la matière dépourvue de stabilité et d'ordre, comme un ingénieur mathématicien. Après avoir créé les dieux, il leur délègue le pouvoir de fabriquer les mortels, tout en se réservant celui de « forger » le principe de l'âme en mélangeant les substances, tel un artisan préparant ses alliages.*

*Par définition, le démiurge sait tout faire : il est le modèle idéal de l'Ouvrier, capable de porter l'Œuvre à son plus haut degré de perfection, à savoir l'animation, au sens littéral d'insuffler l'*anima *(le souffle de vie) dans ce qu'il a créé. À son image, Héphaïstos et Dédale se comporteront en démiurge, tout comme les ingénieurs d'aujourd'hui qui rêvent d'animer les robots en les dotant d'une « intelligence artificielle ». Reste à résoudre la question essentielle : comment ça marche ? comment associer l'esprit et la matière ? comment donner la vie et le mouvement ? Avec Platon, nous voyons le démiurge au travail, mais il garde tous ses secrets de fabrication.*

LE DÉMIURGE

Lors donc que tous ces dieux furent nés, celui qui a engendré tout ce Monde leur dit ceci :

« Dieux, fils des Dieux dont je suis l'Auteur, et des œuvres desquels je suis le Père, vous êtes nés par moi, et indissolubles vous êtes, tant que je ne voudrai pas vous dissoudre. Car, si tout composé est corruptible, vouloir briser l'unité de ce qui est

7

harmoniquement uni et beau, c'est le fait du méchant. Donc, et parce que vous naquîtes, vous n'êtes ni immortels, ni du tout incorruptibles. Pourtant, vous ne serez jamais dissous et jamais vous ne subirez une destinée mortelle, parce que mon vouloir constitue pour vous un lien plus fort et plus puissant que ceux dont vous fûtes liés, quand vous naquîtes. Maintenant, écoutez ce que mes paroles vont vous apprendre. Il reste trois espèces mortelles qui ne sont pas encore nées. Si elles ne naissent point, le Ciel demeurera inachevé, car il ne comprendra pas en lui-même absolument toutes les espèces de vivants. Et il faut qu'il les comprenne, s'il doit être absolument parfait. Mais, si je les faisais naître moi-même, si elles participaient de la Vie par moi, elles seraient égales aux Dieux. Afin donc que, d'une part, ces êtres-là soient mortels, et que d'autre part le Tout soit vraiment le Tout, appliquez-vous selon votre nature à fabriquer des êtres vivants. Imitez l'action de mon pouvoir, lors de votre propre naissance. Et, quant à la partie de ces êtres qui doit porter le même nom que les Immortels, quant à la partie qu'on nomme divine et qui commande en ceux d'entre eux, qui voudront toujours vous suivre et suivre la justice, j'en préparerai moi-même et je vous en donnerai la semence et le commencement. Pour le reste, ajoutant à cette partie immortelle une partie mortelle, fabriquez des Vivants, faites les naître, donnez-leur la nourriture, faites les croître et, quand ils périront, recevez-les de nouveau près de vous. »

Il dit ces mots et, revenant au cratère, dans lequel il avait d'abord mêlé et fondu l'Âme du Tout, il y versa les résidus des premières substances et les y mélangea à peu près de même. Toutefois, il n'y eut plus, dans le mélange, de l'essence pure identique et invariable, mais seulement de la seconde et de la troisième. Puis, ayant combiné le tout, il le partagea en un nombre d'Âmes égal à celui des astres. Il

distribua ces âmes dans les astres chacune à chacun :
il les y plaça comme dans un char et il leur enseigna
la nature du Tout.

Timée, 41a-d

HOMÈRE
VIIIe s. av. J.-C.

VIRGILE
Ier s. av. J.-C.

CLAUDIEN
Ve s. ap. J.-C.

Platon

*Le sophiste Protagoras raconte le mythe de Prométhée :
on découvre comment le fils du Titan Japet trouve une solution* in extremis *à l'imprévoyance de son frère Épiméthée
et, par là même, comment l'homme, en apparence le plus
démuni de tous les êtres vivants, va s'imposer comme leur
maître grâce à son habileté « technique ». La leçon de
la fable platonicienne est claire ; elle rejoint l'affirmation
de Prométhée lui-même dans la tragédie d'Eschyle : « Tous
les arts [τέχναι], chez les hommes, viennent de Prométhée »*
(Prométhée enchaîné, *vers 506). Et c'est aussi à lui, on
le sait, que les hommes doivent le feu, qui est « le maître
des arts ».*

LE DON DE LA *TECHNÈ*

C'était le temps où les dieux existaient déjà, mais
où les races mortelles n'existaient pas encore. Quand
vint le moment marqué par le destin pour la naissance
de celles-ci, voici que les dieux les façonnent à l'intérieur de la terre avec un mélange de terre et de feu
et de toutes les substances qui se peuvent combiner
avec le feu et la terre. Au moment de les produire à
la lumière, les dieux ordonnèrent à Prométhée et à
Épiméthée de distribuer convenablement entre elles
toutes les qualités dont elles avaient à être pourvues.
Épiméthée demanda à Prométhée de lui laisser le soin
de faire lui-même la distribution. « Quand elle sera
faite, dit-il, tu inspecteras mon œuvre. »

La permission accordée, il se met au travail.

Dans cette distribution, il donne aux uns la force
sans la vitesse ; aux plus faibles, il attribue le privilège de la rapidité ; à certains, il accorde des armes ;
pour ceux dont la nature est désarmée, il invente
quelque autre qualité qui puisse assurer leur salut.

À ceux qu'il revêt de petitesse, il attribue la fuite ailée ou l'habitation souterraine. Ceux qu'il grandit en taille, il les sauve par là même. Bref, entre toutes les qualités, il maintient un équilibre. En ces diverses inventions, il se préoccupait d'empêcher aucune race de disparaître.

Après qu'il les eut prémunis suffisamment contre les destructions réciproques, il s'occupa de les défendre contre les intempéries qui viennent de Zeus, les revêtant de poils touffus et de peaux épaisses, abris contre le froid, abris aussi contre la chaleur, et en outre, quand ils iraient dormir, couvertures naturelles et propres à chacun. Il chaussa les uns de sabots, les autres de cuirs massifs et vides de sang. Ensuite, il s'occupa de procurer à chacun une nourriture distincte, aux uns les herbes de la terre, aux autres les fruits des arbres, aux autres leurs racines ; à quelques-uns il attribua pour aliment la chair des autres. À ceux-là, il donna une postérité peu nombreuse ; leurs victimes eurent en partage la fécondité, salut de leur espèce.

Or Épiméthée, dont la sagesse était imparfaite, avait déjà dépensé, sans y prendre garde, toutes les facultés en faveur des animaux, et il lui restait encore à pourvoir l'espèce humaine, pour laquelle, faute d'équipement, il ne savait que faire. Dans cet embarras survient Prométhée pour inspecter le travail. Celui-ci voit toutes les autres races harmonieusement équipées, et l'homme nu, sans chaussures, sans couvertures, sans armes. Et le jour marqué par le destin était venu, où il fallait que l'homme sortît de la terre pour paraître à la lumière.

Prométhée, devant cette difficulté, ne sachant quel moyen de salut trouver pour l'homme, se décide à dérober l'habileté artiste d'Héphaïstos et d'Athéna, et en même temps le feu – car, sans le feu, il était impossible que cette habileté fût acquise par personne ou rendît aucun service –, puis, cela fait, il en fit présent à l'homme.

C'est ainsi que l'homme fut mis en possession des arts utiles à la vie, mais la politique lui échappa : celle-ci, en effet, était auprès de Zeus ; or Prométhée n'avait plus le temps de pénétrer dans l'acropole qui est la demeure de Zeus : en outre il y avait aux portes de Zeus des sentinelles redoutables. Mais il put pénétrer sans être vu dans l'atelier où Héphaïstos et Athéna pratiquaient ensemble les arts qu'ils aiment, si bien qu'ayant volé à la fois les arts du feu qui appartiennent à Héphaïstos et les autres qui appartiennent à Athéna il put les donner à l'homme. C'est ainsi que l'homme se trouve avoir en sa possession toutes les ressources nécessaires à la vie, et que Prométhée, par la suite, fut, dit-on, accusé de vol.

Parce que l'homme participait au lot divin, d'abord il fut le seul des animaux à honorer les dieux, et il se mit à construire des autels et des images divines ; ensuite, il eut l'art d'émettre des sons et des mots articulés, il inventa les habitations, les vêtements, les chaussures, les couvertures, les aliments qui naissent de la terre.

Protagoras, 320c-322a

HOMÈRE
VIII° s. av. J.-C.

VIRGILE
I° s. av. J.-C.

CLAUDIEN
V° s. ap. J.-C.

Aristote

Tout en renvoyant clairement à la fable platonicienne, Aristote définit le premier ὄργανον *(organon), c'est-à-dire l'« instrument de travail » (*ἔργον**, ergon) qui assure la suprématie de l'homme « nu et sans chaussures » sur les autres animaux : sa main. C'est le principe même de la maîtrise technique qui caractérise l'*Homo faber *: on pense ici à la magnifique scène du film de Stanley Kubrick* 2001, l'Odyssée de l'espace *(1968), où un hominidé découvre la puissance de sa main prolongée par l'outil.*

ART MANUEL

Puisque sa nature est de se tenir droit, l'homme n'avait aucun besoin de jambes de devant : aussi, au lieu de ces jambes, la nature lui a donné des bras et des mains. À ce propos, Anaxagore prétend que c'est parce qu'il a des mains que l'homme est le plus intelligent des animaux. Ce qui est rationnel, plutôt, c'est de dire qu'il a des mains parce qu'il est le plus intelligent. Car la main est un outil ; or la nature attribue toujours, comme le ferait un homme sage, chaque organe à qui est capable de s'en servir. Ce qui convient, en effet, c'est de donner des flûtes au flûtiste, plutôt que d'apprendre à jouer à qui possède des flûtes. C'est toujours le plus petit que la nature ajoute au plus grand et au plus puissant, et non pas le plus précieux et le plus grand au plus petit. Si donc cette façon de faire est préférable, si la nature réalise parmi les possibles celui qui est le meilleur, ce n'est pas parce qu'il a des mains que l'homme est le plus intelligent des êtres, mais c'est parce qu'il est le plus intelligent qu'il a des mains.

En effet, l'être le plus intelligent est celui qui est capable de bien utiliser le plus grand nombre d'outils :

or la main semble bien être non pas un outil, mais plusieurs. Car elle est pour ainsi dire un outil qui tient lieu des autres. C'est donc à l'être capable d'acquérir le plus grand nombre de techniques que la nature a donné l'outil de loin le plus utile, la main.

Aussi, ceux qui disent que l'homme n'est pas bien constitué et qu'il est le moins bien loti des animaux (parce que, dit-on, il est sans chaussures, il est nu et n'a pas d'armes pour combattre) sont dans l'erreur. Car les autres animaux n'ont chacun qu'un seul moyen de défense et il ne leur est pas possible de le changer pour un autre, mais ils sont forcés, pour ainsi dire, de garder leurs chaussures pour dormir et pour faire n'importe quoi d'autre, et ne doivent jamais déposer l'armure qu'ils ont autour de leur corps ni changer l'arme qu'ils ont reçue en partage. L'homme, au contraire, possède de nombreux moyens de défense, et il lui est toujours loisible d'en changer et même d'avoir l'arme qu'il veut et quand il le veut. Car la main devient griffe, serre, corne, ou lance ou épée ou toute autre arme ou outil. Elle peut être tout cela, parce qu'elle est capable de tout saisir et de tout tenir.

Les Parties des animaux, livre IV, 687b-688a

HOMÈRE
VIII° s. av. J.-C.

VIRGILE
I° s. av. J.-C.

CLAUDIEN
V° s. ap. J.-C.

Aristote

Pour Aristote, le principe même d'un monde « auto-matisé », au sens littéral du terme, résoudrait la question du travail et de l'esclavage. Mais l'ouvrier automate est un mythe, illustré par Homère (p. 39), et l'ouvrier humain reste un ὄργανον (organon, « instrument de travail »), un outil indispensable au fonctionnement économique de la maison et de l'État. Une réflexion d'actualité, à l'heure où les robots remplacent désormais les hommes dans bien des tâches.

UN MONDE SANS OUVRIERS ?

Puisque la propriété est une partie intégrante de la famille et l'art d'acquérir la propriété, une partie de l'administration domestique (sans les ressources indispensables, il est impossible et de *vivre* et de *vivre bien*) ; d'autre part, de même que chaque branche d'activité déterminée doit avoir ses instruments appro-priés, si l'on veut que le travail s'accomplisse, ainsi en est-il dans le domaine économique ; or, parmi les instruments, les uns sont inanimés, les autres animés : par exemple, pour le pilote, la barre du gouvernail est un instrument inanimé, le timonier un instrument animé (car dans les diverses activités le subordonné joue le rôle d'un instrument). De même un objet de propriété est un instrument utile à la vie, et la propriété, c'est un ensemble d'instru-ments ; l'esclave est un objet de propriété animé, et tout serviteur est comme un instrument précédant les autres instruments. En effet, si chaque instrument pouvait, par ordre ou par pressentiment, accomplir son œuvre propre, si, pareilles aux statues légen-daires de Dédale ou aux trépieds d'Héphaïstos, qui, au dire du poète, « pouvaient d'eux-mêmes entrer dans l'assemblée des dieux », les navettes tissaient d'elles-mêmes et les plectres jouaient de la cithare, alors les maîtres d'œuvre n'auraient nul besoin de manœuvres ni les maîtres d'esclaves.

Politique, livre I, 1254a

HOMÈRE
VIIIe s. av. J.-C.

VIRGILE
Ier s. av. J.-C.

CLAUDIEN
Ve s. ap. J.-C.

Sénèque

*Sénèque réfute l'avis du philosophe grec Posidonius :
le sage n'a rien à voir avec l'artisan ; il a pour unique matière
les grands intérêts de l'âme. C'est pourquoi il condamne
les « arts manuels » (*artes*) et ceux qui les pratiquent (*artifices*), car ils ont mis fin au bonheur naturel du premier âge
de l'humanité, peu à peu corrompue par les besoins trompeurs
d'un luxe inutile. D'où un conseil en forme de leçon :* « Non
desiderabis artifices : sequere naturam », *« Tu n'auras
pas besoin d'artistes/artisans : suis la nature ».*

RETOUR À LA NATURE

Que la philosophie ait inventé les arts dont
la vie fait une application journalière, je ne saurais
l'accorder ; je ne lui adjugerai pas la gloire des inventions mécaniques. « Les hommes, dit Posidonius,
vivaient dispersés ; ils n'avaient d'abri qu'une exca-
vation, une sape au pied d'un rocher, le creux d'un
tronc d'arbre. C'est elle qui leur apprit à se bâtir
des maisons. » Pour moi, j'estime que ces échafau-
dages de maisons dominant des maisons, de villes
assises sur des villes sont aussi peu de l'invention
de la philosophie que les viviers tenus bien clos
pour que la gourmandise ne coure pas les risques
des tempêtes, pour que, malgré toutes les fureurs
d'une mer démontée, la sensualité ait ses ports
privés où elle engraisse des poissons parqués selon
les espèces. Voyons ! la philosophie aurait appris aux
hommes à posséder clef et serrure ? Faisait-elle dans
ce cas autre chose que de donner le signal à l'ava-
rice ? Est-ce bien la philosophie qui, au grand péril
de l'habitant, a suspendu sur nos têtes ces bâtisses
menaçantes ? Comme s'il ne suffisait pas du premier
abri venu, d'un asile naturel trouvé sans art et sans

peine ! Crois-moi, ce siècle fortuné a précédé l'âge des architectes, l'âge des stucateurs. La sensualité était déjà naissante quand naquit l'usage d'équarrir les pièces de bois et de faire courir la scie sur des lignes marquées d'avance, afin de ne pas dévier en découpant la poutre.

« Car les premiers hommes n'avaient que des coins pour couper le bois, un bois facile à fendre. »

On ne prévoyait pas alors dans la construction une salle à manger qui conviendrait à un banquet funèbre ; on ne transportait pas, sur une longue file de charrettes à faire trembler tout un quartier, des pins ou des sapins, où des lambris d'or massif dussent être suspendus. Deux soliveaux fourchus faisaient arc-boutant et portaient la hutte. Un amas de brindilles, une matelassure de feuillages en talus assuraient l'écoulement des plus fortes pluies. Humble logis ! où l'habitant se sentait en sûreté. Le chaume couvrait des êtres libres. Sous le marbre et l'or loge la servitude.

Je ne suis pas davantage de l'avis de Posidonius quand il prononce que les outils de fer sont de l'invention des sages. Il pourrait tout aussi bien dire que ce sont les sages qui ont imaginé de prendre les bêtes avec des lacs, de les tromper avec de la glu ; de cerner d'une meute les larges ravins, toutes inventions de la sagacité humaine, non de la sagesse. Je n'admets pas non plus que ce soient les sages qui aient découvert les mines de fer et de cuivre, quand l'incendie des forêts calcina le sol et que les filons métalliques voisins de la surface entrèrent en fusion et firent leur coulée : ceux qui trouvent ces choses sont de la même espèce que ceux qui les exploitent dévotement. Voici encore un problème où je ne trouve pas autant de subtilité que Posidonius : qu'est-ce qui a été d'abord en usage, du marteau ou des tenailles ? L'invention de ces deux objets est due à quelque esprit bien éveillé, avisé, mais non pas grand, hardi

dans son vol ; et ainsi de tout ce que l'on doit chercher le corps courbé, l'attention dirigée vers la terre.
Le sage ne raffinait pas sur son train de vie. Faut-il
s'en étonner ? En ce siècle même, le plus mince équi-
page est celui qui lui agrée le mieux.

N'y aurait-il pas, je te le demande, disconvenance
à réunir dans la même admiration un Diogène
et un Dédale ? Qui des deux est sage à tes yeux ?
L'inventeur de la scie ou ce Diogène qui, ayant vu
un enfant boire de l'eau dans le creux de sa main, tira
aussitôt le gobelet qu'il avait dans sa besace et le brisa,
tandis qu'il s'adressait ce blâme à lui-même : « Fou
que je suis, de m'être embarrassé si longtemps d'un
bagage inutile ! », l'homme enfin qui dormait tout
recroquevillé dans son tonneau comme dans un lit ?
De nos jours, à qui prêtes-tu, en fin de compte, le plus
de sagesse ? Au mécanicien qui a inventé le moyen
de faire jaillir l'eau safranée à une hauteur immense
par des conduits secrets, qui remplit des euripes aussi
brusquement qu'il les vide, qui assemble les soffites à
panneaux mobiles des salles à manger de telle sorte
qu'ils se transforment à volonté et que le plafond
change avec chaque nouveau service ? Ou au philosophe qui démontre aux autres et à lui-même que
la nature s'est bien gardée de nous imposer rien de
dur et de difficile, qu'on peut se loger sans marbrier
et sans menuisier, qu'on peut être vêtu, même si l'im-
portation des soieries n'existe pas ; qu'on peut avoir
tout ce qui est nécessaire aux besoins de l'existence
en se contentant de ce que la terre offre à sa surface ?
Si le genre humain accepte d'écouter cette leçon, il
sera convaincu qu'il peut se passer aussi bien de cuisi-
niers que de soldats. Ils étaient des sages, du moins
ils ressemblaient à des sages, ces hommes qui pour-
voyaient si lestement à l'entretien de leur personne.
Des soins bien simples assurent le nécessaire ; c'est
pour les jouissances que l'on s'impose tant de travail.
Tu n'auras point affaire de techniciens ; suis la nature.

Elle n'a pas voulu nous partager entre tant de choses. En nous imposant des nécessités, elle nous a pourvus de quoi y parer.

Lettres à Lucilius, XIV, 90, 7-16

C'ÉTAIT MIEUX AVANT !

Écoutons comment Jean-Pierre Vernant, conteur sans pareil, présente les débuts de l'humanité : « En ce temps-là, les hommes et les dieux n'étaient pas identiques, ils ne l'ont jamais été, mais ils vivaient ensemble. Ils vivaient ensemble dans une vie qui était merveilleuse, c'était une sorte de paradis, d'âge d'or. Les hommes vivaient toujours jeunes, festoyant avec les dieux, mangeant sans doute le nectar et l'ambroisie, ne connaissant ni la fatigue, ni le travail, ni la vieillesse, ni la mort, ni non plus la naissance. Ils restaient toujours comme ils étaient, jeunes, les jarrets et les bras toujours aussi vigoureux et souples, sans connaître la vieillesse. Ils n'avaient pas été enfants. Comment étaient-ils venus ? On n'en sait rien. Comme les dieux, ils sont là et ils vivent comme des dieux et avec eux. Et ce que j'appelle les humains étaient seulement des hommes. Il n'y avait pas de femmes. Il n'y avait pas de naissance. Il n'y avait pas de mort. Il y avait simplement une vie masculine dans la béatitude, confondue d'une certaine façon avec ce que sont aujourd'hui les dieux » (conférence au lycée de Sèvres, 27 novembre 2003).

On sait combien la nostalgie de l'âge d'or a nourri le lyrisme des poètes et la critique des philosophes, sans oublier la verve des auteurs comiques. Selon la morale populaire, « c'était mieux avant » : pas de besoin ni de souci, pas de fatigue ni de travail, donc ni art ni métier, et… pas de femme ! Un vrai paradis, au sens étymologique du terme grec *paradeisos* : un jardin épanoui dans un printemps perpétuel. Mais on connaît la suite : qu'elle s'appelle Ève ou Pandore, c'est une femme qui a provoqué la fin de l'âge d'or et précipité les hommes dans une vie de labeur et de douleur.

Grâce à Hésiode, on découvre que Pandore, la « vierge » modelée par Héphaïstos à l'image d'une déesse – puisque la femme n'existe pas encore ! – avec de la glaise et de l'eau, ressemble fort à ces deux servantes en or que le dieu forgeron et boiteux s'est fabriquées pour le soutenir dans ses déplacements. Mais ici l'artefact se révèle redoutable. Il est très significatif de constater que, pour les hommes, ce « présent » fait par « tous » les dieux (c'est le sens même du nom *Pandora* en grec) est précisément une riposte voulue par Zeus au don du feu que leur a offert Prométhée.

Cadeau contre cadeau, le feu et la femme : quel avenir pour l'humanité ? Marqué par la vision souvent très misogyne des points de vue antiques, le mythe a un bel avenir devant lui : il préfigure l'invention de l'« androïde », un mot que le *Dictionnaire de l'Académie* définit comme « automate qui revêt l'apparence humaine et reproduit certains mouvements du corps humain ». Le mot est utilisé pour la première fois dans son acception actuelle par Villiers de L'Isle-Adam qui nomme « l'Andréïde » la superbe créature fabriquée par l'ingénieur Edison dans son roman *L'Ève future* (1886), considéré comme l'une des œuvres fondatrices de la science-fiction.

HOMÈRE
VIIIe s. av. J.-C.

VIRGILE
Ier s. av. J.-C.

CLAUDIEN
Ve s. ap. J.-C.

Hésiode

Selon la tradition mythologique fixée par Hésiode, les générations humaines se sont succédé selon différents « âges » depuis leur origine. Symbolisé par la pureté de l'or, le premier de ces âges fabuleux est celui où l'univers connaissait le bonheur parfait sous le règne du Titan Cronos (Saturne pour les Romains). Dans ce temps hors du temps, aucune altération, aucune corruption, aucun souci n'affectait les hommes : pas de vieillesse ni de maladie ; pas d'envie ni de violence. Pas de travail non plus, car la terre fertile produisait d'elle-même – αὐτομάτη (automatè), « de son propre mouvement » – toutes les ressources nécessaires pour subsister. Dans ce paradis des origines, les hommes vivaient donc comme des dieux.

Cependant, comme le déplore Hésiode, de dégradation en dégradation, du mythe à l'histoire, les hommes du dernier âge, celui du fer – autrement dit le nôtre – sont condamnés à travailler et à souffrir : « Ah si seulement je ne vivais pas parmi la cinquième génération ! Que ne suis-je mort avant ! Que ne puis-je naître après ! C'est l'âge de fer qui règne maintenant. Les hommes ne cessent pas de travailler et de souffrir pendant le jour, de se corrompre pendant la nuit » (Les Travaux et les Jours, vers 174-179). Il ne reste plus à l'homme qu'à inventer des « machines » pour le soulager dans son labeur.

LE BONHEUR DE L'ÂGE D'OR

Dieux et mortels ont même origine. D'or fut la première race d'hommes périssables que créèrent les Immortels, habitants de l'Olympe. C'était au temps de Cronos, quand il régnait encore au ciel. Ils vivaient comme des dieux, le cœur libre de soucis, à l'écart et à l'abri des peines et des misères : la vieillesse misérable sur eux ne pesait pas ; mais, bras et jarrets

23

toujours jeunes, ils s'égayaient dans les festins, loin de tous les maux. Mourant, ils semblaient succomber au sommeil. Tous les biens étaient à eux : le sol fécond produisait de lui-même une abondante et généreuse récolte, et eux, dans la joie et la paix, vivaient de leurs champs, au milieu de biens sans nombre. Depuis que le sol a recouvert ceux de cette race, ils sont, par le vouloir de Zeus tout-puissant, les bons génies de la terre, gardiens des mortels, dispensateurs de la richesse : c'est le royal honneur qui leur fut départi.

Hésiode, *Les Travaux et les Jours,* vers 108-123

HOMÈRE
VIIIe s. av. J.-C.

VIRGILE
Ier s. av. J.-C.

CLAUDIEN
Ve s. ap. J.-C.

Ovide

*Le poète reprend le mythe hésiodique des âges en dévelop-
pant le contraste entre la vision paradisiaque d'un monde
à « l'état de nature » et celle de la société industrieuse,
voire industrielle, représentant « l'état de culture », avec
l'invention des « arts et métiers » (la navigation, l'agriculture, le travail des métaux, l'armement…) et leurs néfastes
conséquences.*

LA FIN DU PARADIS

L'âge d'or naquit le premier, qui, sans répression, sans lois, pratiquait de lui-même la bonne foi
et la vertu. On ignorait les châtiments et la crainte ;
des écrits menaçants ne se lisaient point sur le bronze
affiché en public ; la foule suppliante ne tremblait pas
en présence de son juge ; un redresseur des torts était
inutile à sa sécurité. Jamais encore le pin, abattu sur
ses montagnes pour aller visiter un monde étranger,
n'était descendu vers la plaine liquide ; pas un mortel
ne connaissait d'autres rivages que ceux de son pays.
Jamais encore des fossés profonds n'entouraient
les cités ; point de trompettes au long col, point de
cors recourbés pour faire résonner le bronze ; point
de casques, point d'épées ; sans avoir besoin de soldats,
les nations passaient au sein de la paix une vie de doux
loisirs. La terre aussi, libre de redevances, sans être
violée par le hoyau ni blessée par la charrue donnait
tout d'elle-même ; contents des aliments qu'elle
produisait sans contrainte, les hommes cueillaient
les fruits de l'arbousier, les fraises des montagnes,
les cornouilles, les mûres qui pendent aux ronces
épineuses et les glands tombés de l'arbre de Jupiter
aux larges ramures. Le printemps était éternel et
les paisibles zéphyrs caressaient de leurs tièdes haleines

25

les fleurs nées sans semence. Bientôt après, la terre, que nul n'avait labourée, se couvrait de moissons ; les champs, sans culture, jaunissaient sous les lourds épis ; alors des fleuves de lait, des fleuves de nectar coulaient çà et là et l'yeuse au vert feuillage distillait le miel blond.

Quand Saturne eut été précipité dans le Tartare ténébreux, tandis que Jupiter régnait sur l'univers, vint l'âge d'argent, qui ne valait pas l'âge d'or, mais valait mieux que l'âge du bronze aux fauves reflets. Jupiter resserra la durée de l'antique printemps ; l'hiver, l'été, l'automne inégal et le printemps raccourci partagèrent en quatre saisons l'année mesurée par ses soins. Alors, pour la première fois, l'air, qu'embrasaient des chaleurs torrides, devint incandescent, et l'eau, durcie par les vents, suspendit son cours glacé. Alors, pour la première fois, les hommes entrèrent dans des maisons ; ces maisons, ce furent des grottes, d'épais feuillages et des rameaux entrelacés d'écorce. Alors, pour la première fois, les semences de Cérès furent enfouies dans de longs sillons et les taureaux gémirent sous le poids du joug.

Puis commença le troisième âge, l'âge de bronze, celui d'une race plus farouche, plus prompte aux combats horribles, sans être pourtant scélérate. L'âge qui a la dureté du fer est venu le dernier ; aussitôt ont fait irruption sur cette ère d'un métal plus vil les crimes de toute sorte ; alors ont fui la pudeur, la vérité, la bonne foi ; à leur place sont entrées la fraude, la perfidie, la trahison, la violence et la passion scélérate de la richesse. Le marin livra ses voiles aux vents, qu'il connaissait mal encore ; après s'être longtemps dressés à la cime des monts, les bois des navires plongèrent dans les flots, nouveaux pour eux ; sur la terre, jusque-là commune à tous aussi bien que l'air ou la lumière du soleil, l'arpenteur défiant traça de longs sillons pour limiter les champs. L'homme ne se contenta plus de demander à la terre féconde les moissons et les aliments qu'elle lui devait, mais il pénétra jusque dans ses entrailles ; il en arracha ce qu'elle y avait caché, ce qu'elle avait relégué près des ombres du Styx, les trésors qui irritent nos maux. Bientôt le fer pernicieux et l'or, plus pernicieux que le fer, parurent au jour ; à leur suite parut la guerre, qui se sert de tous deux pour combattre et qui brandit dans sa main ensanglantée des armes retentissantes.

Métamorphoses, livre I, vers 89-143

HOMÈRE
VIIIe s. av. J.-C.

VIRGILE
Ier s. av. J.-C.

CLAUDIEN
Ve s. ap. J.-C.

Athénée de Naucratis

Imaginer le monde de l'âge d'or, qui ne connaît pas le travail, c'est aussi s'interroger sur les moyens de se nourrir sans aucun effort... ni aucun esclave ! Pourquoi pas des ressources « automatiques » comblant tous les appétits, sur le modèle de la Terre « automate » qui produit d'elle-même chez Hésiode ? C'est ce qu'ont proposé divers auteurs comiques athéniens du Ve siècle avant J.-C. : Athénée les passe en revue dans les dialogues fictifs de son joyeux « banquet des savants ». Le rêve utopique, suggéré par Aristote (p. 15), prend ici la forme d'un repas pantagruélique qui se déroulerait dans une cuisine « robotisée » à la façon d'une publicité pour « la ménagère moderne » !

SERVICE ENTIÈREMENT AUTOMATISÉ

Les poètes de la comédie ancienne, parlant de la vie des hommes des premiers âges, observent qu'on ne connaissait pas alors le service d'hommes esclaves. Voici ce qu'ils en disent ; pour commencer, Cratinos, dans ses *Riches* :

« Sur eux régnait autrefois Cronos, au temps où les hommes jouaient aux osselets avec des pains, et où, pour ceux qui étaient vainqueurs à la lutte, on donnait des galettes d'Égine, ornées d'olives mûries sur l'arbre en grappes. »

Cratès dit dans ses *Bêtes* :

« A. En outre, personne ne possédera aucun esclave, homme ou femme ? Ainsi donc même le vieil homme devra se servir de ses propres mains ? B. Pas du tout ! je ferai en sorte que tous les objets marchent tout seuls. A. Eh bien, qu'est-ce que ça leur apportera ? B. Chaque objet du petit mobilier s'approchera de lui-même lorsqu'on l'appellera : « Table, mets-toi en place ! Couvre-toi ! Dispose les plats toi-même,

toute seule ! Sac à pain, pétris ! Gobelet, remplis-toi !
Coupe, où es-tu ? Rince-toi bien ! Galette, viens sur
la table ! Marmite, retire ces blettes de ton ventre !
Poisson, avance ! – Mais je ne suis pas encore grillé
des deux côtés ! – Eh bien, retourne-toi, saupoudre-toi
de sel et frotte-toi d'huile ! »

Juste après ces vers, celui qui prend la parole dit
à son tour :

« Eh bien, mets en parallèle ce qui suit ! D'abord,
je vais à mon tour faire venir spontanément l'eau
chaude des bains dans le mien, sur des colonnes telles
que celles de l'aqueduc du Guérisseur, depuis la mer,
de sorte que l'eau viendra se verser par un long
trajet dans ma chaudière, et l'eau dira d'elle-même :
"Halte !" Puis viendra aussitôt le pot de parfum, de
manière automatique, de même que l'éponge et
les sandales. »

Mais Téléclide dit encore mieux que tout cela dans
ses *Amphictyons* :

« Je vais raconter la vie que je procurais aux
hommes des premiers âges. D'abord, la paix régnait
partout, aussi commune que l'eau qu'on verse sur
les mains. La terre ne produisait ni peur ni maladies ; mais tout ce dont on avait besoin venait de
manière automatique. Il ne coulait que du vin dans
tous les torrents. Les galettes luttaient avec les pains
autour de la bouche des hommes, suppliant qu'on
les avalât si l'on voulait manger tout ce qu'il y avait de
plus blanc dans ce genre. Les poissons venaient dans
chaque demeure pour se griller eux-mêmes et ils se
présentaient aussitôt sur les tables. Un fleuve de sauce
coulait devant les lits, roulant des tranches de viandes,
et des ruisseaux d'assaisonnements étaient là tout
prêts pour ceux qui en voulaient, de sorte que tous
avaient abondamment de quoi manger une bouchée
bien tendre, en l'arrosant. Dans leurs plats, les galettes
étaient accompagnées d'aromates. Les grives, accompagnées de petits pâtés, volaient toutes rôties dans

le gosier. On entendait le vacarme des galettes qui se poussaient et repoussaient autour des mâchoires pour entrer. Les enfants jouaient aux osselets à qui gagnerait une tranche de vulve de truie ou quelque autre friandise. Les hommes d'alors étaient bien gras : une espèce d'énormes géants. »

Par Déméter ! mes amis, s'il en était ainsi, pour lors, quel besoin aurions-nous donc aujourd'hui de nos esclaves ? En effet, les anciens nous apprenaient, par les récits enjoués de leurs repas, à nous accoutumer à nous servir nous-mêmes.

Le Banquet des savants, livre VI, 94- 96, 267e-268d

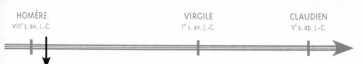

HOMÈRE
VIIIe s. av. J.-C.

VIRGILE
Ier s. av. J.-C.

CLAUDIEN
Ve s. ap. J.-C.

Hésiode

Fabriquée par Héphaïstos, Pandore (« Tout-cadeau » en grec) est un pur artefact, un objet artificiel, un produit du savoir-faire artisanal et non de la nature, programmé pour un objectif clairement défini par Zeus : punir Prométhée en « pourrissant » littéralement la vie de ses protégés, les hommes. Bref, une redoutable machine de guerre...

UNE VIERGE MODELÉE,
UN MODÈLE DE FEMME

Prométhée, le brave fils de Japet, sut tromper Zeus et déroba, au creux d'une férule, l'éclatante lueur du feu infatigable ; et Zeus, qui gronde dans les nues, fut mordu profondément au cœur et s'irrita en son âme quand il vit briller au milieu des hommes l'éclatante lueur du feu. Aussitôt, en place du feu, il créa un mal, destiné aux humains. Avec de la terre, l'illustre Boiteux modela un être tout pareil à une chaste vierge, par le vouloir du Cronide. La déesse aux yeux pers, Athéna, lui noua sa ceinture, après l'avoir parée d'une robe blanche, tandis que de son front ses mains faisaient tomber un voile aux mille broderies, merveille pour les yeux. Autour de sa tête elle posa un diadème d'or forgé par l'illustre Boiteux lui-même, de ses mains adroites, pour plaire à Zeus son père : il portait d'innombrables ciselures, merveille pour les yeux, images des bêtes que par milliers nourrissent la terre et les mers ; Héphaïstos en avait mis des milliers – et un charme infini illuminait le bijou –, véritables merveilles, toutes semblables à des êtres vivants.

Et quand, en place d'un bien, Zeus eut créé ce mal si beau, il l'amena où étaient dieux et hommes, superbement paré par la Vierge aux yeux pers, la fille du

31

dieu fort ; et les dieux immortels et les hommes mortels allaient s'émerveillant à la vue de ce piège, profond et sans issue, destiné aux humains. Car c'est de celle-là qu'est sortie la race, l'engeance maudite des femmes, terrible fléau installé au milieu des hommes mortels. Elles ne s'accommodent pas de la pauvreté odieuse, mais de la seule abondance. Ainsi, dans les abris où nichent les essaims, les abeilles nourrissent les frelons que partout suivent œuvres de mal. Tandis qu'elles, sans repos, jusqu'au coucher du Soleil, s'empressent chaque jour à former des rayons de cire blanche, ils demeurent, eux, à l'abri des ruches et engrangent dans leur ventre le fruit des peines d'autrui. Tout de même, Zeus qui gronde dans les nues, pour le grand malheur des hommes mortels, a créé les femmes, que partout suivent œuvres d'angoisse, et leur a, en place d'un bien, fourni tout au contraire un mal.

Théogonie, vers 565-602

HOMÈRE
VIII* s. av. J.-C.

VIRGILE
I* s. av. J.-C.

CLAUDIEN
V* s. ap. J.-C.

Hésiode

Dans un autre de ses poèmes intitulé Les Travaux et les Jours, *Hésiode développe le mythe de Pandore, dont il explique le nom.*

CADEAU PIÉGÉ

Zeus, l'âme en courroux, se vit dupé par Prométhée aux pensers fourbes. De ce jour, aux hommes il prépara de tristes soucis. Il leur cacha le feu. Mais ce fut encore le brave fils de Japet qui alors, pour les hommes, le vola au sage Zeus, dans le creux d'une férule, et trompa l'œil du dieu qui lance la foudre. Et, courroucé, Zeus qui assemble les nuées lui dit :

— Fils de Japet, qui en sais plus que tous les autres, tu ris d'avoir volé le feu et trompé mon âme, pour ton plus grand malheur, à toi, comme aux hommes à naître : moi, en place du feu, je leur ferai présent d'un mal, en qui tous, au fond du cœur, se complairont à entourer d'amour leur propre malheur.

Il dit et éclate de rire, le Père des dieux et des hommes ; et il commande à l'illustre Héphaïstos de tremper d'eau un peu de terre sans tarder, d'y mettre la voix et les forces d'un être humain et d'en former, à l'image des déesses immortelles, un beau corps aimable de vierge ; Athéna lui apprendra ses travaux, le métier qui tisse mille couleurs ; Aphrodite d'or sur son front répandra la grâce, le douloureux désir, les soucis qui brisent les membres, tandis qu'un esprit impudent, un cœur artificieux seront, sur l'ordre de Zeus, mis en elle par Hermès, le Messager, Tueur d'Argos.

Il dit, et tous obéissent au seigneur Zeus, fils de Cronos. En hâte, l'illustre Boiteux modèle dans la terre la forme d'une chaste vierge, selon le vouloir

33

du Cronide. La déesse aux yeux pers, Athéna, la pare et lui noue sa ceinture. Autour de son cou, les Grâces divines, l'auguste Persuasion mettent des colliers d'or ; tout autour d'elle les Heures aux beaux cheveux disposent en guirlandes des fleurs printanières. Pallas Athéna ajuste sur son corps toute sa parure. Et, dans son sein, le Messager, tueur d'Argos, crée mensonges, mots trompeurs, cœur artificieux, ainsi que le veut Zeus aux lourds grondements. Puis, héraut des dieux, il met en elle la parole et à cette femme il donne le nom de « Pandore », parce que ce sont *tous* les habitants de l'Olympe qui, avec ce *présent*, font présent du malheur aux hommes qui mangent le pain.

Son piège ainsi creusé, aux bords abrupts et sans issue, le Père des dieux dépêche à Épiméthée, avec le présent des dieux, l'illustre Tueur d'Argos, rapide messager. Épiméthée ne songe point à ce que lui a dit son frère Prométhée : que jamais il n'accepte un présent de Zeus Olympien, mais le renvoie à qui l'envoie, s'il veut épargner un malheur aux mortels. Il accepte et, quand il subit son malheur, comprend.

La race humaine vivait auparavant sur la terre à l'écart et à l'abri des peines, de la dure fatigue, des maladies douloureuses, qui apportent le trépas aux hommes. Mais la femme, enlevant de ses mains le large couvercle de la jarre, les dispersa par le monde et prépara aux hommes de tristes soucis. Seul, l'Espoir restait là, à l'intérieur de son infrangible prison, sans passer les lèvres de la jarre, et ne s'envola pas au dehors, car Pandore déjà avait replacé le couvercle, par le vouloir de Zeus, assembleur de nuées, qui porte l'égide. Mais des tristesses en revanche errent innombrables au milieu des hommes : la terre est pleine de maux, la mer en est pleine ! Les maladies, les unes de jour, les autres de nuit, à leur guise, visitent les hommes, apportant la souffrance aux mortels – en silence, car le sage Zeus leur a refusé la parole. Ainsi donc il n'est nul moyen d'échapper aux desseins de Zeus.

Les Travaux et les Jours, vers 47-105

II

LA FABRIQUE
DU FORGERON DIVIN

DANS L'ATELIER DU BOITEUX

L'artisan par excellence, le premier et le meilleur de tous, est un dieu boiteux, mal proportionné, trapu et velu. Depuis Homère, en effet, Héphaïstos est κλυτοτέχνης, « illustre pour la maîtrise de son art », autrement dit le père et le champion de la *technè*.

Fils de Zeus et d'Héra, ou d'Héra seule selon les sources mythologiques, Héphaïstos, nommé Vulcain par les Romains, est le plus laid des douze Olympiens, qui aiment se moquer de lui, mais c'est aussi le plus besogneux.

Dieu du feu terrestre et de la métallurgie, il est à l'occasion potier, comme le montre la création de Pandore, mais il est avant tout forgeron : LE forgeron de l'Olympe, dont il est l'architecte *designer*. Il a découvert l'art de travailler le cuivre, le fer, le bronze, l'argent et l'or et il forge la plupart des objets utilisés par les dieux et les déesses, dont il a aussi construit les palais.

Outre son savoir-faire technique, Héphaïstos est doué d'un talent singulier à animer les objets et à imiter la vie en créant des « automates » au sens littéral du terme, c'est-à-dire des objets capables d'agir par eux-mêmes : nous les découvrons dans son atelier au moment où la Néréide Thétis y vient pour commander des armes destinées à son fils Achille.

Grâce à Homère, nous voyons ainsi fonctionner des trépieds littéralement « animés » – ἔμψυχοι (*empsychoi*), c'est-à-dire dotés de la ψυχή (*psychè*), le souffle de vie (*anima* en latin) –, ainsi que des soufflets de forge qui travaillent comme des « esclaves » (*servi* en latin), au sens moderne de ces « mécanismes asservis » qui suivent un programme établi à l'avance. Mais le plus impressionnant, ce sont ces deux servantes en or qui ressemblent à des « jeunes vierges vivantes » : dotées de la force physique (*sthenos*) et de la voix (*audè*), elles ont bien plus que la *psychè*, car Héphaïstos leur a aussi donné la capacité de penser, que les Grecs appellent le νόος (*noos* ou *noûs*) ; de plus, précise Homère, elles ont appris des dieux divers modes de travail. Bref, de parfaits robots pourvus avant la lettre de ce que nous nommons aujourd'hui « IA », l'intelligence artificielle. Précisons que le terme « robot » est apparu pour la première fois dans la pièce de théâtre intitulée R. U. R. (en anglais *Rossum's Universal Robots*) écrite en 1920 par l'écrivain tchèque Karel Čapek. Dans cette œuvre de science-fiction, les « robots » (du tchèque *robota* qui signifie « travail forcé ») sont des androïdes qui finissent par se révolter et anéantir l'humanité. Le succès fut tel que le terme « robot » supplanta immédiatement le grec « automate ».

Héphaïstos a mis au point des inventions qui sont le produit de son habileté manuelle mais aussi de ses « pensers savants », une formule qui lui est exclusivement réservée dans les épopées homériques. Ce n'est pas un magicien faiseur de miracles, mais un ingénieur, à la fois concepteur, mécanicien et technicien innovant, qui crée des objets utilitaires pour son handicap : ils lui évitent de suer, souffler, peiner en marchant ou en travaillant. Ainsi, tandis que les servantes en or aident le « divin boiteux » à se déplacer, les trépieds – des chaudrons à roulettes qui vont et viennent par eux-mêmes – lui évitent-ils de courir pour servir aux banquets divins ; par la même occasion, ils lui épargnent ce fameux rire « homérique » qui saisit dieux et déesses de manière « inextinguible » à la vue de sa démarche claudicante.

Dans toute la tradition littéraire grecque de l'époque classique, inspirée d'Homère, Héphaïstos travaille seul ; par la suite on lui donne des auxiliaires comme dans un authentique atelier d'artisans. Ce sont le plus souvent les Cyclopes, tels que les représentent les poètes hellénistiques, repris par Virgile, qui œuvrent dans une forge située dans l'Etna en Sicile ou dans le volcan de l'île Lipari. Fresques et vases représentent le forgeron divin portant la tunique courte et le bonnet conique caractéristiques des artisans ; il manie les outils de la forge : marteau, enclume, double hache, tenailles.

HOMÈRE
VIII° s. av. J.-C.

VIRGILE
I° s. av. J.-C.

CLAUDIEN
V° s. ap. J.-C.

Homère

*Revêtu des armes d'Achille, Patrocle a été tué par Hector.
Le héros troyen ayant gardé les armes comme butin, la Néréide
Thétis, mère d'Achille, vient chez Héphaïstos afin de lui
demander d'en forger de nouvelles pour son fils. C'est l'occasion de découvrir l'atelier du divin Boiteux et ses merveilleux
trépieds roulants, entièrement « automatiques »* (αὐτόματοι,
automatoi, Iliade, *chant XVIII, vers 376).*

*Il faut imaginer ces trépieds comme de gros chaudrons
de bronze artistiquement travaillés, montés sur trois hauts
pieds ; à l'époque homérique, ils représentaient le principal
signe extérieur de richesse :* « Suivant l'ancien mode phénicien, ils roulaient sur des roulettes et, autant qu'on en peut
juger d'après les matériaux existants, ils n'avaient que deux
grandes anses » (L'épopée homérique expliquée par
les monuments, V, « Ustensiles et vases », *Wolfgang
Helbig, 1894). Ils étaient les cadeaux les plus précieux que
se faisaient entre elles les élites aristocratiques ou qu'elles
plaçaient en offrandes aux divinités dans les sanctuaires.
Ils constituaient aussi les prix à remporter dans toutes
les grandes compétitions sportives et artistiques, marquant
la gloire du vainqueur. Certains d'entre eux pouvaient
mesurer près de quatre mètres de hauteur. Sur des pièces
particulièrement raffinées, on peut voir des représentations
d'éphèbes nus ou de chevaux.*

*On a retrouvé des fragments de trépieds dans tous
les grands sanctuaires grecs : à Athènes, à Delphes et surtout
à Olympie. Bien plus que de simples objets, ils étaient perçus
comme des instruments divins d'où émanait une forme de
puissance active qui pourrait expliquer la dimension merveilleuse des « automates » fabriqués par Héphaïstos.*

ÇA ROULE !

Thétis aux pieds d'argent arrive dans la demeure d'Héphaïstos, demeure impérissable et étoilée, éclatante entre toutes aux yeux des Immortels, toute en bronze et construite par le Bancal lui-même. Elle le trouve, tout suant, roulant autour de ses soufflets, affairé. Il est en train de fabriquer des trépieds – vingt en tout – qui doivent se dresser tout autour de la grande salle, le long de ses beaux murs bien droits. À la base de chacun d'eux, il a mis des roulettes en or, afin qu'ils puissent, d'eux-mêmes, entrer dans l'assemblée des dieux, puis s'en revenir au logis – une merveille à voir ! Ils sont presque terminés ; les anses ouvragées, seules, ne sont pas encore en place ; il y travaille, il en forge les attaches. Tandis qu'il peine ainsi, en ses savants pensers, voici que s'approche Thétis, la déesse aux pieds d'argent. Charis s'avance et la voit, Charis la Belle, au voile éclatant, qu'a prise pour femme l'illustre Boiteux. Elle lui prend la main, elle lui dit, en l'appelant de tous ses noms :

— Qui t'amène à notre demeure, Thétis à la longue robe, Thétis auguste et chère ? Jusqu'ici, chez nous tu ne fréquentes guère. Suis-moi plus avant : je te veux offrir nos présents d'hospitalité.

Ainsi dit la toute divine et, la conduisant plus avant, elle fait asseoir Thétis sur un siège à clous d'argent, un beau siège ouvragé, avec un banc sous les pieds. Puis elle appelle Héphaïstos, l'illustre Artisan, et lui dit :

— Héphaïstos, vite, viens ici : Thétis a besoin de toi.

Iliade, chant XVIII, vers 369-392

HOMÈRE
VIIIe s. av. J.-C.

VIRGILE
Ier s. av. J.-C.

CLAUDIEN
Ve s. ap. J.-C.

Homère

Pour son confort personnel, Héphaïstos a conçu deux servantes d'un nouveau genre : des jeunes filles tout en or, mais dotées de la vie et de ce qui fait l'être humain, intelligence, voix, force et efficacité au travail. On retrouve là les principales caractéristiques de Pandore, autre création de l'illustre Boiteux (p. 31). Cependant, on sait combien la vierge d'argile manque singulièrement de réflexion et recèle de tromperie, alors que les vierges d'or, elles, sont de parfaites auxiliaires. Seraient-elles les ancêtres du « droïde de protocole » C-3PO dans la saga cinématographique Star Wars *initiée par George Lucas en 1977 ? Rappelons que le célèbre robot doré a commencé sa carrière comme aide ménager dans la famille de son créateur, Anakin Skywalker.*

L'INVENTION DES ROBOTS HUMANOÏDES

Héphaïstos quitte le pied de son enclume, monstre essoufflé et boiteux, dont les jambes grêles s'agitent sous lui. Il écarte du feu ses soufflets ; il ramasse dans un coffre d'argent tous les outils dont il usait ; il essuie avec une éponge son visage, ses deux bras, son cou puissant, sa poitrine velue. Puis il enfile une tunique, prend un gros bâton et sort en boitant. Deux servantes s'évertuent à l'étayer. Elles sont en or, mais elles ont l'aspect de vierges vivantes. Dans leur cœur est une raison ; elles ont aussi voix et force ; par la grâce des Immortels, elles savent travailler. Elles s'affairent, pour étayer leur seigneur. Il s'approche ainsi avec peine de l'endroit où est Thétis et s'assoit sur un siège brillant ; puis il lui prend main, il lui parle, en l'appelant de tous ses noms :

— Qui t'amène à notre demeure, Thétis à la longue robe, Thétis auguste et chère ? Jusqu'ici, chez nous tu ne fréquentes guère. Dis-moi ce que tu as en tête. Mon cœur me pousse à le faire, si c'est chose que je puisse faire et qui se soit faite déjà.

Iliade, chant XVIII, vers 410-427

HOMÈRE
VIIIe s. av. J.-C.

VIRGILE
Ier s. av. J.-C.

CLAUDIEN
Ve s. ap. J.-C.

Homère

Précurseur de la mécanique et de la cybernétique, Héphaïstos a inventé le « servomécanisme » : un *système qui régule automatiquement le fonctionnement d'un dispositif et lui imprime des variations. Outre des trépieds, il a donc aussi* inventé des soufflets qui travaillent tout seuls et on le voit donner ses ordres, comme un maître à ses esclaves. Quant au nombre des soufflets – vingt, précisément, comme les vingt trépieds « automates » (p. 43) –, il semble être implicitement lié à une forme de valeur « travail » : par exemple, dans le chant I de l'Odyssée, *il est question d'équiper un bateau de vingt rameurs (vers 280) ; en outre, il est précisé que Laërte a payé vingt bœufs pour acheter l'esclave Euryclée, la nourrice d'Ulysse (chant I, vers 431). De tels rapprochements pourraient laisser penser que le concept même d'« automate » met en jeu la relation maître/esclave.*

Avec ses soufflets proprement « asservis », la forge d'Héphaïstos préfigure les hauts fourneaux automatisés.

SERVOCOMMANDE

Héphaïstos se dirige vers ses soufflets. Il les tourne vers le feu et les invite à travailler. Et les soufflets – vingt en tout – de souffler dans les fournaises. Ils lancent un souffle ardent et divers, au service de l'ouvrier, qu'il veuille aller vite ou non, suivant ce qu'exigent Héphaïstos et les progrès de son travail. Il jette dans le feu le bronze rigide, l'étain, l'or précieux, l'argent. Il met sur son support une grande enclume. Enfin, dans une main, il prend un marteau solide et, dans l'autre, sa pince à feu.

Iliade, chant XVIII, vers 468-475

HOMÈRE
VIIIᵉ s. av. J.-C.

VIRGILE
Iᵉʳ s. av. J.-C.

CLAUDIEN
Vᵉ s. ap. J.-C.

Virgile

Vénus est venue demander des armes pour son fils Énée. C'est l'occasion pour Virgile de montrer le forgeron au travail avec ses ouvriers, les Cyclopes. Bien entendu le modèle est Homère, mais Virgile s'inspire aussi d'une autre tradition, issue de la légende du dieu forgeron et de ses associés cyclopéens en Grande Grèce (Sicile ou « Sicanie », îles éoliennes), en lien avec le phénomène du volcanisme.

LE MAÎTRE DES FORGES

Une île se dresse au flanc de la Sicanie, proche de Liparé, royaume d'Éole, hérissée de rochers fumants ; par dessous, une caverne qu'emplit le tonnerre d'antres etnéens rongés par les feux des Cyclopes ; les coups puissants sur les enclumes éveillent de longs gémissements, les masses forgées par les Chalybes sifflent dans les souterrains, le feu halète aux fourneaux, c'est le domaine de Vulcain et cette terre porte le nom de Vulcanie. C'est là que le maître du feu descend alors des hauteurs du ciel. Dans un antre très grand, des Cyclopes tourmentaient le fer, Brontès, Stéropès et Pyracmon qui travaille nu. Leurs mains donnaient forme à un foudre déjà en partie poli, de ceux que le Père envoie si nombreux sur la terre de tous les points du ciel, une partie restait inachevée. Ils y avaient lié trois rayons de cette pluie qu'il brandit comme une arme, trois d'une nuée chargée d'eau, trois de feu flamboyant et de ce vent Auster qui est oiseau. Maintenant ils mêlaient à leur ouvrage les éclats terribles, le bruit, l'épouvante et la colère aux flammes acharnées. D'un autre côté, ils s'évertuaient, pour Mars, autour du char, des roues ailées dont il affole les hommes et les villes ; l'égide effrayante, l'arme du courroux de Pallas, ils s'empressaient aussi

47

à la polir, d'or et d'écailles de reptiles, ensemble l'entrelacs des serpents et, sur le sein de la déesse, Gorgone elle-même, le cou tranché, dardant ses yeux.

« Enlevez tout cela, dit-il, mettez de côté les travaux en train, Cyclopes de l'Etna, et écoutez-moi bien. Nous devons faire des armes pour un rude guerrier. C'est le moment d'employer vos forces, vos mains rapides, tout votre art et votre maîtrise. Sus, hâtez-vous, sans tarder. » Il n'en dit pas davantage et eux au plus vite s'y sont mis tous, après s'être également distribué les tâches. Le bronze, le métal d'or coule en ruisseaux, le fer meurtrier fond dans une vaste fournaise. Ils façonnent un énorme bouclier qui tiendrait à lui seul contre tous les traits des Latins, ils emboîtent orbes sur orbes jusqu'à sept. Les uns dans des soufflets où tournent les vents font entrer l'air puis le renvoient ; d'autres plongent dans une cuve le bronze qui siffle. L'antre encombré d'enclumes gémit. Eux, conjuguant leurs efforts, à grand ahan lèvent leurs bras, en cadence, tournent, retournent la masse que mordent les tenailles.

Énéide, livre VIII, vers 416-453

ANIMER LE MÉTAL :
L'ILLUSION DU VIVANT

Tel que nous le montre Homère, Héphaïstos, le dieu mal aimé, est un travailleur infatigable, timide, complexé, mais généreux, comme on le voit lorsqu'il accueille Thétis, la mère d'Achille. C'est au fond d'une grotte marine, loin de l'Olympe d'où sa mère Héra l'a chassé, qu'il a appris à forger, auprès des divinités Thétis et Eurynomé. Il a commencé par fabriquer des pièces finement ouvragées, et plus précisément travaillées en relief, que le dieu lui-même appelle des δαίδαλα (*daidala*), des « ouvrages d'art » (*Iliade*, chant XVIII, vers 400) : des bijoux, des armes, des éléments de mobilier décoratifs.

Le point commun de tous les *daidala* attribués à Héphaïstos (le mot n'apparaît pas moins de six fois dans le chant XVIII de l'*Iliade*) réside dans l'extraordinaire maîtrise technique de l'artiste-artisan capable d'animer l'inanimé, de rendre vivants les animaux et les hommes qu'il crée avec le métal : « Véritables merveilles, toutes semblables à des êtres vivants » (Hésiode, *Théogonie*, vers 581). « Les textes d'Homère et d'Hésiode appliquent toujours le qualificatif valorisant de *daidalon* à des productions artisanales de luxe (textile, bois, métal surtout). Ces œuvres très précieuses, dont le rayonnement est immense, sont autant de talismans qui fondent le pouvoir royal. Doués d'une influence magique, apotropaïque, ce sont souvent des armes terrifiantes qui jettent un éclat chatoyant et éblouissant, tel le bouclier d'Achille, dont la lueur monte jusqu'au ciel. Le rayonnement du métal et des étoffes suggère par sa mobilité que le *daidalon* est un simulacre du vivant et donc un artifice illusoire, un piège menaçant, comme le filet de Clytemnestre, *péplos daidalos,* ou Pandora elle-même » (Michèle Dancourt, *Dédale et Icare, Métamorphoses d'un mythe,* o. c. in Biblio.).

Réalisé dans l'atelier du dieu forgeron, le bouclier d'Achille imaginé par Homère, dont la description est imitée par « le bouclier d'Héraclès » attribué à Hésiode, suscite la plus vive admiration. Il se présente comme une succession de tableaux qui bougent, mystérieux et fascinants, artistiquement déroulés par un démiurge cosmique donnant vie à ce qu'il représente : une véritable *imago mundi,* une sorte de reflet « baroque » du monde. « Et celui qui a fabriqué le bouclier pour Achille, Héphaïstos, qui a ciselé dans l'or la terre, le ciel, la mer, et encore la grandeur du Soleil et la beauté de la Lune, la foule des astres qui couronnent le tout, et qui a placé des cités dans différents états et fortunes, et des êtres en mouvement et doués de parole – quel artisan maître dans cet art est connu pour avoir plus d'art ? » (Pseudo-Plutarque, *Sur Homère,* 216).

Dès l'Antiquité, ce bouclier a suscité bien des interrogations et interprétations. On en trouve la trace chez Eustathe de Thessalonique, un érudit byzantin du XIIᵉ siècle qui a rédigé d'abondants commentaires sur les poèmes homériques en reprenant de nombreux extraits des scholiastes antiques : il rapproche ainsi l'invention des trépieds « automatiques » et l'animation des figures sur le bouclier destiné à Achille. « Il faut savoir en effet que le poète imagine ces trépieds d'une manière merveilleuse, dotés du souffle de la vie et se mettant en mouvement par eux-mêmes, comme s'ils marchaient grâce aux petites roues sur lesquelles ils reposent. C'est pourquoi l'un des auteurs anciens – il s'agit de Denys – a supposé que les créatures forgées par Héphaïstos sur le bouclier d'Achille bougent aussi de leur propre mouvement, même s'il a été contredit, dit-on, par Aristonikos. Notez bien qu'on a fait de telles suppositions et raconté de telles histoires en raison de l'extrême habileté technique de ceux qui travaillent le métal : peu s'en faut que leurs représentations figurées aient l'air d'être animées, comme on le raconte au sujet des Rhodiens, car leur île autrefois était remplie d'un tel talent technique. Et les figures d'êtres vivants, hommes et animaux, semblaient presque se mettre en mouvement si bien qu'on les attachait par des chaînes pour qu'elles ne puissent pas bouger et s'enfuir » (Eustathe de Thessalonique, *Commentaires à l'*Iliade, chant XVIII, vers 373, traduction A. Collognat).

HOMÈRE	VIRGILE	CLAUDIEN
VIIIᵉ s. av. J.-C.	Iᵉʳ s. av. J.-C.	Vᵉ s. ap. J.-C.

Homère

Héphaïstos reçoit dans son atelier la Néréide Thétis, mère d'Achille, venue lui réclamer de nouvelles armes pour son fils. Grâce à une confidence chargée d'émotion, le forgeron boiteux livre le secret de son enfance douloureuse et celle de sa formation aux techniques artisanales.

L'ART DES *DAIDALA*

L'illustre Boiteux répond :

— Ah ! c'est une terrible, une auguste déesse, qui est là sous mon toit ! c'est celle qui m'a sauvé, à l'heure où, tombé au loin, j'étais tout endolori, du fait d'une mère à face de chienne, qui me voulait cacher, parce que j'étais boiteux. Mon cœur eût bien souffert si Eurynome et Thétis ne m'avaient alors recueilli dans leur giron – Eurynome, fille d'Océan, le fleuve qui va coulant vers sa source. Près d'elles, durant neuf ans, je forgeais mainte œuvre d'art, des broches, des bracelets souples, des rosettes, des colliers, au fond d'une grotte profonde, qu'entoure le flot immense d'Océan, qui gronde, écumant. Mais nul n'en savait rien, ni dieu ni mortel. Thétis et Eurynome étaient seules à savoir, elles qui m'avaient conservé la vie. Et la voici aujourd'hui qui vient chez nous ! Est-il donc pour moi plus pressant devoir que de payer aujourd'hui à Thétis aux belles tresses toute la rançon de ma vie ? Allons ! sers-lui vite le beau repas des hôtes, tandis que je rangerai, moi, mes soufflets et tous mes outils.

Iliade, chant XVIII, vers 393-409

Comme on le voit, le forgeron boiteux a d'abord fabriqué des bijoux et des objets d'ornement : ces pièces artistiquement travaillées en relief, qu'on appelle des δαίδαλα (daidala), ne manquent pas de faire penser aux superbes bijoux de l'époque mycénienne, souvent ornés de scènes de chasse, que les archéologues ont découverts dans les palais des princes homériques.

C'est l'un de ces daidala *qu'évoque Ulysse lorsque, de retour à Ithaque, interrogé par Pénélope, il se fait passer pour un prince crétois qui a connu son mari.*

Femme, après tant d'années, répondre est difficile ! voilà près de vingt ans qu'il est venu chez nous, puis a quitté notre île… Pourtant le voici tel qu'aujourd'hui je le vois, cet Ulysse divin ! Il avait un manteau double, teinté en pourpre, que fermait une agrafe en or à double trou : c'était une œuvre d'art représentant un chien, qui tenait entre ses deux pattes de devant un faon tout moucheté ; le faon se débattait, et le chien aboyait : nos gens s'en venaient tous admirer cet ouvrage !

Tous deux étaient en or ; et le chien regardait le faon qu'il étranglait et, pour s'enfuir, les pieds du faon se débattaient.

Odyssée, chant XIX, vers 221-231

C'est encore ce type d'objet précieux que porte l'ombre d'Héraclès lorsqu'Ulysse l'aperçoit aux Enfers.

Puis ce fut Héraclès que je vis en sa force : ce n'était que son ombre ; parmi les Immortels, il séjourne en personne dans la joie des festins ; du grand Zeus et d'Héra aux sandales dorées, il a la fille, Hébé aux chevilles bien prises. Autour de lui, parmi le tumulte et les cris, les morts prenaient la fuite ; on eût dit des oiseaux. Pareil à la nuit sombre, il avait dégainé son arc et mis déjà la flèche sur la corde ; d'un regard effrayant, cet archer toujours prêt semblait chercher le but ; sa poitrine portait le baudrier terrible et le ceinturon d'or, où l'on voyait gravés, merveille des chefs-d'œuvre, des ours, des sangliers, des lions aux yeux clairs, des mêlées, des combats, des meurtres, des tueries : l'artiste, qui mit là tout son art, essaierait vainement de refaire un pareil baudrier…

Odyssée, chant XI, vers 601-614

HOMÈRE
VIII⁰ s. av. J.-C.

VIRGILE
I⁰ s. av. J.-C.

CLAUDIEN
V⁰ s. ap. J.-C.

Ératosthène

Au nombre des daidala *célèbres, dont Héphaïstos s'est fait une spécialité, il convient de citer deux couronnes destinées à de jeunes beautés mythologiques sur le point de se marier.*

Rappelons d'abord le diadème de Pandore décrit par Hésiode : « Il portait d'innombrables ciselures, merveille pour les yeux, images des bêtes que par milliers nourrissent la terre et les mers ; Héphaïstos en avait mis des milliers – et un charme infini illuminait le bijou –, véritables merveilles, toutes semblables à des êtres vivants » (p. 31).

Avec une maîtrise technique tout aussi prodigieuse, le forgeron de l'Olympe a fabriqué la couronne d'Ariane, appelée à devenir une constellation : ce bijou fabuleux, qui aurait remplacé le fameux fil pour permettre à Thésée de sortir du labyrinthe, marquerait-il l'invention de la guirlande électrique ?

COURONNE LUMINEUSE

Il s'agit, à ce qu'on raconte, de la couronne d'Ariane. Dionysos la plaça parmi les constellations, à l'occasion de ses noces que les dieux célébraient dans l'île appelée Dia, voulant manifester à leurs yeux sa gloire. La fiancée l'avait reçue auparavant des mains des Saisons et d'Aphrodite et s'en était couronnée. L'auteur de l'*Histoire de Crète* affirme que, lorsque Dionysos vint à la demeure de Minos avec l'intention de séduire Ariane, il la lui donna en cadeau, et c'est ainsi qu'elle fut enjôlée. C'était, paraît-il, l'œuvre d'Héphaïstos, et elle était faite d'or flamboyant et de pierres précieuses de l'Inde. On rapporte que grâce à elle aussi Thésée put s'échapper du labyrinthe, car elle émettait de la lumière. Elle fut placée ensuite comme un signe de leur engagement parmi les constellations, quand Ariane et lui arrivèrent à Naxos et cela avec le consentement des dieux.

Ératosthène de Cyrène, *Catastérismes*, 5,
« La Couronne »

III

ÇA MARCHE TOUT SEUL

DE MERVEILLEUSES
MÉCANIQUES

Très nombreux sont les récits, à commencer par ceux d'Homère, où l'on retrouve des « machines » – des inventions ingénieuses, au sens étymologique du terme – fabriquées par Héphaïstos : on peut en proposer une sorte de revue, par types et par fonctions, à la façon d'un catalogue de la « Manufacture d'armes et cycles »... de l'Olympe. Toutes ont un point commun : la capacité à fonctionner sur le mode proprement « automatique », révélant l'extraordinaire talent du divin « mécanicien » qui les a conçues.

On trouvera ainsi des produits utilitaires, créés pour effectuer une tâche précise : par exemple, les portes qui donnent accès au séjour des dieux sur le mont Olympe. Qualifiées d'*αὐτόμαται* (automatai) – première occurrence du terme appliqué à un objet dans l'histoire de la littérature –, elles s'ouvrent et se ferment toutes seules. Dans cette catégorie, rangeons aussi des « véhicules » extraordinaires, comme cette coupe d'or dans laquelle le Soleil s'installe pour dormir et faire le trajet de nuit sur l'Océan, entre Occident et Orient.

Travaillant tous les métaux, Héphaïstos est également réputé pour son art à forger des liens : des « mécaniques » subtiles qui se referment automatiquement comme des pièges, tel le trône sur lequel il « scotche » en quelque sorte sa mère Héra, ou encore le filet arachnéen dans lequel il emprisonne son épouse, Aphrodite, et l'amant de celle-ci, Arès. Ici, la μῆτις (*mètis*, l'habileté par la ruse) s'associe à la *technè* : la machine se fait machination, destinée à punir et venger.

Souvent, les artefacts conçus par Héphaïstos ont un rôle de gardiens : c'est le cas de nombreux animaux mécaniques, comme les chiens en or et argent qui se dressent à l'entrée du palais d'Alkinoos, roi des Phéaciens, ou les taureaux d'airain crachant le feu que le roi de Colchide utilise pour éloigner les voleurs de la fameuse Toison d'or.

Explicitement ou implicitement, Héphaïstos est le modèle de référence pour tout ce qui concerne la technique et l'animation. Au point même qu'un hommage empreint d'un humour particulièrement efficace lui est rendu par un film britannique, *Le Choc des Titans*, réalisé par Desmond Davis en 1981 à partir de la légende de Persée. Dans l'une des séquences, en effet, Athéna, sommée par Zeus de donner sa chouette à Persée, demande à Héphaïstos de fabriquer un volatile de remplacement pour aider le héros. Le dieu s'exécute, et on le voit brièvement, dans sa forge rougeoyante, en train de monter les pièces et mécanismes d'une chouette en métal doré qui se révélera aussi comique et maladroite qu'attendrissante.

L'auteur des effets spéciaux du film, Ray Harryhausen, reconnu comme un génie dans son domaine, a expliqué lui-même comment il a transformé l'oiseau d'Athéna en automate répondant au nom de *Bubo* (nom scientifique latin du hibou grand-duc) : mélange parodique des robots de la saga *Star Wars* (« La Guerre des étoiles » de Georges Lucas, initiée en 1977), entre C-3PO pour l'habillage doré et R2-D2 pour les couinements et les mouvements de tête, la petite chouette mécanique est vite devenue l'une des stars du film. Après tout, on peut imaginer qu'Héphaïstos lui-même adorerait réaliser les effets spéciaux de plus en plus spectaculaires qui animent le cinéma aujourd'hui.

HOMÈRE
VIII° s. av. J.-C.

VIRGILE
1ᵉʳ s. av. J.-C.

CLAUDIEN
Vᵉ s. ap. J.-C.

Homère

Tandis que les Troyens, aidés par Arès, le dieu de la guerre, font des ravages dans les rangs des Achéens, Héra prépare son char et décide Athéna à intervenir avec elle auprès de Zeus pour lui demander l'autorisation de chasser Arès du combat. Nous découvrons ainsi comment on entre dans l'Olympe ou comment on en sort : ce sont des αὐτόμαται πύλαι (automatai pylai, vers 749), des portes « automatiques », qui donnent accès au royaume des dieux.

*Première occurrence dans les poèmes homériques de l'adjectif appliqué à un objet : on a bien un αὐτόματος au vers 408 du chant II de l'*Iliade*, mais il qualifie Ménélas pour dire que le roi spartiate vient de sa propre initiative. Homère ne précise pas ici le nom du concepteur de ces portes, qui fonctionnent « toutes seules, d'elles-mêmes, sans portier, comme si elles avaient la faculté de comprendre », selon le commentaire d'Eustathe (*Commentaires sur l'*Iliade*, 5, 749), mais nous devinons aisément qu'elles sont l'œuvre de l'illustre Boiteux. C'est lui, en effet, qui a bâti le domaine des dieux sur l'Olympe : « Quand enfin est couché le brillant éclat du soleil, désireux de dormir, chacun rentre chez soi, au logis que lui a construit l'illustre Boiteux, Héphaïstos aux savants pensers » (*Iliade, chant I, vers 605-608). Sans oublier une mention spéciale pour la sécurité des portes : « Héra s'en va à la chambre que lui a bâtie son fils Héphaïstos. Il a aux montants de la porte adapté de solides vantaux, munis d'un verrou à secret : nul autre dieu ne l'ouvre » (*Iliade, chant XIV, vers 166-168).*

OUVERTURE AUTOMATIQUE DES PORTES

Athéna, fille de Zeus porte-égide, laisse couler sur le sol de son père la robe souple et brodée qu'elle a faite et ouvrée de ses mains. Puis, enfilant la tunique de Zeus, assembleur de nuées, elle revêt son armure pour le combat, source de pleurs. Autour de ses épaules, elle jette l'égide frangée, redoutable, où s'étalent en couronne Déroute, Querelle, Vaillance, Poursuite qui glace les cœurs, et la tête de Gorgô, l'effroyable monstre, terrible, affreuse, signe de Zeus porte-égide. Sur son front elle pose un casque à deux cimiers, à quatre bossettes, casque d'or, qui s'orne des fantassins de cent cités. Elle monte enfin sur le char de flamme et saisit sa pique – la lourde, longue et forte pique sous laquelle elle abat les rangs des héros contre qui va sa colère de fille du Tout-Puissant. Alors Héra, vivement, touche du fouet les chevaux. D'elles-mêmes, les portes gémissent, ces portes que gardent les Heures, à qui l'entrée est commise de l'Olympe et du vaste ciel, avec le soin d'écarter ou de replacer tour à tour une très épaisse nuée. C'est par là qu'elles font passer l'attelage excité par l'aiguillon. Elles trouvent le fils de Cronos assis à l'écart, loin des autres, sur le plus haut sommet de l'Olympe aux cimes sans nombre.

Iliade, chant V, vers 733 - 754

La même scène se répète, en termes quasi identiques, au chant VIII : alors qu'Hector, soutenu par Zeus, menace d'écraser les Achéens, Héra et Athéna repartent sur leur char pour tenter de modifier l'issue du combat.

Athéna s'arme pour le combat, source de pleurs. Elle monte enfin sur le char de flamme et saisit sa pique – la lourde, longue et forte pique sous laquelle elle abat les rangs des héros contre qui va sa colère de fille du Tout-Puissant. Alors Héra, vivement, touche du fouet les chevaux, et voici que, d'elles-mêmes, gémissent les portes célestes, que gardent les Heures, les Heures à qui l'entrée est commise de l'Olympe et du vaste ciel, avec le soin d'écarter ou de replacer une très épaisse nuée. C'est par là qu'elles font passer l'attelage excité par l'aiguillon.

Mais Zeus Père les voit du haut de l'Ida. Il en conçoit un terrible courroux, et c'est Iris aux ailes d'or qu'il envoie porter ce message :

— Pars, Iris rapide, fais-leur tourner bride ; ne les laisse pas m'aborder en face : ce serait trop triste spectacle, si nous en venions au combat. Je te dirai la chose comme elle sera : je romprai les jarrets à leurs chevaux rapides sous le joug ; je les jetterai, elles, à bas du siège ; je fracasserai leur char. Dix années pourront ensuite venir chacune à son tour : elles ne les guériront pas des coups portés par ma foudre. La Vierge aux yeux pers se rappellera le jour où elle se sera battue contre son père. J'ai moins de colère et de rancune contre Héra : de tout temps elle a eu l'habitude de faire obstacle à tout ce que je veux !

Iliade, chant VIII, vers 388-408

HOMÈRE
VIIIᵉ s. av. J.-C.

VIRGILE
Iᵉʳ s. av. J.-C.

CLAUDIEN
Vᵉ s. ap. J.-C.

Hygin   Pausanias

*Parmi ses spécialités, Héphaïstos possède celle de fabri-
quer de magnifiques trônes, très à la mode sur l'Olympe,
comme on peut en juger d'après le cadeau qu'Héra propose
au Sommeil en échange de son aide : « Entends-moi, et je
t'en saurai gré chaque jour à venir. Je t'en supplie, endors
sous ses sourcils les yeux brillants de Zeus, dès que je serai
étendue amoureusement dans ses bras. Je te donnerai en
échange un présent, un beau siège, indestructible, en or.
C'est mon fils, Héphaïstos le Boiteux, qui le fabriquera et
l'ouvrera lui-même. Au-dessous, il mettra un appui pour
tes pieds, et tu y pourras poser tes pieds luisants pendant
les festins » (Iliade, chant XIV, vers 234-241).*

*Mais c'est pour piéger Héra elle-même qu'Héphaïstos,
rejeté par sa mère, conçoit l'un de ces trônes précieux : doté
d'un mécanisme secret, il lui permet de se venger de la déesse.
Dans le recueil de fables mythologiques attribuées à l'auteur
latin Hygin, la reine de l'Olympe se retrouve ainsi suspendue
dans les airs.*

SIÈGE TRUQUÉ

Comme Vulcain avait fait pour Jupiter et pour
tous les autres dieux des sièges d'or et d'acier, Junon,
au moment de s'asseoir, se retrouva tout à coup
suspendue en l'air, et quand on envoya demander
à Vulcain de bien vouloir libérer sa mère, qu'il avait
attachée, irrité d'avoir été précipité du haut du ciel,
il nia avoir une quelconque mère. Liber Pater l'ayant
amené ivre à l'assemblée des dieux, il ne put se
dérober à son devoir, et Jupiter accepta son souhait
d'obtenir tout ce qu'il leur demanderait.

Fables, CLXVI, « Érichthonius »

Au détour d'un de ses comptes rendus de voyage,
Pausanias rapporte une version de la légende qui diffère
sur les effets du piège : Héphaïstos, réputé pour son art à
forger des liens, empêche Héra de quitter son siège.

TRÔNE OU PRISON ?

À Athènes, à côté du théâtre, se trouve le plus
ancien sanctuaire de Dionysos. À l'intérieur de
l'enceinte sacrée il y a deux temples et deux Dionysos :
le Dionysos d'Éleuthères et celui qu'Alcamène
exécuta en ivoire et en or. Il y a aussi des peintures :
l'une représente Dionysos qui ramène Héphaïstos
au ciel. La tradition chez les Grecs veut précisément
qu'Héra ait lancé loin d'elle Héphaïstos à sa naissance ; et celui-ci, dans sa rancune, lui avait envoyé
en présent un trône d'or muni de liens invisibles ;
comme la déesse y était assise, elle s'y trouvait liée,
Héphaïstos, lui, ne voulait se laisser convaincre par
aucun des dieux ; Dionysos cependant – et Héphaïstos
lui faisait particulièrement confiance – l'enivra et
le ramena au ciel.

Description de la Grèce, livre I, « L'Attique », 20, 3

HOMÈRE
VIIIe s. av. J.-C.

VIRGILE
Ier s. av. J.-C.

CLAUDIEN
Ve s. ap. J.-C.

Homère

Dans la série des pièges habilement « machinés » par Héphaïstos, on trouve un filet arachnéen qui emprisonne son épouse Aphrodite au lit avec Arès. Notons au passage que la scène des amants surpris, digne d'un vaudeville, est accompagnée de ce fameux « rire inextinguible qui, selon Homère, est le partage des dieux » (Voltaire, Micromégas, chap. VII).

UNE MACHINE ET UNE MACHINATION

Démodocos disait les amours d'Arès et de son Aphrodite au diadème, leur premier rendez-vous secret chez Héphaïstos et tous les dons d'Arès, et la couche souillée du seigneur Héphaïstos, et le Soleil allant raconter au mari qu'il les avait trouvés en pleine œuvre d'amour. Héphaïstos accueillit sans plaisir la nouvelle ; mais, courant à sa forge, il roulait la vengeance au gouffre de son cœur. Quand il eut au billot dressé sa grande enclume, il forgea des réseaux de chaînes infrangibles pour prendre nos amants. Puis, le piège achevé, furieux contre Arès, il revint à la chambre où se trouvait son lit : aux pieds, il attacha des chaînes en réseau ; au plafond, il pendit tout un autre réseau – vraie toile d'araignée –, un piège sans pareil, imperceptible à tous, même aux dieux bienheureux ! et quand, autour du lit, il eut tendu la trappe, il feignit un départ vers les murs de Lemnos, la ville de son cœur entre toutes les terres. Arès, qui le guettait, n'avait pas l'œil fermé : dès qu'il vit en chemin le glorieux artiste, il prit ses rênes d'or, et le voilà courant chez le noble Héphaïstos, tout de feu pour sa Kythérée au diadème !

La fille du Cronide à la force invincible rentrait tout justement du manoir de son père et venait de s'asseoir. Arès entra chez elle et, lui prenant la main, lui dit et déclara :

— Vite au lit, ma chérie ! quel plaisir de s'aimer !... Héphaïstos est en route ; il doit être à Lemnos, parmi ses Sintiens au parler de sauvages.

Il dit, et le désir du lit prit la déesse. Mais, à peine montés sur le cadre et couchés, l'ingénieux réseau de l'habile Héphaïstos leur retombait dessus : plus moyen de bouger, de lever bras ni jambe ; ils voyaient maintenant qu'on ne pouvait plus fuir. Et voici que rentrait la gloire des boiteux ! avant d'être à Lemnos, il avait tourné bride, sur un mot du Soleil qui lui faisait la guette. Il revenait chez lui, la rage dans le cœur.

Debout au premier seuil, affolé de colère, avec des cris de fauve, il appelait les dieux :

— Zeus le père et vous tous, éternels Bienheureux ! arrivez ! vous verrez de quoi rire ! un scandale ! C'est vrai : je suis boiteux ; mais la fille de Zeus, Aphrodite, ne vit que pour mon déshonneur ; elle aime cet Arès, pour la seule raison qu'il est beau, l'insolent ! qu'il a les jambes droites ! Si je naquis infirme, à qui la faute ? à moi ?... ou à mes père et mère ? Ah ! comme ils auraient dû ne pas me mettre au monde ! Mais venez ! vous verrez où nos gens font l'amour : c'est dans mon propre lit ! J'enrage de les voir. Oh ! je crois qu'ils n'ont plus grande envie d'y rester : quelqu'amour qui les tienne, ils vont bientôt ne plus vouloir dormir à deux. Mais la trappe tiendra le couple sous les chaînes, tant que notre beau-père ne m'aura pas rendu jusqu'au moindre cadeau que je lui consignai pour sa chienne de fille !... La fille était jolie, mais trop dévergondée !

Ainsi parlait l'époux et, vers le seuil de bronze, accouraient tous les dieux, et d'abord Poséidon, qui embrasse la terre, puis l'obligeant Hermès, puis Apollon, le roi à la longue portée ; les déesses, avec la pudeur de leur sexe, demeuraient au logis...

Sur le seuil, ils étaient debout, ces Immortels qui nous donnent les biens, et, du groupe de ces Bienheureux, il montait un rire inextinguible : ah ! la belle œuvre d'art de l'habile Héphaïstos !

Odyssée, chant VIII, vers 266-327

HOMÈRE
VIII⁰ s. av. J.-C.

VIRGILE
I⁰ʳ s. av. J.-C.

CLAUDIEN
V⁰ s. ap. J.-C.

Athénée de Naucratis

Selon diverses légendes, Héphaïstos passe pour avoir forgé de magnifiques chars destinés aux divinités, comme celui d'Héra, d'Arès ou encore d'Hélios, le Soleil. Les auteurs cités par Athénée lui attribuent un autre genre de véhicule : une coupe en or, nommée δέπας (dépas) en grec, sorte de tasse ailée dans laquelle le Soleil s'embarque chaque soir afin de regagner son palais, à l'Orient du monde. Du pays des Hespérides (ouest) à celui des Éthiopiens (est), il vogue ainsi pendant la nuit, tout en dormant, sur le courant du gigantesque fleuve Océan, qui encercle la terre, pour se retrouver prêt à repartir au matin sur son char flamboyant attelé de quatre chevaux. De la coupe ailée à la soucoupe volante des voyages interplanétaires, il ne reste plus à la science-fiction qu'à s'emparer du mythe...

Les convives du Banquet des savants *dissertent ici longuement sur les différents types de « vases à boire ».*

LA (SOU)COUPE VOLANTE DU SOLEIL

Dans le deuxième livre de son *Héraclée*, Pisandre écrit que le vase à boire appelé *dépas* dans lequel Héraclès navigua sur l'Océan appartenait au Soleil, mais qu'Héraclès l'avait ensuite pris d'Océan lui-même. Les poètes et les écrivains n'auraient-ils pas imaginé pour s'amuser de faire naviguer Héraclès dans un vase à boire, du fait que ce héros aimait les plus grands de ces vases ? Mais Panyasis dit dans le premier livre de son *Héraclée* que ce fut de Nérée qu'Héraclès reçut la tasse du Soleil et qu'il s'en servit pour passer par la mer jusqu'à l'île d'Érythie, où se trouvait le royaume de Géryon. Nous avons déjà dit qu'Héraclès faisait partie des très grands buveurs. Stésichore nous explique, dans le passage suivant, que le Soleil était transporté vers le couchant dans un vase à boire : « Le Soleil, fils d'Hypérion, s'embarqua dans une tasse d'or pour traverser sur l'Océan l'obscurité profonde de la nuit et revenir vers sa mère, sa jeune épouse et ses chers enfants ; et le fils de Zeus s'enfonça dans un bois de lauriers bien ombragé. » Antimaque en parle ainsi : « L'illustre Érythie, l'une des Hespérides, faisait partir à ce moment le Soleil dans une tasse en or. » Eschyle dit aussi dans ses *Héliades* (« les filles du Soleil ») : « Là, au couchant, se trouve la coupe en or de ton père, fabriquée par Héphaïstos, dans laquelle, traversant le vaste espace des flots qui s'élèvent en montagnes, il poursuit sa course rapide et ignorée de tous au plus profond de la nuit aux chevaux noirs. »

Dans son poème à Nannô, Mimnerme dit que le Soleil se rend en dormant vers l'Orient dans un lit d'or qu'Héphaïstos lui a fabriqué exprès pour cet usage, faisant allusion à la cavité de la tasse où il repose : « La fatigue en effet est tous les jours le sort du Soleil et il n'a jamais aucun repos, pas plus que ses coursiers, depuis l'instant où l'Aurore aux doigts de rose quitte l'Océan pour s'élever sous la voûte du ciel ; alors, aussitôt, un lit qui fait envie, forgé et ciselé par les mains d'Héphaïstos dans l'or le plus précieux, équipé d'ailes, le transporte au-delà de l'Océan. Tout en dormant, le Soleil vole ainsi sur la surface des flots et il passe rapidement du chœur des Hespérides à la terre des Éthiopiens, où l'attendent son char rapide et ses chevaux, jusqu'à ce que l'Aurore, fille du matin, arrive. Là, le fils d'Hypérion monte alors sur un autre char. » Dans son deuxième livre des Heures, Théolyte dit que le Soleil traverse la mer dans un chaudron, mais l'auteur de la Titanomachie l'avait dit avant lui. Dans la troisième de ses Histoires, Phérécyde, après avoir parlé de l'Océan, ajoute : « Mais alors qu'Héraclès, tendant son arc contre lui, est prêt à lâcher la flèche, le Soleil lui ordonne d'arrêter ; Héraclès, intimidé, arrête. En récompense, le Soleil lui donne la tasse en or, qui le transporte, lui et ses chevaux, lorsqu'il franchit l'Océan, pendant la nuit, pour se rendre vers l'aurore où il doit se lever. Aussitôt, Héraclès part dans cette tasse vers l'île d'Érythie ; mais alors qu'il est en haute mer, l'Océan, dont il fait l'expérience pour la première fois, lui paraît soulever les flots pour en battre la tasse. Héraclès s'apprête à décocher ses flèches ; aussitôt, l'Océan, craignant sa colère, ordonne aux flots de se calmer. »

Le Banquet des savants, livre XI, 38-39, 469c-470d

HOMÈRE
VIIIᵉ s. av. J.-C.

VIRGILE
Iᵉʳ s. av. J.-C.

CLAUDIEN
Vᵉ s. ap. J.-C.

Homère

Alkinoos, roi de l'île des Phéaciens, invite le naufragé qu'il a recueilli à se présenter – il ne sait pas encore qu'il s'agit d'Ulysse – pour qu'il puisse le faire ramener chez lui avec ses bateaux merveilleux.

Renommés pour être d'«infaillibles passeurs» et des marins hors pair, les Phéaciens sont fiers d'être proches des dieux qu'ils reçoivent à leur table (Odyssée, chant VII, vers 201-206) : peut-être ont-ils appris d'Héphaïstos, maître dans toutes les techniques, inventeur de la coupe du Soleil qui vogue toute seule (p. 69), l'art de construire ces navires extraordinaires, «doués de raison», qui se déplacent sans pilote ni gouvernail... bref, ici encore, de véritables vaisseaux de science-fiction avant la lettre !

VAISSEAUX FANTÔMES

Dis-nous quelle est ta terre et ton peuple et la ville où devront te porter nos vaisseaux phéaciens qui, doués de raison, voguent sans le pilote et sans le gouvernail qu'ont les autres navires ; ils savent deviner, d'eux-mêmes, les désirs et les pensées des hommes ; connaissant les cités et les grasses campagnes du monde tout entier, ils font leurs traversées sur le gouffre des mers, sans craindre ni la moindre avarie ni la perte dans les brumes et les nuées qui les recouvrent... Mais voici quel avis autrefois me donna Nausithoos mon père : Poséidon, disait-il, nous en voudrait un jour de notre renommée d'infaillibles passeurs et, lorsque rentrerait de quelque reconduite un solide croiseur du peuple phéacien, le dieu le briserait dans la brume des mers, puis couvrirait le bourg du grand mont qui l'encercle. Ces discours du vieillard, en verrons-nous l'effet ? resteront-ils sans suite ? C'est le secret des dieux.

Odyssée, chant VIII, vers 555-571

« *Aux temps homériques, les marins d'Ithaque ou de Pylos parlaient ainsi des croiseurs phéaciens : "Ce sont des bateaux rapides comme la pensée ou comme les oiseaux. Ils filent si vite qu'on n'a pas le temps de les voir. Ils sont invisibles. Ils disparaissent dans la mer et dans le vent"*; et *les aèdes d'Ionie ajoutèrent : "En un jour, ils vont à l'autre bout de la mer, en Eubée, et reviennent"* » (Victor Bérard, Les Phéniciens et l'Odyssée, *tome I, V, 1, « L'île du croiseur », 1902*).

Quand ils eurent atteint le navire et la mer, les nobles convoyeurs se hâtèrent de prendre les vivres pour la route et de les déposer dans le fond du vaisseau ; puis, des draps de linon, ils firent pour Ulysse, sur le gaillard de poupe, un lit où le héros dormirait loin du bruit. Alors il s'embarqua, se coucha sans rien dire ; en ordre, les rameurs prirent place à leurs bancs ; de la pierre trouée, on détacha l'amarre, et bientôt, reins cambrés, dans l'embrun de l'écume, ils tiraient l'aviron.

Mais déjà sur ses yeux tombait un doux sommeil, sans sursaut, tout pareil à la paix de la mort : comme, devant le char, on voit quatre étalons s'élancer dans la plaine et pointer tous ensemble et dévorer la route sous les claques du fouet, ainsi pointait la proue et, dans les gros bouillons du sillage, roulait la mer retentissante, et le vaisseau courait sans secousse et sans risque, et l'épervier, le plus rapide des oiseaux, ne l'aurait pas suivi.

Il courait, il volait, fendant le flot des mers, emportant ce héros aux divines pensées, dont l'âme avait connu, autrefois, tant d'angoisses. Maintenant, sans un geste, il dormait, oubliant tous les maux endurés.

Odyssée, chant XIII, vers 70-92

Cependant, la colère de Poséidon n'épargne pas le navire phéacien qui a transporté Ulysse à Ithaque : sur le chemin du retour, il est pétrifié par le dieu de la mer, selon la punition prophétisée par le père d'Alkinoos.

Le croiseur, arrivant du large, était tout proche ; il passait en vitesse : l'Ébranleur de la terre fit un pas, étendit la main et, le frappant, l'enracina au fond des eaux comme une roche. Puis il s'en retourna.

Quels discours échangeaient en paroles ailées ces gens de Phéacie, ces armateurs, ces mariniers aux longues rames ! Se tournant l'un vers l'autre, ils se disaient entre eux :

— Misère ! ah ! qui vient donc d'entraver dans la mer le croiseur qui rentrait ? on le voyait déjà de la pomme à la quille !

Ainsi parlaient les gens sans comprendre l'affaire. Mais, prenant la parole, Alkinoos leur dit :

— Ah ! misère ! je vois s'accomplir les oracles du vieux temps de mon père : Poséidon, disait-il, nous en voudrait un jour de notre renommée d'infaillibles passeurs et, lorsque reviendrait de quelque reconduite un solide croiseur du peuple phéacien, le dieu le briserait dans la brume des mers, puis couvrirait le bourg du grand mont qui l'encercle. Tous ces mots du vieillard, vont-ils donc s'accomplir ?... Allons, croyez-m'en tous : faites ce que je dis ; renonçons à passer quiconque vient chez nous ; offrons à Poséidon douze taureaux de choix ; implorons sa pitié ; qu'il laisse notre bourg sans l'avoir recouvert de la longue montagne.

Odyssée, chant XIII, vers 161-183

HOMÈRE
VIII° s. av. J.-C.

VIRGILE
I° s. av. J.-C.

CLAUDIEN
V° s. ap. J.-C.

Homère   Nonnos

Pour Ulysse, naufragé sur l'île des Phéaciens, la demeure
du roi Alkinoos ressemble à un palais de conte de fées :
parmi ses merveilles, deux chiens de métal, chefs-d'œuvre de
l'atelier d'Héphaïstos, et deux jeunes porteurs de torches en
or qui semblent rappeler les servantes du même métal dans
l'atelier du dieu forgeron (p. 44).

MÉCANIQUE CANINE (1)

Ulysse allait entrer dans la noble demeure du
roi Alkinoos ; il fit halte un instant. Que de trouble
en son cœur, devant le seuil de bronze ! car, sous
les hauts plafonds du fier Alkinoos, c'était comme
un éclat de soleil et de lune ! Du seuil jusques au fond,
deux murailles de bronze s'en allaient, déroulant
leur frise d'émail bleu. Des portes d'or s'ouvraient
dans l'épaisse muraille : les montants, sur le seuil de
bronze, étaient d'argent ; sous le linteau d'argent,
le corbeau était d'or, et les chiens de chaque côté,
que l'art le plus adroit d'Héphaïstos avait faits pour
garder la maison du fier Alkinoos et rester immortels,
jeunes à tout jamais, étaient d'or et d'argent.

Aux murs, des deux côtés, s'adossaient les fauteuils
en ligne continue, du seuil jusques au fond ; sur
eux, étaient jetés de fins voiles tissés par la main
des servantes. C'était là que siégeaient les doges
phéaciens, mangeant, buvant, ayant toute l'année
de quoi.

Des éphèbes en or, sur leurs socles de pierre, se
dressaient, torche en mains pour éclairer, de nuit,
la salle et les convives.

Odyssée, chant VII, vers 81-102

Pour Nonnos de Panopolis, imitateur d'Homère, le palais d'Hémathion, roi de Samos de Thrace, est à l'image de celui d'Alkinoos, roi des Phéaciens.

MÉCANIQUE CANINE (2)

Auprès du verger ombreux se trouve une fontaine à deux bouches : l'une donne à boire aux gens de la ville ; de l'autre, le jardinier conduit par un canal l'eau vers mille rigoles sinueuses, de plante en plante ; comme s'il venait de Phoibos, le courant murmure auprès de la souche du laurier à la voix mélodieuse et douce.

Et une foule de belles statues d'or dressées sur un socle de pierre – des jeunes gens – présente aux convives les flambeaux qui le soir éclairent les festins. En foule également, dans le silence que l'art leur impose, des files de chiens que l'on croirait vrais, les membres identiques, doués d'intelligence, la gueule ouverte dans un bâillement factice, se tiennent aux portes, de chaque côté. Chien d'argent et chien d'or, voisins, aboient ensemble à gorge déployée pour saluer les familiers. Comme Cadmos s'avance devant eux, ils font entendre, de leur voix d'automates, des sons hospitaliers et agitent leur queue factice en signe de tendre affection.

Les Dionysiaques, chant III, vers 164-179

HOMÈRE
VIIIᵉ s. av. J.-C.

VIRGILE
Iᵉʳ s. av. J.-C.

CLAUDIEN
Vᵉ s. ap. J.-C.

Antoninus Liberalis

Selon une tradition tardive, un chien en or, forgé et animé par Héphaïstos, est lié à la légende de Tantale ; le commentateur d'Homère Eustathe de Thessalonique (XIIᵉ siècle) la résume ainsi : « Voici ce qu'on raconte : en Crète, Pandaréos vola dans le sanctuaire de Zeus un chien en or, ouvrage d'Héphaïstos qui l'avait animé, et il le confia en dépôt à Tantale. Quand Zeus lui réclama l'objet volé, par l'intermédiaire d'Hermès, Tantale jura qu'il ne l'avait pas. Mais Zeus récupéra le chien grâce à Hermès et il retourna le mont Sipyle sur Tantale » (Commentaires à l'Odyssée, chant XIX, vers 518, traduction A. Collognat). *Le grammairien et mythographe Antoninus Liberalis a développé l'histoire de ce chien en or qui serait à l'origine du châtiment de Tantale.*

ATTENTION AU CHIEN !

Quand Rhéa, par crainte de Cronos, eut caché Zeus dans la grotte de Crète, une chèvre le nourrit en lui offrant son pis. Sur l'ordre de Rhéa, un chien d'or gardait la chèvre. Et lorsque Zeus, ayant chassé les Titans, eut enlevé le pouvoir à Cronos, il métamorphosa la chèvre et la rendit immortelle ; son image est encore maintenant parmi les astres ; quant au chien d'or, Zeus lui assigna de garder cet endroit sacré de Crète. Pandaréos, fils de Mérops, vola ce chien, l'emmena sur le mont Sipyle et le confia à la vigilance de Tantale, fils de Zeus et de Ploutô. Or, quelque temps après, Pandaréos vint au Sipyle et réclama le chien ; Tantale jura qu'il ne l'avait pas reçu. Pour le punir de son larcin, Zeus transforma Pandaréos en rocher à l'endroit même où il se tenait ; quant à Tantale, Zeus, pour châtier son parjure, l'abattit d'un coup de foudre et posa au-dessus de sa tête le mont Sipyle.

Les Métamorphoses, XXXVI, « Pandaréos »

HOMÈRE
VIIIe s. av. J.-C.

VIRGILE
Ier s. av. J.-C.

CLAUDIEN
Ve s. ap. J.-C.

Julius Pollux

*Auteur de l'*Onomasticon, *un volumineux dictionnaire grec, le philologue Julius Pollux (IIe siècle apr. J.-C.) évoque la descendance d'un chien forgé par Héphaïstos : selon la tradition que rapporte Nicandre de Colophon, grammairien, poète et médecin grec du IIe siècle avant J.-C., ce chien fabuleux serait celui que le chasseur Céphale lança à la poursuite du monstrueux renard de Teumesse terrorisant la Béotie. Une poursuite qui s'achève par une pétrification, ramenant ainsi l'animal fabriqué et animé par un dieu à son état premier d'objet inanimé.*

RETOUR À L'INANIMÉ

Nicandre de Colophon dit que les chiens du pays des Chaones et des Molosses en Épire sont les descendants du chien qu'Héphaïstos forgea en bronze de Démonésos, île de la Propontide, et dans lequel il mit le souffle de la vie ; il en fit cadeau à Zeus, qui l'offrit à Europe et celle-ci le donna à Minos, Minos à Procris et Procris à Céphale. En raison de sa nature, nul ne pouvait échapper à ce chien, de même que nul ne pouvait échapper au renard de Teumesse qui restait imprenable. C'est pourquoi ils furent changés en pierre tous les deux, l'un pour qu'il ne puisse pas prendre le renard imprenable, l'autre pour qu'il ne puisse pas fuir le chien intouchable.

Onomasticon, V, 39

HOMÈRE
VIIIᵉ s. av. J.-C.

VIRGILE
Iᵉʳ s. av. J.-C.

CLAUDIEN
Vᵉ s. ap. J.-C.

Pindare

Le poète Pindare évoque les exploits de Jason en Colchide, où il est venu chercher la fameuse Toison d'or détenue par le roi Aiétès. Aidé de la magicienne Médée, fille d'Aiétès, le chef des Argonautes doit affronter de redoutables automates fabriqués par Héphaïstos : des taureaux de bronze qui soufflent le feu.

Notons à cette occasion que Pindare, dans un autre de ses recueils, fait allusion à un taureau d'airain historiquement attesté, celui dans lequel Phalaris, tyran d'Agrigente en Sicile vers 550 avant J.-C., faisait enfermer et brûler vives les victimes de sa terrible cruauté : « Celui qui, d'un cœur impitoyable, faisait brûler ses victimes dans le taureau d'airain, Phalaris, garde partout une mémoire exécrée » (Pythiques, I, vers 96-97).

TAUREAUX DE FEU

Aussitôt Médée apprit à Jason les moyens d'accomplir l'exploit que réclamait son père ; elle mêla avec de l'huile des herbes capables de le protéger contre les douleurs redoutables et lui donna cet onguent ; ils se promirent mutuellement de contracter un doux mariage.

Mais quand Aiétès eut placé au milieu de la foule la charrue d'acier, avec les bœufs qui, de leurs fauves narines, soufflaient la flamme d'un feu ardent et, de leurs sabots d'airain, battaient tour à tour le sol, seul il les fit avancer et les mit sous le joug. Puis il les mena, poussant droit son sillon et fendant la terre à la profondeur d'une orgye. Et il proclama : « L'œuvre que vous voyez, que le roi, quel qu'il soit, qui commande à ce navire me l'exécute, et il emportera le manteau indestructible, la toison rutilante aux franges d'or. » À ces mots, rejetant son vêtement safrané, Jason, confiant en la divinité, se mit à l'ouvrage. Le feu ne lui faisait aucun mal, grâce aux prescriptions de l'étrangère, magicienne toute-puissante. Tirant à lui la charrue, il imposa aux nuques bovines l'appareil fatal qui les liait, enfonça dans les larges flancs son aiguillon douloureux, et le robuste héros accomplit la mesure prescrite.

Dans sa douleur inexprimable, Aiétès, stupéfait de cette vigueur, ne put s'empêcher de pousser un cri perçant, pendant que vers leur chef vigoureux ses compagnons tendaient leurs mains amies, qu'ils le couronnaient de vertes guirlandes et le félicitaient par de douces paroles.

Pythiques, IV, vers 220-242

Nonnos de Panopolis

Reprenant la tradition épique, dans la lignée d'Homère et d'Apollonios de Rhodes, Nonnos de Panopolis évoque la figure d'Héphaïstos créateur d'automates fabuleux. Ici, on découvre deux chevaux mécaniques qui ressemblent beaucoup aux taureaux d'airain fabriqués pour le roi de Colchide (p. 80).

DE FER ET DE FEU

Les citoyens de Samothrace qui tirent leur force du feu, les deux fils de la Lemnienne Cabeirò, mènent leur bacchanale : sous l'haleine du feu rougeoyant d'Héphaïstos leur père, leurs prunelles lancent de congénitales étincelles. Leur char est en acier. Ses deux chevaux font sonner la poussière en la martelant de leurs sabots d'airain et vomissent de leur gosier un hennissement assoiffé : c'est leur père qui a forgé avec un art inimitable ces bêtes qui soufflent entre les dents une flamme menaçante, de même que pour Aiétès, le puissant souverain des Colques, il modela l'attelage d'une paire de taureaux aux sabots d'airain auxquels il fabriqua des rênes brûlantes et un timon incandescent. Eurymédon est le cocher : avec un mors crépitant de flammes, il gouverne la bouche embrasée des chevaux aux sabots de fer. Alcôn, lui, a empoigné d'une main un trait fumant, une torche qu'il agite, attribut du thiase d'Hécate dans sa patrie. De la main droite, il tient la pique lemnienne, ouvrage de l'enclume paternelle, tandis que, contre ses cuisses vigoureuses, il a pendu un glaive flamboyant : il suffit de prendre du bout des ongles un petit caillou et d'en heurter le plat de l'épée

effilée que parcourt le feu pour faire jaillir spontanément du fer une gerbe d'étincelles.

Nonnos de Panopolis, *Les Dionysiaques*,
chant **XXIX**, vers 193-210

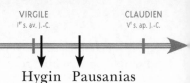

HOMÈRE
VIII⁰ s. av. J.-C.

VIRGILE
i⁰ʳ s. av. J.-C.

CLAUDIEN
V⁰ s. ap. J.-C.

Hygin Pausanias

Des sources légendaires variées montrent la richesse du mythe d'Héphaïstos, champion de la technè *; on cherche en particulier à lui attribuer toujours plus de créatures « automatiques » : par exemple, un aigle ou encore de mystérieuses « charmeuses » ressemblant à des Sirènes.*

Lié à la légende de Prométhée, un passage du traité d'astronomie que l'auteur latin Hygin aurait écrit rapporte une croyance présentée comme la plus répandue : l'aigle envoyé pour tourmenter le héros rebelle est cité comme un automate du dieu forgeron, animé par le roi des dieux en personne.

UN RAPACE MÉCANIQUE ?

Jupiter ne voulut pas être en reste vis-à-vis des mortels et leur confia une femme que façonna Vulcain et que la faveur des dieux combla de tous les bienfaits ; aussi l'appela-t-on Pandore. Quant à Prométhée, Jupiter l'attacha avec une chaîne de fer sur une montagne de Scythie, nommée Caucase ; il y est enchaîné pour trente mille ans, selon Eschyle, auteur tragique. De plus, il lui envoya un aigle qui sans cesse devait ronger son foie renaissant chaque nuit. Cet aigle, d'après certains récits, était né de Typhon et d'Échidna, d'après d'autres de la Terre et du Tartare ; d'après la plupart, il fut façonné des mains de Vulcain, et Jupiter, dit-on, lui donna vie.

Hygin, *L'Astronomie* II, 15, « La flèche », 3

Le géographe Pausanias rapporte une légende à laquelle il ne donne guère de crédit, mais qui prend sa source dans un fragment de Pindare : un temple en bronze consacré à Apollon à Delphes aurait-il été construit par Héphaïstos lui-même et abritait-il des chanteuses en or volant dans les airs ?

LE VOL DES SIRÈNES

Quant au troisième temple d'Apollon [à Delphes], on dit qu'il était d'airain : cela n'a rien de surprenant, puisqu'Acrisios fit bien faire une chambre d'airain pour sa fille Danaé et que le temple d'Athéna Chalcioicos [« qui habite une demeure d'airain »] existe encore maintenant à Lacédémone. On voit aussi à Rome une place publique, remarquable par son étendue et sa magnificence, qui est couverte en airain ; il n'est donc pas surprenant qu'Apollon ait eu un temple pareil. Cependant, je ne crois ni que ce temple fût l'ouvrage d'Héphaïstos ni qu'il y eût des chanteuses en or, comme le dit Pindare en ces termes : *Des enchanteresses en or chantaient au-dessus du faîte du temple.* Je pense qu'il a imaginé cela en imitant les Sirènes d'Homère.

Description de la Grèce, livre X,
« La Phocide », 5, 11-12

UN ANDROÏDE GÉANT

Dans la série des *automata* mis en scène par les récits mythologiques, le cas du géant de bronze Talos, gardien de l'île de Crète, retient tout particulièrement l'attention : selon les traditions, il serait le dernier représentant de cette « race de bronze » composée de guerriers puissants et terribles qu'évoque Hésiode dans sa théorie des âges métalliques, ou bien il aurait été forgé par Héphaïstos, qui en fit cadeau au roi Minos.

Comme on l'a vu avec les servantes en or dans l'atelier du dieu forgeron, Talos a toutes les caractéristiques de l'androïde défini comme un « automate à figure humaine qui, au moyen d'un mécanisme intérieur, reproduit certains mouvements d'un être humain » (définition du Trésor de la langue française). Le matériau dont il est composé le rend indestructible, quasi immortel, mais le colosse de bronze possède néanmoins un point faible, sa cheville, ainsi que le décrit Apollonios de Rhodes : « Son corps et ses membres étaient faits d'un airain infrangible ; mais à sa cheville, sous le tendon, il avait une veine pleine de sang et c'est de la fine membrane qui la fermait que dépendaient sa vie et sa mort » (p. 90). De son côté, Apollodore précise : « Il avait une veine unique qui allait de son cou à ses chevilles, et à l'extrémité de la veine était enfoncé un clou de bronze » (p. 89).

C'est cette particularité qui explique la fin de Talos, lorsque les Argonautes débarquent en Crète : fasciné par les sorts que lui jette la magicienne Médée, le géant de bronze heurte une pierre de sa cheville et finit par s'effondrer dans un terrible fracas, car « de sa blessure coulait son sang [ἰχώρ, *ichôr*] qui avait l'aspect du plomb fondu ». Grâce à ce détail du récit d'Apollonios (IV, vers 1679-1680), on comprend que le sang de Talos n'est pas du sang humain (*haima*), mais un liquide appelé *ichôr* : dans les épopées homériques, c'est le terme qui désigne celui qui coule dans les veines des dieux et des déesses, marquant la différence de statut entre mortels et immortels. La précision concernant son aspect, comparé au « plomb fondu », permet de rapprocher la description de celle d'une technique bien connue dans la sculpture, celle dite de « la cire perdue », très utilisée encore de nos jours pour couler les statues de bronze. Robert Graves la résume ainsi : « La veine unique de Talos s'explique par le secret pour couler le bronze par la méthode de la cire perdue. Le forgeron exécutait d'abord une statue en cire d'abeille qu'il recouvrait d'une couche de plâtre, puis il mettait le tout dans un four. Lorsque le plâtre était cuit, il pratiquait un trou entre le talon et la cheville afin que la cire puisse s'écouler ; il restait ainsi un moule dans lequel on pouvait introduire le bronze fondu. Lorsqu'il avait rempli son moule et que le métal était refroidi, à l'intérieur, il cassait le plâtre et se trouvait en possession d'une statue en bronze exactement semblable à son original en plâtre » (*Les Mythes grecs*, 1958, Fayard, 2002, p. 488).

L'épisode de Talos est remarquablement mis en scène dans le film *Jason et les Argonautes* de Don Chaffey (1963), grâce au talent de Ray Harryhausen, l'auteur des effets spéciaux (voir p. 60) : on peut voir le géant de bronze enjamber l'entrée du port naturel où ont débarqué les Argonautes – une référence directe au célèbre Colosse de Rhodes –, puis pourchasser Jason et ses compagnons avant de s'effondrer, perdant toute son énergie, après que le héros a retiré le gros clou de bronze qui ferme son talon.

HOMÈRE
VIII⁺ s. av. J.-C.

VIRGILE
I⁺ s. av. J.-C.

CLAUDIEN
V⁺ s. ap. J.-C.

Apollodore

On a attribué au grammairien grec Apollodore d'Athènes une compilation de récits mythologiques dont la rédaction serait en fait bien postérieure à son temps. Connu sous le titre de Bibliothèque, *l'ouvrage présente l'intérêt de résumer les différentes versions des mythes : on peut ainsi lire le paragraphe qui décrit le géant de bronze vaincu par Jason et les Argonautes sur le chemin du retour à Iolcos en Thessalie. Selon un commentaire d'Eustathe de Thessalonique à l'*Odyssée, *« Talos sautait dans le feu et serrait contre sa poitrine de bronze, pour les faire périr, ceux qui arrivaient en Crète » (XX, 302).*

LE GARDIEN DE LA CRÈTE

Les Argonautes sont empêchés d'aborder en Crète par Talos. Selon les uns, il appartenait à la race de bronze, selon d'autres, il avait été donné à Minos par Héphaïstos. C'était un homme en bronze, ou bien, selon d'autres, un taureau. Il avait une veine unique qui allait de son cou à ses chevilles, et à l'extrémité de la veine était enfoncé un clou de bronze. Ce Talos faisait trois fois par jour le tour de l'île au pas de course pour monter la garde. Aussi, quand cette fois-ci il aperçut l'Argo qui se dirigeait vers l'île, se mit-il à lui jeter des pierres. Mais il succomba aux ruses de Médée. Selon certains, Médée l'aurait rendu fou avec des drogues ; selon quelques autres, elle lui aurait promis de le rendre immortel et lui aurait enlevé le clou, si bien qu'il serait mort en se vidant de son humeur. D'autres disent qu'il mourut touché à la cheville par une flèche de Poias.

Bibliothèque, livre I, 9, 26, 140-141

HOMÈRE
VIIIᵉ s. av. J.-C.

VIRGILE
Iᵉʳ s. av. J.-C.

CLAUDIEN
Vᵉ s. ap. J.-C.

Apollonios de Rhodes

Comme pour Ulysse, la navigation de retour est semée d'embûches pour Jason et les Argonautes. Apollonios de Rhodes développe l'épisode de l'étape en Crète.

UN COLOSSE AUX PIEDS FRAGILES

De la rocheuse Carpathos, ils se disposaient à passer en Crète, de toutes les îles celle qui est le plus au large dans la mer. Mais Talos, l'homme d'airain, avec des blocs détachés d'une solide falaise, les empêchait d'attacher les amarres à la terre au moment où ils arrivaient au mouillage abrité du Dicté. C'était un survivant, demeuré parmi les demi-dieux, de la race d'airain des hommes nés des frênes ; le Cronide l'avait donné à Europé pour garder son île : il faisait par trois fois le tour de la Crète avec ses pieds d'airain. Son corps et ses membres étaient faits d'un airain infrangible ; mais à sa cheville, sous le tendon, il avait une veine pleine de sang et c'est de la fine membrane qui la fermait que dépendaient sa vie et sa mort. Bien qu'ils fussent recrus de fatigue, les héros effrayés écartaient aussitôt le navire de la terre à force de rames. Ils auraient dû fuir pitoyablement loin de la Crète, malgré la soif et la souffrance qui les accablaient, si Médée ne leur avait dit au moment où ils s'apprêtaient à partir :

— Écoutez-moi : je pense que je puis toute seule terrasser pour vous cet homme, quel qu'il soit, bien que tout son corps soit d'airain, à moins qu'il ne possède par surcroît l'immortalité. Allons, mettez la nef en panne, en ramant doucement, loin de la portée des pierres, jusqu'à ce qu'il se laisse terrasser par moi.

Ainsi parla-t-elle. Les héros, une fois le navire tiré à l'abri des traits, le maintenaient sur les rames en attendant de voir quel plan mystérieux elle allait exécuter. Alors Médée ramena sur ses deux joues un pan de sa tunique de pourpre et se dirigea vers le tillac : l'Aisonide, la tenant la main dans la main, guidait sa marche à travers les bancs. Là, elle se conciliait par ses incantations, puis célébrait les Kères dévoreuses de vie, les promptes chiennes d'Hadès qui rôdent partout dans l'air en donnant la chasse aux vivants. Elle les implorait en les appelant trois fois dans ses incantations, trois fois dans ses prières. Puis, se chargeant d'un esprit maléfique, elle fascina de ses regards pernicieux les yeux de Talos, l'homme d'airain : les dents grinçantes, elle lançait sur lui sa funeste colère et lui envoyait des hallucinations malignes avec une haine exaspérée.

Zeus père ! une immense stupeur affole mon cœur ! Quoi ! les maladies et les blessures ne sont pas les seules voies de la mort ? Un ennemi peut donc aussi nous faire du mal à distance, comme cet être, tout d'airain qu'il était, s'est laissé terrasser par le terrible pouvoir de Médée, la maîtresse magicienne ! Au moment où il soulevait de lourds rochers pour interdire l'accès au mouillage, il heurta de sa cheville une arête de pierre ; de sa blessure coulait son sang qui avait l'aspect du plomb fondu. Il ne devait plus rester longtemps debout, posté sur l'avancée de la falaise. Tel, au sommet d'une montagne, un pin gigantesque que les bûcherons ont abandonné en redescendant de la forêt, après l'avoir coupé à demi de leurs cognées affûtées ; pendant la nuit, il est d'abord secoué par les rafales, puis il s'abat, brisé à sa base : ainsi, Talos demeurait un moment vacillant sur ses pieds infatigables ; puis, vidé de sa force, il tomba dans un immense fracas.

Donc, cette nuit-là, les héros pouvaient camper en Crète. Ensuite, aux premières lueurs de l'aurore, ils consacrèrent un sanctuaire à Athéna Minoenne, firent provision d'eau, puis s'embarquèrent pour doubler à la rame, dès que possible, le cap Salmônis.

Les Argonautiques, chant IV, vers 1636-1693

HOMÈRE
VIIIe s. av. J.-C.

VIRGILE
Ier s. av. J.-C.

CLAUDIEN
Ve s. ap. J.-C.

Platon

Pour Platon, la légende de Talos est à rattacher à celle de Minos et de Rhadamanthe, deux des fils de Zeus et d'Europe nés en Crète. Ils sont particulièrement renommés pour leur respect de la justice et des lois, ce qui leur vaut, après leur mort, d'être établis comme juges aux Enfers. Talos est ici leur auxiliaire, chargé d'observer l'exécution des commandements gravés sur des tablettes de bronze : d'où le sens à la fois métonymique et métaphorique de son appellation.

L'HOMME DE BRONZE

Quant à Rhadamanthe, il était certainement un homme de bien, car il fut formé par Minos. Il ne fut point formé cependant à tout l'art royal, mais à une partie auxiliaire, à savoir la présidence des tribunaux. De là provient sa réputation de bon juge. C'est à lui que Minos confia la garde des lois dans la ville ; pour le reste de la Crète, ce fut à Talos. Talos parcourait trois fois l'an les bourgs, veillant à ce qu'on y observât les lois, et il portait ces lois gravées sur des tablettes de bronze, ce qui lui valut le surnom d'Homme de bronze.

Platon, *Minos ou Sur la loi*, 320b-c

IV

LE MOUVEMENT,
C'EST LA VIE

DÉDALE, « L'ARTISTE »

Si Héphaïstos est le *deus faber*, Dédale est l'arché-type de l'*Homo faber* : admiré pour son extraordinaire habileté technique, il est présenté comme l'artisan universel, sur le traditionnel modèle démiurgique, à la fois architecte, mécanicien, sculpteur, ingénieur, et les auteurs anciens lui attribuaient la paternité de nombre d'inventions plus ou moins mythiques. Socrate lui-même, avec un mélange d'ironie et de fierté, se revendiquait de « la lignée de Dédale », celle des sculpteurs, et il rattachait « la lignée de Dédale à Héphaïstos, fils de Zeus » (Platon, *Alcibiade*, 121a).

Le nom même de Dédale, qu'on pourrait traduire par « l'Artiste », renvoie à l'adjectif δαίδαλος (*daidalos*), qui, au sens passif, signifie « qui est artistement travaillé », comme on l'a vu pour les *daidala* homé-riques (p. 49), et, au sens actif, « qui travaille artis-tement », « habile à travailler », d'où « ingénieux » et « astucieux ». Peut-être issu d'une racine indo-européenne portant l'idée de « tailler le bois », cet adjectif est très ancien puisqu'il est attesté en mycé-nien (linéaire B du XIIIe siècle av. J.-C.) sur deux tablettes de Cnossos.

Homère cite l'anthroponyme Δαίδαλος (*Iliade*, XVIII, vers 592) dans sa description du bouclier d'Achille : « L'illustre Boiteux y modèle encore une place de danse [χορόν] toute pareille à celle que jadis, dans la vaste Cnossos, l'art de Dédale a bâtie pour Ariane aux belles tresses ». Cependant, il convient ici de comprendre le nom grec χορός (*choros*, chœur) non comme un lieu de danse, mais comme une image de danseurs sculptés, saisis en plein mouvement. C'est ce que confirme le commentaire de Callistrate : « Dédale a innové jusqu'à atteindre le mouvement, et son art avait le pouvoir de dépasser la matière et de la mouvoir jusqu'à la danse » (« La statue de Memnon », voir p. 127).

C'est bien là précisément ce qui fait la gloire de Dédale, reconnu comme un modèle de référence pour l'art d'Héphaïstos lui-même : la capacité à produire une imitation parfaite du vivant par la représentation du mouvement. Une scholie du *Ménon*, dialogue de Platon, l'explique : « Dédale était un excellent sculpteur : il fut le premier à ouvrir les yeux des statues, si bien qu'elles avaient l'air de regarder, et à leur écarter les pieds, si bien qu'elles avaient l'air de marcher. Et pour cette raison, on les attachait pour qu'elles ne s'enfuient pas, comme si elles avaient été douées d'autonomie » (*Ménon*, 367).

La figure de Dédale symbolise ainsi la période pendant laquelle la statuaire s'est affranchie du type rigide issu du *xoanon* (statue de bois) primitif pour manifester les premières apparitions du réalisme et de la vie dans la plastique. C'est pourquoi le sculpteur légendaire, qui passait pour avoir le premier représenté l'homme nu, non plus les jambes jointes, mais un pied porté en avant, dans l'attitude de la marche, incarne l'évolution technique et esthétique qu'a connue l'art grec aux VIIe et VIe siècles avant J.-C. : la conquête de l'expression du mouvement, ainsi que l'émergence de l'expressivité dans la figure humaine.

Mais Dédale n'est pas qu'un sculpteur : il s'affirme comme l'homme de la *technè* et de la *mètis*, déployées à travers de multiples activités. Comme le souligne Jean-Claude Heudin, « l'art de Dédale n'était pas limité aux statues mais il s'étendait aussi à toute une série de simulacres et de prothèses : un avatar simulant une vache, des extensions du corps humain sous la forme d'ailes. Nous sommes donc proches,

sur le principe, des différentes formes de la robotique moderne : robots autonomes, télé-opération,
prothèses technologiques » (*Les Créatures artificielles,
Des automates aux mondes virtuels*, o. c. in Biblio.).

HOMÈRE
VIIIᵉ s. av. J.-C.

VIRGILE
Iᵉʳ s. av. J.-C.

CLAUDIEN
Vᵉ s. ap. J.-C.

Diodore de Sicile

Dédale passe pour l'inventeur de la statuaire, un art qu'il a porté à la perfection en brouillant les limites entre la réalité et l'illusion.

DES STATUES VIVANTES ?

Dédale était athénien d'origine, désigné comme l'un des descendants d'Érechthée. Il était, en effet, le fils de Métiôn, le fils d'Eupalamos, fils d'Érechthée. Comme il surpassait de beaucoup tous les autres hommes par ses dispositions naturelles, il s'adonna avec ardeur à l'art de la charpenterie, à la construction de statues et au travail de la pierre. Il fit de nombreuses inventions qui aidèrent au développement de cet art et exécuta, en de nombreux endroits de la terre habitée, des œuvres admirées. Il surpassa tellement tous les autres hommes par la sculpture de ses statues que ses contemporains racontèrent le mythe que les statues qu'il avait sculptées étaient extrêmement ressemblantes aux vivants : elles marchaient, elles voyaient et, de façon générale, elles gardaient la disposition du corps tout entier, de telle sorte que l'objet sculpté paraissait un être animé. C'est avec raison qu'il fut admiré des hommes, puisqu'il sculpta le premier des yeux et fit ses statues les jambes écartées, et en plus les mains tendues. Les artistes qui l'avaient précédé sculptaient, en effet, leurs statues avec les yeux clos, les bras ballants et collés aux flancs. Alors qu'il était donc admiré pour son habileté, Dédale s'enfuit hors de sa patrie, condamné pour meurtre pour les raisons suivantes : la sœur de Dédale eut un fils, Talos, qui fut instruit chez Dédale, alors qu'il était encore enfant. Comme il avait d'encore plus heureuses dispositions que son maître, il inventa le tour du potier ; de plus, ayant trouvé par hasard une mâchoire de serpent, il s'en servit pour scier de part en part un petit morceau de bois et imita le tranchant des dents : ainsi, quand il eut construit une scie en fer, grâce à laquelle il sciait le matériau en bois dont il se servait dans ses travaux, on jugea qu'il avait inventé l'outil réellement le plus utile à l'art de la charpenterie. De la même façon, en inventant aussi le tour et quelques autres mécanismes industrieux, il connut une grande renommée. Dédale devint jaloux de l'enfant et, jugeant qu'il surpassait largement son maître par sa renommée, il assassina l'enfant traîtreusement. Mais il fut surpris alors qu'il l'enterrait : on lui demanda qui il enterrait et il dit qu'il ensevelissait un serpent. On pourrait s'étonner du fait étrange que c'est grâce à l'animal par lequel on eut l'idée de l'invention de la scie que l'on parvint aussi à éclaircir le meurtre. Accusé et condamné pour meurtre par les membres de l'Aréopage, il se réfugia d'abord dans l'un des dèmes de l'Attique, dans lequel les habitants lui doivent d'être appelés Dédalides.

Bibliothèque historique, livre IV, LXXVI

HOMÈRE
VIIIᵉ s. av. J.-C.

VIRGILE
Iᵉʳ s. av. J.-C.

CLAUDIEN
Vᵉ s. ap. J.-C.

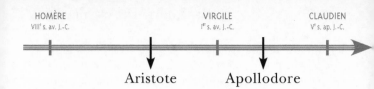

Aristote   Apollodore

La figure de Dédale est très souvent associée à la question du mouvement : quel est le secret de ce sculpteur de génie dont les statues sont si vivantes ? Bougent-elles vraiment ou donnent-elles l'illusion de bouger ?

Aristote évoque une statue mue grâce au « vif-argent » (nom ancien du mercure), ce qui pourrait faire penser au principe du jouet « culbuteur ». En effet, on peut rapprocher le mode d'animation de l'Aphrodite en bois de celui de ces antiques poupées automates japonaises très à la mode pendant l'époque d'Edo (XVIIᵉ-XIXᵉ siècles). Par exemple, le dangaeri ningyô est un acrobate qui descend les escaliers en faisant la culbute au moyen d'un peu de mercure contenu à l'intérieur de son corps : en effet, par sa fluidité et sa pesanteur, le « vif-argent » fait varier son centre de gravité.

LE SECRET DE DÉDALE ?

Certains prétendent que l'âme meut aussi le corps, dans lequel elle réside, de la façon dont elle se meut elle-même. Tel est, par exemple, Démocrite, qui en parle à peu près comme Philippe, l'auteur de comédies. Celui-ci dit, en effet, que Dédale doua de mouvement son Aphrodite de bois en y versant du vif-argent. Et Démocrite s'exprime de même. Car il déclare que les atomes sphériques, qui se meuvent parce qu'il est de leur nature de ne jamais rester en repos, entraînent et meuvent le corps tout entier.

Traité de l'âme, livre I, chap. III, 406b, 9

Dans la Bibliothèque *attribuée à Apollodore, une anecdote amusante témoigne du talent exceptionnel qui caractérise Dédale : ici pas de mécanisme caché, mais une imitation parfaite du vivant.*

102

QUIPROQUO

Abordant dans l'île de Dolichè, Héraclès y vit le corps d'Icare, rejeté sur le rivage : il l'ensevelit et appela l'île Icaria, au lieu de Dolichè. En retour, Dédale fabriqua à Pise en Élide une statue très ressemblante d'Héraclès. Héraclès, de nuit, ne la reconnut pas et lui jeta une pierre, en la prenant pour une personne vivante.

Bibliothèque, livre II, 6, 3, 132-133

HOMÈRE
VIIIᵉ s. av. J.-C.

VIRGILE
Iᵉʳ s. av. J.-C.

CLAUDIEN
Vᵉ s. ap. J.-C.

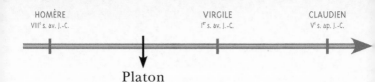

Platon

Socrate, fils d'un marbrier, se disait descendant de Dédale, « père » des sculpteurs et des habitants du dème attique des Dédalides. Selon plusieurs témoignages, il débuta sans doute dans le métier de son père comme tailleur de pierre et sculpteur ; on lui attribue une statue des Grâces qui se trouvait devant l'Acropole. C'est pourquoi Platon le montre évoquant avec humour les statues surprenantes de vie de son prestigieux ancêtre pour les poser en référence à la mobilité des opinions et des discours.

UN ANCÊTRE DE RENOM

EUTHYPHRON. – En vérité, Socrate, je ne sais plus te dire ce que je pense. Toutes nos propositions semblent tourner autour de nous et pas une ne veut rester en place.

SOCRATE. – C'est-à-dire, Euthyphron, que tes affirmations semblent être autant d'œuvres de Dédale, notre ancêtre. Si elles étaient miennes et si, moi, je les avais mises sur pied, tu aurais pu dire, en te moquant, qu'étant de sa lignée, les effigies que je fabrique en paroles doivent s'enfuir sans vouloir rester où on les place. Mais, comme les hypothèses sont de toi, il nous faut chercher une autre plaisanterie. Car le fait est qu'elles ne veulent pas rester en place ; tu le reconnais toi-même.

EUTHYPHRON. – Pardon, Socrate : la plaisanterie, je crois, s'applique fort bien à nos propos. Ce besoin de tourner autour de nous, de s'échapper, ce n'est pas moi qui le mets en eux. C'est bien toi qui me parais être le Dédale. Car, si cela dépendait de moi, ils resteraient en place.

SOCRATE. – En ce cas, mon ami, je suis bien plus habile encore que ce personnage dans son art : lui ne

rendait capables de s'enfuir que ses propres œuvres ;
moi, je donne la même faculté, non seulement aux
miennes, mais encore à celles des autres. Et ce qu'il
y a de plus remarquable dans mon talent, c'est que
je l'exerce malgré moi. Car je ne demanderais qu'à
faire des raisonnements stables et solides, et j'aimerais
mieux cela que tous les trésors de Tantale ajoutés à
l'art de Dédale. Mais cessons ce badinage.

Euthyphron, 11b-e

Socrate. – Ainsi donc, l'opinion vraie n'est pas
un moins bon guide que la science quant à la justesse
de l'action, et c'est là ce que nous avions négligé dans
notre examen des qualités de la vertu ; nous disions
que seule la raison est capable de diriger l'action
correctement ; or l'opinion vraie possède le même
privilège.

Ménon. – C'est en effet vraisemblable.

Socrate. – L'opinion vraie n'est donc pas moins
utile que la science.

Ménon. – Avec cette différence, Socrate, que
l'homme qui possède la science réussit toujours et
que celui qui n'a qu'une opinion vraie tantôt réussit
et tantôt échoue.

Socrate. – Que dis-tu ? S'il a toujours une opinion
vraie, ne réussira-t-il pas toujours, aussi longtemps que
son opinion sera vraie ?

Ménon. – Cela paraît forcé. Aussi, je m'étonne, s'il
en est ainsi, de voir la science mise à plus haut prix
que l'opinion vraie, et je me demande pourquoi on
les distingue l'une de l'autre.

Socrate. – Sais-tu d'où vient ton étonnement, ou
veux-tu que je te le dise ?

Ménon. – Certainement, je le veux.

Socrate. – C'est que tu n'as pas fait attention aux
statues de Dédale ; mais peut-être n'en avez-vous pas
chez vous.

MÉNON. – À quel propos me parles-tu des statues de Dédale ?

SOCRATE. – Parce que ces statues, si on néglige de les fixer, prennent la fuite et s'en vont : il faut les attacher pour qu'elles restent.

MÉNON. – Eh bien ?

SOCRATE. – De sorte qu'on ne peut pas mettre plus de prix à en posséder qui ne soient pas fixées qu'à avoir un esclave qui s'échappe : elles ne demeurent pas en place ; attachées, au contraire, elles ont une grande valeur, car ce sont de très belles œuvres. Qu'est-ce donc qui m'amène t'en parler ? Ce sont les opinions vraies. Celles-ci également, tant qu'elles demeurent, il faut se féliciter, car elles ne produisent que des avantages ; mais elles ne consentent pas à rester longtemps et s'échappent bientôt de notre âme, de sorte qu'elles sont de peu de valeur, tant qu'on ne les a pas enchaînées par un raisonnement de causalité. Or c'est là, mon cher Ménon, ce que nous avons précédemment reconnu être une réminiscence. Les a-t-on enchaînées, elles deviennent sciences, et par suite stables ; et voilà pourquoi la science a plus de valeur que l'opinion vraie : à la différence de l'opinion vraie, elle est un enchaînement.

Ménon, 97d-98a

HOMÈRE
VIII⁰ s. av. J.-C.

VIRGILE
I⁰⁰ s. av. J.-C.

CLAUDIEN
V⁰ s. ap. J.-C.

Diodore de Sicile

Exilé en Crète, Dédale continue d'exercer son art pour Minos, mais les circonstances le poussent à fabriquer une « machine » insolite : à la demande de la reine Pasiphaé, prise de passion pour un taureau exceptionnel, il conçoit un leurre destiné à satisfaire son désir contre nature.

UNE JOLIE FLEUR
DANS UNE PEAU DE VACHE

[Après s'être réfugié dans l'un des dèmes de l'Attique,] Dédale s'échappa en Crète et, parce qu'il était admiré pour la renommée de son art, devint l'ami du roi Minos. Selon le mythe qui nous a été transmis, comme Pasiphaé, la femme de Minos, s'était éprise d'un taureau, il inventa un mécanisme qui la rendait semblable à une vache et aida ainsi Pasiphaé à assouvir son désir. Dans les époques antérieures, content les mythes, Minos avait en effet pour coutume de consacrer chaque année à Poséidon le plus beau des taureaux qui étaient nés et de le sacrifier à ce dieu. Mais il naquit un jour un taureau qui excellait en beauté, et Minos sacrifia un autre parmi les taureaux moins beaux : Poséidon, en colère contre Minos, fit que sa femme Pasiphaé s'éprît du taureau. Grâce à l'habileté de Dédale, Pasiphaé s'unit au taureau et mit au monde le Minotaure dont parlent les mythes. Il était, dit-on, d'une double nature : la partie supérieure du corps jusqu'aux épaules tenait d'un taureau ; le reste, d'un homme. Pour la survie de ce monstre, Dédale construisit, dit-on, un labyrinthe – avec des issues tortueuses et où ceux qui n'en connaissaient pas l'issue trouvaient difficilement leur chemin – dans lequel le Minotaure se nourrissait des sept jeunes filles et jeunes hommes qui étaient envoyés par les Athéniens pour être dévorés, nous en avons déjà parlé.

Bibliothèque historique, livre IV, LXXVII

HOMÈRE
VIIIe s. av. J.-C.

VIRGILE
Ier s. av. J.-C.

CLAUDIEN
Ve s. ap. J.-C.

Apollodore

La Bibliothèque *attribuée à Apollodore donne des détails sur la construction de la « machine à faire l'amour » que Dédale a mise au point pour Pasiphaé.*

MACHINA AMORIS

Lorsqu'Astérios mourut sans enfant, Minos voulut régner sur la Crète et on chercha à l'en empêcher. Alors il prétendit qu'il avait reçu des dieux la royauté et, pour qu'on le crût, il soutint que ce qu'il leur demanderait se réaliserait. Au cours d'un sacrifice à Poséidon, il demanda au dieu de faire apparaître un taureau hors des flots, en promettant de sacrifier l'animal qui apparaîtrait. Poséidon fit surgir pour lui un taureau splendide. Minos obtint la royauté, mais il envoya le taureau rejoindre ses troupeaux et il en sacrifia un autre. Il fut le premier à avoir l'empire de la mer et il étendit sa domination à presque toutes les îles. Poséidon, irrité contre lui parce qu'il n'avait pas sacrifié le taureau, rendit l'animal furieux et fit en sorte que Pasiphaé éprouvât pour lui du désir. Tombée amoureuse du taureau, elle prend pour complice Dédale, un architecte qui avait été banni d'Athènes à la suite d'un meurtre. Celui-ci fabriqua une vache en bois, la monta sur des roues, l'évida à l'intérieur, cousit sur elle la peau d'une vache qu'il avait écorchée et, après l'avoir placée dans le pré où le taureau avait l'habitude de paître, il y fit monter Pasiphaé. Le taureau vint et s'accoupla avec elle comme avec une vraie vache. C'est ainsi que Pasiphaé enfanta Astérios, appelé le Minotaure, qui avait la face d'un taureau et, pour le reste, un corps d'homme. Minos, conformément à des oracles, le fit enfermer et garder dans le labyrinthe. Ce labyrinthe, que Dédale avait construit, était une demeure aux détours tortueux, telle qu'on y errait sans pouvoir en sortir.

Bibliothèque, livre III, 1, 4, 8-11

Cette vache de bois à roulettes ne manque pas de faire penser à un autre animal du même type – un cheval en bois creux monté sur roues –, mais cette fois conçu pour être une « machine à faire la guerre ». En bon technicien et machiniste « industrieux », Ulysse se serait-il inspiré de l'illustre Dédale ?

MACHINA BELLI

Ulysse imagine la fabrication du cheval de bois et il propose l'idée à Épéios, qui était architecte. Celui-ci, avec du bois coupé sur l'Ida, fabrique un cheval creux à l'intérieur, avec des ouvertures sur les flancs. Ulysse pousse cinquante preux (ou bien, selon l'auteur de la Petite *Iliade*, trois mille) à se mettre dans le cheval ; le reste des Grecs devait brûler les baraquements, prendre la mer, s'embosser à Ténédos et revenir la nuit suivante. Les Grecs suivent son avis et font monter les preux dans le cheval, en mettant Ulysse à leur tête, après avoir gravé sur le cheval une inscription qui disait : *Pour leur retour chez eux, les Grecs ont dédié à Athéna cette offrande en signe de gratitude.* Quant à eux, ils incendient leurs baraquements et, laissant sur place Sinon, qui devait allumer un feu pour les guider, ils prennent la mer pendant la nuit et vont s'embosser à Ténédos. Le jour venu, quand les Troyens virent le camp des Grecs désert, ils crurent qu'ils avaient pris la fuite. Tout joyeux, ils tirèrent le cheval et, après l'avoir mis près du palais de Priam, ils se mirent à délibérer pour savoir qu'en faire.

Bibliothèque, *Épitomé*, V, 14-16

HOMÈRE
VIIIe s. av. J.-C.

VIRGILE
Ier s. av. J.-C.

CLAUDIEN
Ve s. ap. J.-C.

Philostrate

*L'un des soixante-quatre tableaux – réels ou fictifs ?
– que Philostrate aurait vus exposés dans un portique à
Naples représente l'atelier de Dédale : le génial artisan est
décrit en train de fabriquer la vache destinée à Pasiphaé.
Comme Héphaïstos assisté par les Cyclopes, il est secondé par
une foule d'Amours occupés à des tâches diverses. L'aspect
mécanique de leur travail pourrait laisser penser que ces
charmants ouvriers, souvent représentés sur les fresques
pompéiennes, sont en fait des automates, à l'image
des servantes qui soutiennent Héphaïstos (p. 44).*

UN ATELIER DÉBORDANT D'ACTIVITÉ

Éprise d'un taureau, Pasiphaé a demandé au
génie de Dédale les moyens de fléchir la bête, et
Dédale fabrique une génisse creuse semblable en
tous points à une vraie génisse, compagne habituelle
du taureau. L'union fut accomplie, comme le prouve
le Minotaure, cet assemblage monstrueux de deux
natures différentes, mais ce n'est point cette union
que l'artiste a représentée ici, c'est l'atelier même
de Dédale. Autour de lui sont rangées des figures,
les unes ébauchées, les autres achevées, ces dernières
avec des jambes séparées qui permettent de marcher,
c'est là un progrès dont l'art de la statuaire, avant
Dédale, ne s'était point avisé.

Quant à Dédale, il est attique par son apparence,
car son regard est supérieurement sage, pour ainsi
dire, et réfléchi, il est attique aussi par son main-
tien même, car non seulement il est enveloppé dans
un manteau brun, mais il est représenté pieds nus ;
chez les Athéniens, cette simplicité est une parure.
Il s'est assis pour mieux façonner la génisse et se fait
aider, dans son travail, par les Amours, car il ne saurait

111

se passer tout à fait d'Aphrodite. Tu les reconnais sans peine, mon enfant ; les uns manient le vilebrequin, les autres, par Zeus, polissent avec l'herminette les endroits encore mal dégrossis de la génisse, les autres mesurent, cherchent ces justes proportions que l'art poursuit comme son but ; d'autres qui tiennent la scie sont au-dessus de tout éloge pour l'invention, le dessin et la couleur. Vois en effet : la scie a pénétré dans le bois et le traverse de part en part ; deux Amours la font manœuvrer, l'un de bas en haut, l'autre de haut en bas, tous deux se penchent et se relèvent, mais non en même temps, c'est du moins ce que nous devons croire ; car l'un s'est baissé comme pour se relever, l'autre se redresse pour se baisser de nouveau ; le premier, en se relevant a la poitrine soulevée par l'air qu'il aspire, le second, aspirant l'air d'en haut, les mains appuyées en bas sur la scie, a le ventre gonflé par l'effort.

En dehors de l'atelier, Pasiphaé, au milieu du bétail, considère le taureau avec admiration ; elle pense le séduire par sa beauté, par l'éclat merveilleux de sa robe qui défie toute la splendeur de l'arc-en-ciel. On lit dans son regard le trouble de son âme, car elle sait qui elle aime, et n'en persiste pas moins à désirer les embrassements du taureau. Lui cependant demeure insensible et regarde sa génisse. Il est représenté fier, comme il convient au chef du troupeau, armé de cornes élégantes, éclatant de blancheur, marchant d'un pas ferme, avec de larges fanons, un cou robuste, l'œil amoureusement fixé sur sa compagne ; quant à la génisse, errant en liberté avec le reste du troupeau, elle a la tête noire et le reste du corps entièrement blanc ; et, se jouant du taureau, elle bondit comme une jeune fille qui se dérobe aux importunités d'un amant.

La Galerie de tableaux, livre I, 16, « Pasiphaé »

HOMÈRE
VIII⁰ s. av. J.-C.

VIRGILE
I⁰ʳ s. av. J.-C.

CLAUDIEN
V⁰ s. ap. J.-C.

Diodore de Sicile

Pour échapper à la colère de Minos, après l'épisode de la vache de Pasiphaé, Dédale invente le principe de la navigation aérienne. On sait comment Léonard de Vinci (1452-1519) a poursuivi son œuvre : après avoir étudié l'anatomie des ailes des oiseaux et observé leurs différents types de battements, il a imaginé de fixer sur l'homme de grandes ailes que celui-ci ferait battre avec sa seule force musculaire.

MACHINES VOLANTES

Quand Dédale apprit la menace proférée contre lui par Minos parce qu'il avait construit la vache, il redouta, dit-on, la colère du roi et fit voile hors de Crète, avec l'aide de Pasiphaé, qui lui donna un bateau pour qu'il s'embarquât. Son fils Icare prit la fuite avec lui et ils furent portés vers une île en pleine mer ; mais, comme Icare débarquait sur cette île sans prudence, il tomba à la mer et mourut : c'est de lui que la mer d'Icare reçut son nom et l'île lui doit d'être appelée Icaros. Dédale quitta cette île et fut porté en Sicile, vers une contrée dont Cocalos était le roi : celui-ci accueillit Dédale et en fit en plus, en raison de son talent et de sa renommée, un ami. Selon ce que content cependant certains mythographes, c'est quand Dédale était encore en Crète, caché par Pasiphaé, que le roi Minos, voulant le châtier mais ne parvenant pas à le trouver, le fit rechercher par tous les bateaux de l'île et promit de donner une grande quantité d'argent à qui le trouverait. Dédale renonça alors à la fuite en bateau et construisit, contre toute attente, des ailes ingénieusement exécutées en cire et merveilleusement agencées. Après les avoir appliquées au corps de son fils et à son

113

propre corps, ils déployèrent, contre toute attente, ces ailes et prirent la fuite sur la mer qui entoure l'île de Crète. En raison de sa grande inexpérience, Icare vola haut et tomba dans les flots quand la cire qui tenait ensemble les ailes eut fondu sous l'effet du soleil. Dédale, au contraire, vola près de la mer et, mouillant très souvent ses ailes, arriva, de façon extraordinaire, sain et sauf en Sicile. Même si le mythe qui rapporte ces faits est un conte extraordinaire, nous avons cependant choisi de ne pas l'omettre.

Bibliothèque historique, livre IV, LXXVII

HOMÈRE
VIIIe s. av. J.-C.

VIRGILE
Ier s. av. J.-C.

CLAUDIEN
Ve s. ap. J.-C.

Ovide

Le mythe de Dédale et Icare peut se lire comme la première histoire d'homme « augmenté » dans la littérature : « soumettant la nature à de nouvelles lois », selon les mots d'Ovide, Dédale construit pour son fils et pour lui une machine, une sorte de prothèse, pour leur permettre de voler. On sait comment Icare, pionnier de l'aviation, en fut aussi la première victime.

L'HOMME AUGMENTÉ

Cependant Dédale, las de la Crète et d'un long exil, sentait renaître en lui l'amour du pays natal ; mais la mer le retenait captif : « Minos, dit-il, peut bien me fermer la terre et les eaux ; le ciel au moins m'est ouvert. C'est par là que je passerai ; quand Minos serait le maître de toutes choses, il n'est pas le maître de l'air. » Ayant ainsi parlé, il s'applique à un art jusqu'alors inconnu et soumet la nature à de nouvelles lois. Il dispose des plumes à la file en commençant par la plus petite ; chacune est suivie d'une autre moins longue, de sorte qu'elles semblent s'élever en pente ; c'est ainsi qu'à l'ordinaire vont grandissant les tuyaux inégaux de la flûte champêtre. Puis il attache ces plumes au milieu avec du lin, en bas avec de la cire et, après les avoir ainsi assemblées, il leur imprime une légère courbure pour imiter les oiseaux véritables. Le jeune Icare se tenait à ses côtés ; ignorant qu'il maniait les instruments de sa perte, le visage souriant, tantôt il saisissait au vol les plumes qu'emportait la brise vagabonde, tantôt il amollissait sous son pouce la cire blonde et par ses jeux il retardait le travail merveilleux de son père. Quand l'artisan a mis la dernière main à son ouvrage, il cherche à équilibrer de lui-même son corps sur ses deux ailes et il se balance au milieu des airs qu'il agite. Il donne aussi ses instructions à son fils : « Icare, lui dit-il, tiens-toi à mi-hauteur dans ton essor, je te le conseille : si tu descends trop bas, l'eau alourdira tes ailes ; si tu montes trop haut, l'ardeur du soleil les brûlera. Vole entre les deux. Je t'engage à ne pas fixer tes regards sur le Bouvier, sur Hélice et sur l'épée nue d'Orion : prends-moi pour seul guide de ta direction. » En même temps, il lui enseigne l'art de voler et il adapte à ses épaules des ailes jusqu'alors inconnues.

Au milieu de ce travail et de ces recommandations, les joues du vieillard se mouillent de larmes ; un tremblement agite ses mains paternelles. Il donne à son fils des baisers qu'il ne devait pas renouveler et, s'enlevant d'un coup d'aile, il prend son vol en avant, inquiet pour son compagnon, comme l'oiseau qui des hauteurs de son nid a emmené à travers les airs sa jeune couvée ; il l'encourage à le suivre, il lui enseigne son art funeste et, tout en agitant ses propres ailes, il regarde derrière lui celles de son fils. Un pêcheur occupé à tendre des pièges aux poissons au bout de son roseau tremblant, un berger appuyé sur son bâton, un laboureur sur le manche de sa charrue les ont aperçus et sont restés saisis ; à la vue de ces hommes capables de traverser les airs, ils les ont pris pour des dieux.

Déjà sur leur gauche était Samos, chérie de Junon (ils avaient dépassé Délos et Paros) ; sur leur droite étaient Lébinthos et Calymné fertile en miel, lorsque l'enfant, tout entier au plaisir de son vol audacieux, abandonna son guide ; cédant à l'attrait du ciel, il se dirigea vers des régions plus élevées. Alors le voisinage du soleil rapide amollit la cire odorante qui fixait ses plumes ; et voilà la cire fondue ; il agite ses bras dépouillés ; privé des ailes qui lui servaient à ramer dans l'espace, il n'a plus de prise sur l'air ; sa bouche, qui criait le nom de son père, est engloutie dans l'onde azurée à laquelle il a donné son nom. Mais son malheureux père, un père qui ne l'est plus, va criant : « Icare, Icare, où es-tu ? en quel endroit dois-je te chercher ? » Il criait encore « Icare ! » quand il aperçut des plumes sur les eaux ; alors il maudit son art et il enferma dans un tombeau le corps de son fils ; la terre où celui-ci fut enseveli en a gardé le nom.

Métamorphoses, livre VIII, vers 183-235

HOMÈRE
VIIIe s. av. J.-C.

VIRGILE
Ier s. av. J.-C.

CLAUDIEN
Ve s. ap. J.-C.

Diodore de Sicile

Parvenu sain et sauf en Sicile, Dédale poursuit son activité de « technicien » en s'illustrant par diverses réalisations remarquables.

POLYTECHNICIEN AGRÉÉ

Dédale séjourna un assez long moment chez Cocalos et parmi les Sicaniens, qui l'admiraient pour son exceptionnelle habileté. Il bâtit sur cette île certains ouvrages qui sont conservés aujourd'hui encore. Près de la Mégaride, par exemple, il construisit avec art ce qu'on nomme une *Colymbêthra* [bassin], d'où un grand fleuve, appelé Alabon, se jette dans la mer voisine. Sur l'emplacement de l'actuelle Agrigente, sur le fleuve appelé Camicos, il bâtit une ville sur des rochers, qui fut la plus fortifiée de toutes et tout à fait inexpugnable par la force : comme il avait habilement rendu étroite et tortueuse la montée qui permettait d'y accéder, elle pouvait être gardée par trois ou quatre hommes. C'est pourquoi Cocalos y fit son palais royal et déposa ses trésors dans cette ville rendue inexpugnable par l'intelligence de son technicien. En troisième lieu, il construisit une grotte sur le territoire de Sélinonte, dans laquelle il utilisa si adroitement la vapeur causée par le feu qui y brûlait que ceux qui s'y trouvaient transpiraient de façon imperceptible et progressive, en raison de l'extrême douceur de cette chaleur, et ils avaient plaisir à soigner leur corps sans être gênés par la chaleur. À Éryx, un rocher était escarpé et d'une hauteur extraordinaire, et l'espace réservé au temple d'Aphrodite était étroit : il fut obligé de bâtir l'édifice sur le sommet abrupt du rocher ; il construisit un mur sur cet abîme et prolongea ainsi, de façon extraordinaire, l'espace situé au-dessus de l'abîme. De plus, il façonna avec art, pour l'Aphrodite Érycine [« du mont Éryx »], un bélier d'or remarquablement travaillé, disent-ils, et incontestablement semblable à un bélier réel. Il fit avec art beaucoup d'autres choses en Sicile, disent-ils, qui furent détruites avec le temps.

Bibliothèque historique, livre IV, LXXVIII

LE POUVOIR DE L'ART :
DES STATUES PRÊTES À S'ANIMER

La caractéristique majeure des statues de Dédale, la mobilité, révèle la richesse de signification d'un motif légendaire : « Dédale est apparenté à Héphaïstos, mais n'en est pas un doublet. Il fut le premier à représenter les dieux. Parmi les œuvres qu'on lui attribuait, il y en avait de bois, de pierre, de métal : la matière, si importante pour caractériser le forgeron Héphaïstos, le potier Prométhée, paraît ne plus compter. Ce qui importe, c'est que Dédale a donné aux hommes, par les représentations qu'il en fit, la présence même des dieux. Ses statues étaient vivantes, d'une vie non physique, mais mystique, différente de celle de l'homme, et symbole d'existence et d'activités divines » (Marie Delcourt, *Héphaïstos ou la Légende du magicien*, o. c. in Biblio.).

Avec Dédale, le comble de l'art est de donner l'illusion de la réalité et de la vie : c'est ce talent d'exception que l'on reconnaît dès l'Antiquité dans les œuvres du célèbre sculpteur Praxitèle, considéré comme le digne successeur du mythique artiste-artisan, « père » de la statuaire grecque. Les descriptions de plusieurs de ses sculptures en bronze par Callistrate en offrent des témoignages spectaculaires. Au-delà du simple procédé littéraire, en effet, on peut y voir les statues s'animer, comme l'analyse Marion Muller-Dufeu : « Le texte utilise toutes les ressources du style pour faire vivre sous les yeux du spectateur la statue que son matériau condamnait en principe à une rigidité et à une immobilité absolues : on assiste d'abord à une personnification continuelle de l'objet par son utilisation constante en tant que sujet. Le bronze n'est plus un objet inerte, mais une matière vivante qui se transforme sans cesse et incarne, au sens profond du terme, le personnage qu'il représente » (« *Créer du vivant* », *sculpteurs et artistes dans l'Antiquité grecque*, o. c. in Biblio.).

L'art du sculpteur rejoint la technique du forgeron incarnée par Héphaïstos : de manière sublimée, l'un comme l'autre « animent » littéralement la matière, et les statues semblent se mouvoir comme les servantes « automates » se déplacent sous les yeux de Thétis. C'est cette « semblance » de mouvement qui a donné lieu à des croyances attestées par de nombreux auteurs, comme Pausanias : ils rapportent en effet, avec quelques variantes, la coutume d'attacher les statues par peur de les voir bouger et s'enfuir.

Mais de l'apparence de la vie à la « vraie » vie il reste une étape primordiale que seul le merveilleux permet de franchir. C'est le propre de la « métamorphose », dont le sens et l'essence mêmes résident dans la transformation de la matière. Là où Héphaïstos et Dédale imitent la vie avec leurs robots et leurs statues sans modifier la nature de leur matériau, le sculpteur Pygmalion réalise le rêve absolu de l'artiste démiurge : celui de voir sa création devenir créature. En effet, grâce à Vénus, sa statue d'ivoire se transforme en une ravissante jeune « vierge » qui prendra le nom de Galatée – car sa peau est blanche comme le « lait » (*gala* en grec) – et épousera son créateur.

Femme artificielle devenue réelle, Galatée est une nouvelle Pandore, mais alors que le prototype façonné dans la glaise se révèle un καλὸν κακόν (*kalon kakon*, « un si beau mal »), comme le dit Hésiode, l'œuvre de Pygmalion reste parfaite : épouse vertueuse et pudique, tout entière consacrée à son amant, à en croire Ovide. Quant au sculpteur comblé – on notera au passage que c'est sa misogynie notoire qui l'a poussé à fuir les femmes et à se fabriquer une compagne idéale –, il est sans doute plus épris de sa réussite même que de l'objet de sa réussite : on sait qu'il donnera son nom à un complexe qui serait à l'art ce que le mythe œdipien est à la psychanalyse. Au passage, on peut signaler que la réalité dépasse parfois la fiction : au printemps 2017, un ingénieur chinois épousait son robot humanoïde.

HOMÈRE
VIIIᵉ s. av. J.-C.

VIRGILE
Iᵉʳ s. av. J.-C.

CLAUDIEN
Vᵉ s. ap. J.-C.

Callistrate

Callistrate n'est connu que pour un recueil de quatorze petits poèmes en prose décrivant des chefs-d'œuvre de la sculpture grecque, sur le principe de « la galerie de tableaux » de Philostrate l'Ancien. En parfait érudit de la Renaissance, son traducteur et commentateur en français Blaise de Vigenère (1523-1596), qui mena une carrière diplomatique et rencontra Michel-Ange à Rome, propose une démarche digne d'un critique et historien de l'art (nous avons repris le dispositif et la langue de l'édition originale de 1602).

Entre esthétique et poétique, entre réalité et fiction, la description de sculptures célèbres – ici un Dionysos Bacchus – montre comment la puissance de l'art peut transfigurer le matériau inerte en matière vivante, selon le modèle mythique incarné par Dédale.

QUAND LE BRONZE SE FAIT CHARNURE

On pouvait bien voir des merveilles presque incroyables de Dédale, étant en l'île de Candie [la Crète] ; à savoir des ouvrages qui s'émouvaient par certains ressorts ; et de l'or exprimant l'humain sentiment, mais les mains de Praxitèle formaient des artifices tous vivants. Il y avait donc un petit bosquet, et un Bacchus planté au milieu, montrant à son visage d'être en âge d'adolescence, si délicat au reste que le bronze ressentait du tout sa charnure, avec un corps si tendre et douillet qu'il semblait être d'une autre matière que de métal ; car, étant de cette morte et insensible étoffe, il ne laissait pas pour cela d'avoir une couleur vive et vermeille ; et n'ayant aucune participation de vie tâchait d'en démontrer la ressemblance ; que si vous l'eussiez manié, il frétillait sous le touchement ; et le cuivre de soi dur et rebelle était par le moyen de l'art ramolli

en une souple et mollette charnure, qui se dérobait
sous le sentiment de la main. Ce dieu au reste tout
surfondu et coulant de lasciveté, tel qu'Euripide en
ses *Bacchantes* le dépeint au vif, un lierre l'environnant
tout autour en rond, plissé en rinceaux tout ainsi que
s'il eût été naturel ; et ses cheveux bouclés au fer se
venant recueillir parmi le lierre, qui se répandaient
le long de sa face pleine d'un gracieux sourire. Mais
ceci outrepassait toute autre merveille de voir cette
matière si inanimée rendre des marques et indices de
volupté, et contrefaire une imitation des affections.
Pour son vêtement, il avait une peau de chevreuil
qui le couvrait ; non pas celle-là que Bacchus avait
coutume d'envelopper autour de soi, mais du bronze
même, qui s'accommodait à la ressemblance de cette
dépouille ; et était debout, s'appuyant avec une lyre sur
un javelot bardé de lierre, lequel surmontait l'acuité
de la vue, fait aussi de bronze, mais de sorte qu'il
semblait resplendir d'un verdoyant lustre correspondant à sa matière. Son œil, au reste, reluisait comme
feu, furieux à voir, si naturellement le métal avait su
représenter l'insensé dieu dans ses bacchanaleries ;
et montrait de célébrer ses secrets mystères, selon,
comme je crois, que Praxitèle avait su y entremêler
l'aiguillonnante guêpe bacchique.

Description de quelques statues antiques, IX,
« La statue de Bacchus »

HOMÈRE
VIIIe s. av. J.-C.

VIRGILE
Ier s. av. J.-C.

CLAUDIEN
Ve s. ap. J.-C.

Philostrate   Callistrate

La légende de Memnon est attachée à l'une des statues
colossales du pharaon Aménophis III (XIVe siècle av. J.-C.)
sur la route de la nécropole de Thèbes en Égypte. Cette statue,
fendue à la suite d'un séisme en 27 avant J.-C., émettait
un son au lever du jour : on a émis l'hypothèse que le phéno-
mène était causé par la dilatation de la pierre chauffée par
les rayons du soleil levant. Au IIIe siècle, une réparation
ordonnée par l'empereur romain Septime Sévère mit fin au
phénomène. Le colosse était une curiosité touristique mais
aussi un lieu de pèlerinage pour les Grecs et les Romains,
qui venaient en foule entendre le supposé oracle de Memnon.
Le récit de Philostrate fait un parallèle avec les fameuses
sculptures de Dédale, toujours prêtes à s'animer.

LE COLOSSE PARLE

Timasion servit de guide à nos voyageurs au lieu
consacré à Memnon. Voici ce que Damis rapporte au
sujet de Memnon. Il était fils de l'Aurore, et mourut
non pas à Troie (il n'y vint même jamais), mais en
Éthiopie, où il régna durant cinq générations. Or
les Éthiopiens, qui sont les peuples de la terre chez
lesquels la vie est la plus longue, pleurent Memnon
comme un jeune homme emporté à la fleur de
son âge. L'endroit où s'élève sa statue ressemble à
une vieille agora, comme il en reste dans les ruines de
villes antiques, présentant des tronçons de colonnes
et de murailles, des sièges, des portes, des hermès,
le tout détruit par la main des hommes ou par
le temps. La statue de Memnon est tournée vers
l'Orient : elle représente un jeune homme imberbe ;
elle est en pierre noire. Les deux pieds sont joints,
suivant l'usage des sculpteurs du temps de Dédale ;
les deux mains sont droites et appuyées sur le siège :

on dirait un homme assis qui va se lever. Ce mouvement, l'expression des yeux, et ce que l'on dit de sa
bouche, qui semble près d'émettre des sons, tout cela
n'est pas ce qui d'abord frappa le plus nos voyageurs,
qui n'en connaissaient pas l'artifice : mais, lorsque
le premier rayon éclaira la statue (ce qui arrive au
lever du soleil), ils ne se tinrent plus d'admiration.
Aussitôt, en effet, que le rayon eut atteint la bouche,
Memnon parla, ses yeux devinrent brillants comme
ceux d'un homme exposé au soleil. Nos voyageurs
comprirent alors que Memnon semble se lever devant
le soleil, comme on se lève pour mieux honorer
une divinité.

Vie d'Apollonios de Tyane, sa vie, ses voyages,
ses prodiges, livre VI, chap. IV

Selon Callistrate, le colosse de Memnon est un chef-
d'œuvre de la sculpture qui surpasse l'art du mythique
*Dédale ; il relève précisément de l'*ἀμήχανον *(amèchanon),*
littéralement « ce qui dépasse les moyens d'une machine »,
autrement dit « l'impossible » : faire parler les statues.

LE DÉFI DE L'IMPOSSIBLE

Je vous veux aussi raconter l'étrange merveille
de Memnon, car certes l'artifice en était admirable,
et supérieur à toute humaine manufacture. C'était
l'image de celui-ci, fils de l'Aurore et de Tithon en
l'Éthiopie, faite d'une pierre, non qui eût été tirée
des montagnes de ces quartiers-là, et qui fût muette
de sa nature, mais étant réellement pierre ne laissait d'avoir la puissance et la faculté de la voix ; car
tantôt elle saluait l'aube du jour, démontrant par son
acclamation de joie un signe évident de liesse, en se
réjouissant de la venue de sa mère ; puis quand le jour
se rabaissait vers le soir, gémissant je ne sais quoi
de pitoyable et douloureux comme si elle se sentait

contristée de son absence. Et cette pierre ne manquait pas de larmes, mais elles lui étaient à commandement, prestes et obéissantes à son vouloir.

Telle donc était cette image, qui me semblait ne différer des personnes que de la figure tant seulement, car au reste elle était conduite des mêmes accidents et affections ; car elle avait certaines marques de tristesse empreintes en elle, et d'ailleurs un ressentiment de plaisir qui la possédait comme étant au vrai touchée de ces deux passions diverses. Et là où la nature a rendu le genre des pierres sourd et muet de soi, et qui volontairement ne se peut laisser aller à la tristesse, ni n'est non plus propre et capable de se réjouir, mais résiste en permanence à toutes sortes de fortunes, qui ne le peuvent en rien grever, elle a mi-parti de contentement à cette pierre de Memnon, et celle-ci entremêlée aussi de tristesse. Nous savons outre plus qu'elle est seule entre toutes autres où l'art a inséré la connaissance et la voix, et que Dédale s'étant enhardi en ses statues de leur donner jusqu'au mouvement, faire aussi par son art qu'une matière du tout insensible acquît une puissance de se mouvoir et ébranler même à une danse, néanmoins il lui eût été bien malaisé, voire impossible totalement de faire en sorte que ses ouvrages participassent d'aucune voix, là où les mains des Éthiopiens ont inventé des moyens de parvenir à des choses presque impossibles, et que la pierre se départît du manque qu'elle avait de voix. On dit encore qu'Écho contre-résonne à ce Memnon toutes les fois qu'il sort quelque bruit de lui ; et que, quand plaintivement il gémit, elle renvoie la même plainte et doléance ; s'il se réjouit et se rallègre, elle rend le son tout semblable. Cet ouvrage enfin tout le long du jour assoupissait ses fâcheries et ne consentait que le jouvenceau allât plus renouvelant ses douleurs, comme si l'industrieux artifice des Éthiopiens avait par-là récompensé

Memnon de ce que la Parque l'eût si tôt exterminé de ce monde.

Description de quelques statues antiques, X, « La statue de Memnon »

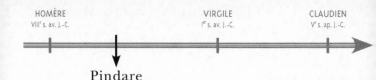

HOMÈRE
VIIIe s. av. J.-C.

VIRGILE
Ier s. av. J.-C.

CLAUDIEN
Ve s. ap. J.-C.

Pindare

La tradition légendaire et poétique perpétue la renommée de certains peuples artistes et artisans : « Peu s'en faut que leurs représentations figurées aient l'air d'être animées, comme on le raconte au sujet des Rhodiens, car leur île autrefois était remplie d'un tel talent technique » (Eustathe de Thessalonique). Ainsi Pindare explique-t-il l'excellence des Rhodiens par le don que leur fit Athéna, « la Déesse aux glauques prunelles », patronne des arts et métiers comme Héphaïstos : « leurs mains industrieuses » sont capables de sculpter des statues « semblables à des vivants en marche ».

L'ART DES RHODIENS

Alors le Dieu qui donne aux hommes la lumière, le fils d'Hypérion, prescrivit à ses enfants l'obligation qu'ils devaient observer à l'avenir : sur l'autel brillant que les premiers ils élèveraient à la Déesse, ils institueraient un sacrifice auguste, pour réjouir le cœur de la Vierge à la lance frémissante et celui de son père. C'est en respectant Prométhée que les hommes trouvent la vertu et la joie.

Cependant, parfois, insensiblement s'avance le nuage de l'oubli et il dérobe à l'esprit la voie droite. Ainsi, ils montèrent à l'acropole sans avoir pris avec eux la semence de la flamme ardente ; le sacrifice par lequel ils célébrèrent la création du sanctuaire fut un sacrifice sans feu. Mais Zeus leur envoya une blonde nuée, qui laissa échapper une abondante pluie d'or, et la Déesse aux glauques prunelles leur accorda elle-même de l'emporter en tous les arts, de leurs mains industrieuses, sur les autres humains. Et les chemins portaient des figures semblables à des vivants en marche, et la gloire des fils d'Hélios fut immense. L'art qu'engendre la science sait grandir, toujours plus beau, sans recourir à la fraude. Or donc les antiques traditions des hommes racontent que, lorsque Zeus et les Immortels se partagèrent la terre, Rhodes ne se montrait pas encore sur les flots de la mer ; l'île restait cachée dans les abîmes de l'onde salée.

Olympiques, VII, strophe III, vers 71-105

HOMÈRE
VIII᷊ᵉ s. av. J.-C.

VIRGILE
I᷊ᵉʳ s. av. J.-C.

CLAUDIEN
V᷊ᵉ s. ap. J.-C.

Pausanias

*La croyance dans la capacité des statues à se mouvoir,
selon la tradition légendaire attachée à Dédale, a donné
lieu à la coutume de les attacher. Dans son tour de Grèce,
Pausanias en rapporte plusieurs exemples. Il n'est pas sans
intérêt de retrouver au passage la figure d'Eurynomé auprès
de qui Héphaïstos, le divin forgeron, a appris son art selon
Homère (p. 52).*

INTERDICTION DE BOUGER

[À Sparte se trouve] le temple d'Hipposthénès
qui avait remporté plusieurs victoires à la lutte. On
lui rend, d'après un oracle, des honneurs comme à
Poséidon. Il y a vis-à-vis de ce temple un Arès Enyalios
[« le Belliqueux »] avec des chaînes aux pieds :
c'est une statue très ancienne, qui a été érigée par
les Lacédémoniens dans la même intention que celle
des Athéniens qu'on appelle la Victoire sans ailes. En
effet, les Lacédémoniens ont enchaîné Arès pour qu'il
ne pût jamais les quitter, les Athéniens ont représenté
la Victoire sans ailes pour qu'elle restât toujours avec
eux. Telle est la raison pour laquelle ces deux villes
ont érigé ces deux statues en bois.

Description de la Grèce, livre III, « La Laconie », 15, 7

À une douzaine de stades au-dessus de Phigalie,
il y a des bains chauds et, non loin de ceux-ci,
le Lymax se jette dans la Néda. À la rencontre de
leurs cours se trouve le sanctuaire d'Eurynomé,
vénéré depuis une antiquité reculée et difficile d'accès
à cause de l'âpreté du site. Il est entouré d'un grand
nombre de cyprès serrés les uns contre les autres.
Le commun des Phigaliens est persuadé qu'Eurynomé

est une épiclèse d'Artémis, mais ceux d'entre eux qui ont retenu les témoignages anciens disent qu'Eurynomé est une fille d'Okéanos dont Homère a gardé le souvenir dans l'*Iliade* : elle aurait avec Thétis accueilli Héphaïstos. Le même jour, chaque année, on ouvre le sanctuaire d'Eurynomé, mais le reste du temps il n'est pas d'usage de l'ouvrir. À cette occasion, on offre aussi des sacrifices, officiels et privés. Je n'ai pas eu la chance d'arriver au moment de la fête et je n'ai pas vu la statue d'Eurynomé. Mais les Phigaliens m'ont raconté que des chaînes d'or attachent l'idole qui présente l'image d'une femme jusqu'aux hanches et, à partir de là, celle d'un poisson. Si c'est une fille d'Okéanos et si elle habite les profondeurs de la mer avec Thétis, le poisson pourrait servir à la caractériser. Mais à Artémis, on ne voit pas comment, du moins en saine logique, pourrait être attribué un tel aspect.

Description de la Grèce, livre VIII,
« L'Arcadie », 14, 4-6

Quant à Actéon [le chasseur puni par Artémis, métamorphosé en cerf et dévoré par ses propres chiens], les Orchoméniens disent que leur pays étant tourmenté par un spectre qui se tenait vers le rocher où est maintenant sa statue, ils consultèrent l'oracle de Delphes, qui leur ordonna de chercher s'il y avait quelques restes d'Actéon et de leur donner la sépulture ; il leur ordonna aussi de faire une figure en bronze de ce spectre et de la lier à ce rocher avec du fer. J'ai vu moi-même cette statue d'Actéon enchaînée, et ils lui sacrifient tous les ans comme à un héros.

Description de la Grèce, livre IX, « La Béotie », 38, 5

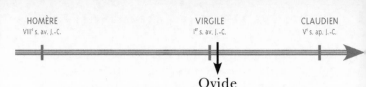

HOMÈRE
VIIIe s. av. J.-C.

VIRGILE
Ier s. av. J.-C.

CLAUDIEN
Ve s. ap. J.-C.

Ovide

Le mythe de la statue qui s'anime trouve son expression la plus poétique avec l'histoire de Pygmalion, développée par Ovide dans ses Métamorphoses *: ici, l'artiste-artisan finit par être plus fort que la nature, « tant l'art se dissimule à force d'art » (vers 252). De l'ivoire à la chair, son rêve démiurgique prend corps.*

DE L'ART À LA VIE

Révolté des vices dont la nature a rempli le cœur des femmes, Pygmalion vivait, sans compagne, célibataire ; jamais une épouse n'avait partagé sa couche. Cependant, grâce à une habileté merveilleuse, il réussit à sculpter dans l'ivoire blanc comme la neige un corps de femme d'une telle beauté que la nature n'en peut créer de semblable et il devint amoureux de son œuvre. C'est une vierge qui a toutes les apparences de la réalité ; on dirait qu'elle est vivante et que, sans la pudeur qui la retient, elle voudrait se mouvoir ; tant l'art se dissimule à force d'art. Émerveillé, Pygmalion s'enflamme pour cette image ; souvent il approche ses mains du chef-d'œuvre pour s'assurer si c'est là de la chair ou de l'ivoire et il ne peut encore convenir que ce soit de l'ivoire. Il donne des baisers à sa statue et il s'imagine qu'elle les rend ; il lui parle, il la serre dans ses bras ; il se figure que la chair cède au contact de ses doigts et il craint qu'ils ne laissent une empreinte livide sur les membres qu'ils ont pressés ; tantôt il caresse la bien aimée, tantôt il lui apporte ces cadeaux qui plaisent aux jeunes filles, des coquillages, des cailloux polis, de petits oiseaux, des fleurs de mille couleurs, des lis, des balles peintes, des larmes tombées de l'arbre des Héliades ; il la pare aussi de beaux vêtements ; il met à ses doigts des pierres précieuses, à son cou de longs colliers ; à ses oreilles pendent des perles légères, sur sa poitrine des chaînettes. Tout lui sied et, nue, elle ne semble pas moins belle. Il la couche sur des tapis teints de la pourpre de Sidon ; il l'appelle sa compagne de lit et il pose son cou incliné sur des coussins de plumes moelleuses, comme si elle pouvait y être sensible.

Le jour était venu où Chypre tout entière célébrait avec éclat la fête de Vénus : des génisses, dont on avait revêtu d'or les cornes recourbées, étaient tombées sous le couteau qui avait frappé leur cou de neige ; l'encens fumait de toutes parts ; alors, après avoir déposé son offrande, Pygmalion, debout devant l'autel, dit d'une voix timide : « Ô dieux, si vous pouvez tout accorder, donnez-moi pour épouse, je vous en supplie, (il n'ose pas dire "la vierge d'ivoire") une femme semblable à la vierge d'ivoire. » Vénus, parée d'or, qui assistait elle-même à sa fête, comprit ce que signifiait cette prière ; présageant les dispositions favorables de la déesse, trois fois la flamme se ralluma et dressa sa crête dans les airs.

De retour chez lui, l'artiste va vers la statue de la jeune fille ; penché sur le lit, il lui donne un baiser ; il croit sentir que ce corps est tiède. De nouveau, il en approche sa bouche, tandis que ses mains tâtent la poitrine ; à ce contact, l'ivoire s'attendrit ; il perd sa dureté, il fléchit sous les doigts ; il cède ; ainsi, la cire de l'Hymette s'amollit au soleil ; ainsi, façonnée par le pouce, elle prend les formes les plus variées et se prête à de nouveaux services, à force de servir. L'amant reste saisi ; il hésite à se réjouir, il craint de se tromper ; sa main palpe et palpe encore l'objet de ses désirs ; c'était bien un corps vivant ; il sent des veines palpiter au contact de son pouce. Alors le héros de Paphos adresse à Vénus de longues actions de grâces ; sa bouche presse enfin une bouche véritable ; la jeune fille a senti les baisers qu'il lui donne et elle a rougi ; levant vers la lumière un timide regard, elle a vu en

même temps le ciel et son amant. La déesse assiste
à leur mariage, qui est son œuvre ; puis, quand
la lune eut neuf fois rapproché ses cornes autour de
son disque rempli, la jeune épouse mit au monde
une fille, Paphos, dont l'île a retenu le nom.

Métamorphoses, livre X, vers 244-297

HOMÈRE
VIIIᵉ s. av. J.-C.

VIRGILE
Iᵉʳ s. av. J.-C.

CLAUDIEN
Vᵉ s. ap. J.-C.

Clément d'Alexandrie

Pour Clément d'Alexandrie, Père de l'Église, il convient de se méfier de l'art dans la mesure où il séduit par ses représentations trop « réalistes » : les statues comme celle de Pygmalion ne sont que des idoles tentatrices destinées à tromper les hommes et à les détourner de la foi.

LES DANGERS DE L'ART

Approchez-vous d'une idole ; il vous suffira d'un regard pour sortir de l'erreur qui vous abuse. On reconnaît vos dieux à l'opprobre de leur figure. Ainsi, on reconnaît Dionysos à sa peau de tigre, Héphaïstos à son métier, Déméter à sa tristesse, Ino à son voile, Poséidon à son trident, Zeus à son oiseau, Héraclès à son bûcher. Voyez-vous une statue dans une honteuse nudité ? vous êtes sûr que c'est une Aphrodite. C'est ainsi que Pygmalion de Chypre se prit d'amour pour une statue d'ivoire ; elle représentait Aphrodite et elle était nue, sa beauté l'enflamma ; il eut commerce avec elle. Nous l'apprenons de Philostéphanos. Il y avait à Cnide une autre Aphrodite ; celle-ci était de marbre ; elle était aussi fort belle ; elle eut un amant qui eut commerce avec elle ; c'est Posidippe qui le raconte (le premier a écrit sur l'île de Chypre, le second sur la ville de Cnide). Vous trouverez dans leurs ouvrages les faits que nous venons de rapporter ; ils nous montrent quelle est la puissance de l'art pour séduire, pour enflammer d'amour et entraîner dans l'abîme ceux qu'il a séduits. Oui, l'art a un pouvoir magique, mais si grand qu'il soit, il ne trompera pas ceux qui ont du bon sens et qui prennent la raison pour guide. L'art a si bien par fois reproduit la nature, qu'on a vu des pigeons voler vers d'autres pigeons dont une toile fidèle

137

représentait l'image ; des chevaux hennir à l'aspect d'autres chevaux qui n'étaient qu'en peinture. On dit qu'une fille se passionna pour un portrait, qu'un jeune homme se prit aussi d'amour pour une statue de la ville de Cnide. L'art avait donc trompé l'œil des spectateurs. Jamais une personne de bon sens n'aurait eu commerce avec une statue ; jamais elle ne se serait ensevelie dans un tombeau avec un cadavre ; jamais elle n'aurait aimé un démon ou une pierre. Mais l'art vous trompe par d'autres prestiges, il vous porte non pas à aimer des images, des statues, mais à les adorer ; il en est des portraits comme des statues. Qu'on admire l'art qui les a produits, rien de mieux ; mais qu'il ne trompe pas l'homme au point de s'offrir comme la vérité. Un cheval s'est arrêté sans broncher, une colombe a suspendu son vol, elle est restée sans mouvement. La vache de Dédale, faite de bois, enflamme un taureau sauvage, et l'art qui avait trompé cet animal le jette après sur une femme pour en assouvir la passion. Tels sont les transports que, par leur habileté perverse, les arts ont provoqués chez les êtres non raisonnables.

Protreptique, IV, 57 - 58

C'EST MAGIQUE...

Dans les récits mythologiques et poétiques, la création technique revêt une dimension proprement « magique » et, pour certains commentateurs, anciens comme modernes, les figures démiurgiques d'Héphaïstos et de Dédale doivent être considérées plus ou moins comme des magiciens (voir le titre de l'ouvrage de Marie Delcourt, *Héphaïstos ou la Légende du magicien*, 1982). De fait, l'artiste-artisan apparaît plus ou moins comme un sorcier illusionniste dans la mesure où il anime les objets qu'il crée sans qu'on sache exactement comment il procède. Même si, chez Homère, rien ne permet de supposer qu'Héphaïstos est un magicien-sorcier (*goès* ou *magos* en grec), ses créations paraissent proprement « merveilleuses ». Certes, ses trépieds « automates » sont dotés de roulettes qui expliquent rationnellement un mouvement proprement « mécanique », mais quels mécanismes, quelle source d'énergie font qu'ils se déplacent par eux-mêmes ?

Quant à Dédale, pour Michèle Dancourt, « il rejoint toutes les figures primordiales de forgerons et artisans qui, dans la grande mythologie du "savoir faire", cumulent les rôles d'architectes, danseurs, musiciens, maîtres de probation, magiciens. En Grèce archaïque, les figures mythiques des Telchines, Cabires, Courètes, Dactyles, guildes de travailleurs des métaux, souvent réputés pour leurs danses particulières, constituaient des confréries secrètes qui jouaient un rôle dans les mystères et les initiations » (*Dédale et Icare, Métamorphoses d'un mythe*, 2002, o. c. in

Biblio.). Évoquées par de nombreux auteurs, comme Diodore de Sicile et Strabon, ces sortes de divinités mineures passaient pour avoir été les premières à travailler le fer : commandant aux démons du feu et possédant le don de métamorphose, elles ressemblent aux lutins forgerons et sorciers qui apparaissent dans tous les folklores du monde. Leurs créations sont mystérieuses, douées d'une sorte de vie factice qu'on appelait la « vie dédalique ».

Produire du mouvement à partir de l'inerte, de l'animé à partir de l'inanimé est la marque d'un pouvoir « démiurgique » et « démonique ». « Les ouvrages de Dédale n'entrent pas dans le circuit de la vie ordinaire. Ils attestent un don magique transcendant aux techniques. Et c'est même à travers Dédale et grâce à lui que le *xoanon* de bois, celui que les Grecs associaient partout aux formes les plus archaïques du culte, prend enfin place dans la légende. Comme la statue de pierre, il ne demande ni l'action du feu, ni aucune transformation mystérieuse du matériau primitif qui reste inchangé » (Marie Delcourt, *ibid.*).

En référence plus ou moins directe avec le modèle dédalique, nombreux sont les récits de statues qui s'animent comme par miracle dans un contexte religieux, à commencer par cette effigie de Pallas Athéna (son *xoanon* nommé *Palladium*) – qui « fait non » par un signe de tête à la prière de sa prêtresse dans l'*Iliade* (VI, vers 311). Nous entrons ici dans le domaine du sacré et du merveilleux où la croyance et la superstition se substituent à toute explication « réaliste ».

On sait que le mélange art et magie est appelé à un grand succès littéraire : pas d'artisan, pas de techniques, mais des sortilèges qui donneraient miraculeusement la vie à des « objets fées ». Le récit prend alors une dimension proprement fantastique, notamment à travers le thème de la statue qui se venge : on le verra avec l'histoire de la statue de Pellichos imaginée par Lucien de Samosate qui a inspiré à Mérimée sa

« Vénus d'Ille ». C'est l'occasion de découvrir le talent de conteur de l'auteur et des *Histoires vraies* : on pourra ainsi apprécier tout particulièrement comment son histoire de pilon magique a donné naissance au célèbre épisode de l'apprenti-sorcier immortalisé par le film *Fantasia* des studios Disney (1940).

Avec l'étrange figure d'Apollonios de Tyane, l'ésotérisme et les secrets de l'alchimie amplifient le mystère. Un goût qui se développe au Moyen Âge, où les récits associant « automates » et magie se multiplient : certaines légendes, entre autres, font de Virgile un magicien, lui attribuant la confection d'une tête d'airain qui rendait des oracles. Quant au thème du robot, il connaît un regain d'intérêt avec les inventions d'Albert dit « le Grand » (1206-1280), évêque, savant et philosophe, qui avait la réputation d'être un alchimiste et un magicien (comme Virgile, il aurait fabriqué une tête de bronze parlante). Gabriel Naudé est le premier à avoir utilisé, en 1653, le terme même d'androïde pour évoquer un automate prodigieux, qu'il appelle « l'Androïde d'Albert » ; il le cite au même rang que « ces automates de Dédale, ces trépieds de Vulcain » rendus célèbres par les récits antiques : « Comme le plus expert, il [Albert le Grand] avait composé un homme entier de cette sorte, ayant travaillé trente ans sans discontinuation à le forger sous divers aspects et constellations. [...] Il fondait des métaux mélangés ensemble et marqués des caractères des mêmes signes et planètes et de leurs aspects divers et nécessaires ; et ainsi la tête, le col, les épaules, les cuisses, et les jambes façonnés en divers temps et montés ensemble en forme d'homme, avaient cette industrie de révéler audit Albert la solution de toutes les principales difficultés. À quoi, pour ne rien oublier de ce qui appartient à l'histoire de cette statue, l'on ajoute qu'elle fut brisée et mise en pièces par saint Thomas [d'Aquin], qui ne put supporter avec patience son trop grand babil et caquet » (*Apologie pour tous les grands personnages qui ont été faussement soupçonnés de magie,* La Haye, 1653, p. 529-530)

Des servantes d'or d'Héphaïstos à l'androïde d'Albert, les secrets de fabrication ont été bien gardés : mécanique ? magique ? le mystère reste entier… de quoi alimenter aujourd'hui tous les fantasmes autour de l'intelligence artificielle !

HOMÈRE
VIIIe s. av. J.-C.

VIRGILE
Ier s. av. J.-C.

CLAUDIEN
Ve s. ap. J.-C.

Diodore Strabon

On a vu avec Pindare que les Rhodiens passaient pour des artisans hors pair capables de produire des statues animées (p. 130) : rien d'étonnant à ce que la magie vienne seconder l'art quand il s'agit de donner vie à la matière inerte. C'est encore à Rhodes que la tradition mythologique, résumée par Diodore de Sicile, place les Telchines : une sorte de divinités mineures douées d'aptitudes créatrices et techniques, à la fois sculpteurs et magiciens.

SCULPTURE ET MAGIE

L'île nommée Rhodes eut pour premiers habitants ceux qu'on appelle les Telchines. C'étaient les fils de Thalassa [« Mer »], selon ce que rapporte la légende, et la légende dit qu'ils assurèrent avec Capheira, la fille d'Océan, l'éducation de Poséidon que Rhéa leur avait confié encore nourrisson. Ils furent aussi les inventeurs de certains arts et introducteurs d'autres usages utiles à la vie des hommes. On dit qu'ils furent les premiers à avoir fait des statues des dieux et que certaines des plus anciennes représentations cultuelles leur doivent leur nom : ainsi, chez les gens de Lindos, Apollon a été appelé Telchinien ; chez ceux d'Ialysos, Héra et les nymphes ont aussi été appelées Telchiniennes ; chez ceux de Camiros, Héra a été appelée Telchinienne. Ils furent aussi des magiciens, dit-on, qui amenaient quand ils voulaient les nuages, la pluie, la grêle et qui attiraient également la neige : à ce qu'on raconte, ils faisaient cela tout à fait comme les mages. Ils changeaient aussi de forme et refusaient jalousement d'enseigner leurs arts.

Bibliothèque historique, livre V, LV, 1-3

Localisés autour du mont Ida en Troade, les Dactyles (les « doigts » en grec) apparaissent comme des divinités folkloriques mineures du type des Telchines rhodiens : comme eux, ils passent pour être de très anciens artisans et magiciens. Le géographe Strabon rapporte leur légende parce que, « bien que réfractaire aux spéculations mythologiques », selon ses propres termes, il estime nécessaire de faire « une exégèse des croyances et des mythes des temps anciens » (X, 3, 23).

LA LÉGENDE DES DOIGTS

Selon certains auteurs, les premiers habitants du piémont de l'Ida auraient porté le nom de Dactyles de l'Ida, car de même qu'on appelle « pied » la région inférieure d'une montagne et « tête » son sommet, de même les éperons qui se détachent de l'Ida, tous voués à la Mère des dieux sont-ils appelés « doigts ». Sophocle pense qu'il en naquit d'abord cinq, de sexe masculin, qui découvrirent le fer et créèrent un très grand nombre des objets de première nécessité, qu'ils furent suivis de cinq sœurs et que leur nombre total leur valut le nom de Dactyles. D'autres ont imaginé d'autres mythes, sans craindre d'accumuler les questions insolubles. On les voit différer d'avis autant sur les noms des Dactyles que sur leur nombre, citant en particulier Kelmis, Damnaméneus, Héraclès, Acmon. Les uns en font des habitants autochtones de l'Ida, les autres les considèrent comme des étrangers installés dans ce lieu ; tous s'accordent à dire que le fer fut travaillé par eux pour la première fois et qu'il le fut sur l'Ida. Tous admettent aussi qu'ils furent des magiciens, qu'ils appartenaient à l'entourage de la Mère des dieux et qu'ils habitaient en Phrygie dans la région de l'Ida, Phrygie voulant dire ici Troade parce que les Phrygiens voisins de ce territoire s'en étaient emparés sitôt après la destruction de Troie. Ils supposent que les Courètes et les Corybantes descendent des Dactyles de l'Ida : les cent premiers hommes nés en Crète auraient reçu le nom de Dactyles de l'Ida, ils auraient eu pour fils neuf Courètes, et chacun de ceux-ci aurait engendré dix fils appelés par excellence les Dactyles de l'Ida.

Géographie, livre X, 3, 22

HOMÈRE
VIII° s. av. J.-C.

VIRGILE
I°ʳ s. av. J.-C.

CLAUDIEN
V° s. ap. J.-C.

Homère

*Des statues de divinités qui s'animent, voire qui parlent ?
Voilà des phénomènes merveilleux dont de nombreux récits
poétiques se font l'écho. Ainsi, dans l'Iliade, l'effigie de
Pallas Athéna exprime sa volonté par un signe (un hochement de tête ?) : on sait que le fameux Palladium, mystérieu-
sement tombé du ciel pour protéger Troie, est un xoanon,
une statue de bois comme celles qu'a inventées Dédale.*

*Accompagnée de nobles Troyennes, la reine Hécube vient
au temple d'Athéna pour lui offrir un superbe voile brodé.*

QUAND LA STATUE FAIT SIGNE

À peine ont-elles atteint le temple d'Athéna,
au haut de l'acropole, que les portes leur en sont
ouvertes par la jolie Théanô, fille de Cissès, épouse
d'Anténor, le dompteur de cavales, que les Troyens
ont faite prêtresse d'Athéna. Avec le cri rituel, vers
Athéna toutes tendent les bras. La jolie Théanô prend
le voile ; elle le met sur les genoux d'Athéna aux
beaux cheveux ; puis, suppliante, elle adresse ce vœu
à la fille du grand Zeus :

« Puissante Athéna, protectrice de notre ville, ô
toute divine ! ah ! brise donc la pique de Diomède ;
fais qu'il tombe lui-même, front en avant, devant
les portes Scées ; et aussitôt, dans ton temple, nous
t'offrirons douze génisses d'un an, ignorant encore
l'aiguillon, si tu daignes prendre en pitié notre ville,
et les épouses des Troyens, et leurs fils encore tout
enfants ! »

Elle dit ; mais à sa prière Pallas Athéna fait non.

Iliade, chant VI, vers 297-311

HOMÈRE
VIII° s. av. J.-C.

VIRGILE
I°° s. av. J.-C.

CLAUDIEN
V° s. ap. J.-C.

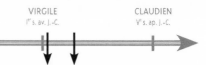

Tite-Live   Plutarque

*Pour les Romains, souvent qualifiés de « superstitieux »,
la volonté divine appelée* numen *s'exprime par des signes
que les hommes doivent savoir décoder : par exemple, on
guette le hochement de tête d'une statue qui signifierait oui
ou non, si imperceptible soit-il. Comme Athéna chez Homère,
Junon se serait ainsi exprimée après la prise de la cité
étrusque de Véies (en 396 av. J.-C.), alors que le dictateur
Camille faisait transférer ses trésors à Rome.*

ACCORD TACITE

Une fois les richesses profanes enlevées de Véies,
on se mit en devoir d'emporter les trésors des dieux
et les dieux eux-mêmes, mais en adorateurs et non
en pillards. Choisis, en effet, dans toute l'armée,
des jeunes gens, le corps purifié par des ablutions
et vêtus de blanc, reçurent la mission de transporter
à Rome Junon Reine ; pieusement ils entrèrent dans
son temple et éprouvèrent d'abord des scrupules en
portant la main sur elle, car cette statue selon les rites
étrusques, n'était jamais touchée que par un prêtre
d'une certaine famille. Puis l'un d'eux, soit sous
le coup d'une inspiration divine, soit par plaisanterie
de jeune homme, dit :

— Veux-tu aller à Rome, Junon ?

— La déesse a fait signe que oui, s'écrièrent tous
les autres.

Puis on corsa l'anecdote en disant qu'on avait
même entendu la déesse répondre : « Oui. »

En tout cas, son déplacement n'exigea que
des engins peu puissants ; elle avait l'air de venir
d'elle-même, raconte-t-on, légère et facile à transporter ; sans accident, elle arriva sur l'Aventin, son
séjour éternel, où l'appelait le vœu du dictateur

romain, et où un temple lui fut ensuite dédié par ce même Camille, qui le lui avait promis.

Histoire romaine, livre V, XXII, 3-7

Plutarque rapporte le même épisode que Tite-Live mais il met davantage l'accent sur la crédulité des Romains.

PRODIGE OU SUPERSTITION ?

Après avoir mis la ville à sac, Camille résolut de transporter à Rome la statue de Junon, selon le vœu qu'il avait fait. Ayant à cet effet rassemblé des ouvriers, il fit un sacrifice et pria la déesse d'agréer leur zèle et de venir avec bienveillance habiter parmi les dieux protecteurs de Rome. La statue, dit-on, répondit à voix basse qu'elle y consentait et qu'elle agréait la demande.

Tite-Live, il est vrai, prétend que, tandis que Camille priait et invitait la déesse en tenant la main sur sa statue, ce sont quelques-uns des assistants qui répondirent qu'elle voulait bien, qu'elle était d'accord et le suivrait volontiers.

Mais ceux qui affirment et défendent le prodige ont un puissant avocat dans la fortune de Rome, qui, partant d'une origine si faible et méprisée, n'aurait jamais pu parvenir à un si haut degré de gloire et de puissance si la divinité ne l'avait pas assistée en toute occasion par de multiples et importantes manifestations. Du reste, ils collectionnent des merveilles du même genre et citent des statues souvent inondées de sueur, ou qui font entendre des gémissements, qui détournent la tête, qui clignent des yeux, prodiges consignés en grand nombre chez les anciens historiens. Nous avons nous-même entendu de la bouche de contemporains beaucoup de faits étonnants, que nous pourrions citer et qu'on ne saurait mépriser à la légère. Mais, en ces matières, la foi aveugle et la défiance excessive sont également dangereuses, à cause de la faiblesse humaine, qui n'a pas de bornes et ne sait pas se maîtriser, mais se laisse emporter tantôt à la superstition et à l'orgueil, tantôt à la négligence et au mépris des choses divines. Le mieux est d'être circonspect et d'éviter tout excès.

Vie de Camille, VI, 1-6

HOMÈRE
VIIIe s. av. J.-C.

VIRGILE
Ier s. av. J.-C.

CLAUDIEN
Ve s. ap. J.-C.

Apollonios de Tyane

Le motif de la statue divine vivante se retrouve dans un ouvrage à la poésie étrange, ésotérique et mystique, dont l'original grec a été perdu, mais dont il reste la version arabe : intitulé Le Livre des sept statues, *il est attribué à Apollonios de Tyane, philosophe néopythagoricien, prédicateur et thaumaturge souvent considéré comme un magicien. Le texte présente une expérience initiatique visionnaire mêlant l'hermétisme et l'alchimie comme* ars divina *ou* hieratica (« art hiératique ») : *les statues décrites sont des statues vivantes et parlantes sacerdotales ; elles sont chacune le prêtre du temple qui leur est consacré, les sept Temples correspondant aux sept divinités planétaires et aux sept métaux qui leur sont associés.*

ARS HIERATICA

Je restai stupéfait et interdit devant ce spectacle, et une crainte révérentielle s'empara de moi, devant cette immense foule rassemblée en ce lieu.

Soudain, voici que fut là une *statue d'or rouge*, altière et souveraine. Sa taille était ceinte d'une ceinture rouge. À son cou il y avait des colliers faits de toutes les espèces de pierres précieuses. Dans sa main gauche il y avait une tablette d'hyacinthe jaune, et dans sa main droite une baguette d'hyacinthe rouge. La tablette d'hyacinthe jaune était couverte d'écritures. Elle portait des signes dont les traits étaient faits de cette même lumière et de cet éclat qui aveuglaient les yeux. Sur la tête de la statue il y avait une couronne de rubis, et au sommet de la couronne il y avait un joyau d'*Élixir* à l'éclat intense, et tout autour une guirlande. La statue portait une tunique sans manches, sur laquelle alternaient les perles et le corail. À ses pieds, deux sandales de pure cornaline.

Autour de son visage un halo irradiait dans la hauteur, comme si elle était le Soleil rayonnant de lumière.

Et la statue était montée sur un char qui était fait d'or absolument pur. Quatre chevaux tiraient ce char. La couleur de ces chevaux était pareille à la couleur du soleil. De même leurs crinières et leurs queues étaient de couleur brillante, sans rien qui les dissimulât. Leur habillement était de la soie tissée avec de l'or rouge.

Lorsque la statue se fut rapprochée du pupitre, elle descendit du char et se mit à marcher d'un pas hiératique. Je méditais et réfléchissais. Alors je vis au sommet de la coupole du pupitre un *oiseau d'or*. C'était un aigle. Et cette statue inspirait une telle vénération, elle manifestait de telles beautés que les esprits pénétrants restaient dans une stupeur admirative devant elle.

Ensuite voici que la statue gravit l'un après l'autre les gradins du pupitre, tandis que les gens la contemplaient dans cet habitacle. Le nombre des gradins du pupitre était de dix-neuf. La statue vivante les gravit lentement, jusqu'à ce qu'elle eût atteint le suprême gradin. Puis elle fit face à l'assistance. Alors elle glorifia Dieu et fit action de grâces. Tout cela énoncé d'une voix sonore que pouvait entendre chacun de ceux qui étaient présents.

Le Livre des sept statues,
« Le Grand Livre du Soleil »

HOMÈRE
VIIIe s. av. J.-C.

VIRGILE
Ier s. av. J.-C.

CLAUDIEN
Ve s. ap. J.-C.

Ovide

Avec Ovide, dont on connaît le goût pour le merveil-
leux, le thème de la statue qui s'anime vire au fantastique.
Dans cet épisode qui mêle mythe et histoire, le poète raconte
comment le roi de Rome Servius Tullius a été assassiné sur
ordre de Tarquin, poussé par Tullia, la propre fille du roi.

STATUE EN COLÈRE

Tarquin le Superbe, le gendre, prend le sceptre arraché à son beau-père. Le roi, abattu au pied de l'Es-quilin, où se trouvait son palais, tombe ensanglanté sur le sol dur. Sa fille, qui sur son char se disposait à pénétrer dans la demeure paternelle, parcourait les rues d'un air hautain et farouche. Quand il aperçut le corps, le cocher fondit en larmes et s'arrêta ; mais Tullia le tance par ces mots :

— Vas-tu avancer, ou attends-tu que ta piété te vaille un salaire amer ? Va, te dis-je, fais passer les roues, dussent-elles résister, même sur son visage !

Le fait comporte une preuve certaine : la rue du Crime doit son nom à cette femme, et ce forfait est marqué par une éternelle flétrissure. Cependant, par la suite, elle osa entrer dans le temple, un monument élevé par son père ; c'est prodigieux, ce que je vais dire, mais pourtant authentique. Il y avait une statue, assise sur un trône, qui représentait Tullius ; elle se mit, dit-on, la main devant les yeux, en même temps qu'une voix se fit entendre : « Cachez mon visage, pour qu'il ne voie pas la figure abominable de ma fille ! » On apporte des vêtements pour le couvrir ; la Fortune interdit qu'on les enlève et, du fond de son temple, elle proféra ces paroles : « Le jour où Servius apparaîtra pour la première fois à visage décou-vert sera le premier qui verra bafouer la pudeur. »

Gardez-vous, matrones, de toucher aux vêtements frappés d'interdit ; contentez-vous de prononcer les prières rituelles ; puisse à jamais la toge romaine couvrir la tête de celui qui fut le septième roi dans notre ville ! Ce temple avait brûlé : cependant la statue fut épargnée par le feu ; Mulciber même porta secours à son fils. Car Tullius avait pour père Vulcain et pour mère Ocresia de Corniculum.

Fastes, livre VI, 600-628

HOMÈRE
VIIIᵉ s. av. J.-C.

VIRGILE
Iᵉʳ s. av. J.-C.

CLAUDIEN
Vᵉ s. ap. J.-C.

Pausanias

L'histoire plus ou moins légendaire de Théagénès de Thasos (Vᵉ siècle av. J.-C.), l'un des plus célèbres athlètes grecs de l'Antiquité, introduit le thème de la statue qui se venge : il est appelé à un grand succès littéraire, comme on le verra avec Lucien. On pense aussi bien sûr à la fameuse Statue du Commandeur qui vient châtier Don Juan.

VENGEANCE POSTHUME

Non loin des rois que l'on a dits est érigée la statue de Théagénès fils de Timosthénès, de Thasos. Aux dires des Thasiens, Théagénès n'est pas fils de Timosthénès, mais Timosthénès exerçait la prêtrise d'Héraclès Thasien, et l'apparition d'Héraclès, qui avait pris les traits de Timosthénès, s'unit à la mère de Théagénès. À ce qu'on dit, l'enfant était âgé de huit ans, il revenait de l'école à la maison ; la statue en bronze d'on ne sait quel dieu qui se trouvait sur l'agora – cette statue lui plaisait ! –, il l'arracha de son socle et l'emporta sur son épaule chez lui. La foule manifestait sa colère contre lui pour ce qu'il avait fait ; alors, un personnage considéré et d'âge avancé ne permet pas qu'on mette l'enfant à mort, mais il ordonna à ce dernier de rapporter la statue de sa maison à l'agora. Quand il l'eut rapportée, la gloire de l'enfant, fondée sur sa force, fut immédiatement grande, et le bruit de son exploit résonna par toute la Grèce. Parmi les exploits de Théagénès, tout ce qui touche au concours olympique, mon exposé en a déjà décrit les points les plus marquants : aussi bien son triomphe sur le boxeur Euthymos que l'amende que les Éléens infligèrent à Théagénès. Ce fut alors la victoire au pancrace d'un homme de Mantinée

du nom de Dromeus, le premier à notre connaissance à avoir remporté, dit-on, la couronne sans
concurrent. Mais, à l'Olympiade suivante, Théagénès
l'emportait au pancrace. Il a obtenu aussi à Pythô
trois victoires, celles-ci à la boxe, neuf aux *Némeia*, dix
aux *Isthmia*, au pancrace et à la boxe tout ensemble ;
mais, à Phthie de Thessalie, il abandonna la pratique
de la boxe et du pancrace et s'appliqua à gagner
la célébrité chez les Grecs à la course. Il triompha
des concurrents à la course de fond. Selon moi, il
rivalisait là avec Achille en voulant obtenir la victoire
à la course dans la patrie du plus rapide de ceux
qu'on appelle les Héros. Au total, il obtint mille
quatre cents couronnes. Quand il eut quitté le monde
des hommes, un de ceux qui l'avaient haï de son
vivant se rendait chaque nuit auprès du portrait de
Théagénès et administrait le fouet au bronze parce
qu'il voulait châtier Théagénès en personne. Et voilà
que la statue, en tombant sur l'homme, met fin à
sa démesure, mais les enfants du mort poursuivirent
le portrait pour meurtre. Et les Thasiens le jettent à
la mer, se rangeant à la sentence de Dracon, qui, en
rédigeant pour les Athéniens les lois sur le meurtre, a
condamné à l'exil même les êtres inanimés, au cas où
l'un d'entre eux, en tombant, causerait mort d'homme.
Mais, le temps passant, comme la terre ne produisait
aucune récolte pour les Thasiens, ceux-ci envoient
une délégation à Delphes et le dieu leur répondit de
recevoir leurs exilés. Bien qu'ils les eussent reçus en
vertu de cette recommandation, les Thasiens ne se
procuraient aucun remède à la stérilité. Une seconde
fois donc, ils vont vers la Pythie et disent que, malgré
l'exécution de l'oracle, la colère des dieux à leur
endroit persiste. Alors la Pythie leur répondit :

« Mais vous avez laissé hors de votre souvenir
Théagénès, qui est le plus grand d'entre vous. »

Tandis qu'ils ne savaient par quel moyen récupérer
le portrait de Théagénès, des gens de mer, dit-on,

partis au large pour la pêche, prirent le portrait dans leurs filets et le rapportèrent à terre. Les Thasiens le consacrèrent où il se trouvait à l'origine ; ils ont pour règle de lui accorder des sacrifices comme à un dieu. En bien d'autres endroits, en Grèce et chez les barbares, je sais qu'on a élevé des statues de Théagénès et qu'il guérit des maladies et qu'il reçoit des honneurs de la part des gens du pays. La statue de Théagénès est dans l'Altis, elle est due à l'art de Glaukias d'Égine.

Description de la Grèce, livre VI, « L'Élide » (II), chap. XI, 2-9

HOMÈRE
VIIIᵉ s. av. J.-C.

VIRGILE
Iᵉʳ s. av. J.-C.

CLAUDIEN
Vᵉ s. ap. J.-C.

Lucien

Le rêve de l'automate travaillant en parfait serviteur,
infatigable et docile, devenu un cauchemar quand celui-ci
se dérègle, prend sa source dans l'histoire rapportée par l'un
des « amoureux du mensonge » mis en scène par Lucien. Pour
le grand public, elle a été popularisée par l'un des épisodes
du célèbre dessin animé des studios Walt Disney, Fantasia
(1940), où l'on voit Mickey se débattre aux prises avec
un balai magique (d'après le poème de Goethe L'Apprenti
sorcier, *1797) sur la musique de Paul Dukas (*L'Apprenti
sorcier, *1897).*

L'APPRENTI SORCIER

Quand j'étais encore un jeune homme et que je
vivais en Égypte (mon père m'y avait envoyé dans
l'intention de me cultiver), le désir me prit de remonter
le fleuve jusqu'à Coptos, et de là d'aller entendre
la statue de Memnon faire retentir le son admirable
qu'elle rend au soleil levant. Or je n'entendis pas la voix
dépourvue de sens qu'elle adresse à la foule des gens
ordinaires : Memnon en personne ouvrit la bouche
et me rendit un oracle en sept vers que je vous aurais
répété si cela n'était pas hors de propos. Or, durant
notre remontée du fleuve, il y avait à bord avec nous
un homme de Memphis, un des scribes sacrés, d'une
sagesse admirable, qui connaissait tout l'enseignement
des Égyptiens. On disait qu'il avait vécu vingt-trois ans
sous terre dans les sanctuaires et qu'il avait été instruit
à la magie par Isis.

— C'est de Pancratès, mon maître, que tu parles,
dit Arignotos. Un homme sacré, rasé, vêtu d'une
tunique légère, toujours pensif, ne s'exprimant pas
en un grec très pur, assez grand, avec un nez camus,
des lèvres proéminentes, des jambes un peu grêles.

— C'est lui, dit l'autre, c'est ce Pancratès. Au début, j'ignorais qui il était, lorsque je le vis, chaque fois que nous mettions le bateau à l'ancre, accomplir de nombreux prodiges, notamment chevaucher des crocodiles et nager au milieu des bêtes sauvages – celles-ci se blottissaient d'effroi et agitaient la queue –, alors je sus qu'il était un homme sacré. Peu à peu, à force de prévenances, je devins insensiblement son ami et son familier, si bien qu'il partageait avec moi toutes ses connaissances secrètes.

Pour finir, il me persuade de laisser tous mes serviteurs à Memphis et de l'accompagner seul, car nous ne manquerions pas de gens pour nous servir, me dit-il. Voici comment nous vécûmes ensuite. Chaque fois que nous entrions dans une auberge, l'homme prenait la barre de la porte, le balai, ou même le pilon, l'entourait de vêtements, prononçait sur lui une incantation, et le faisait marcher : tout le monde le prenait pour un être humain. Il sortait puiser de l'eau et chercher des provisions, puis les préparait : il nous assistait en tout et nous servait habilement. Quand Pancratès n'avait plus besoin de ses services, il refaisait du balai un balai, ou du pilon un pilon, en prononçant sur lui une autre incantation.

Malgré tous mes efforts, je ne trouvais pas le moyen d'apprendre ce secret de lui ; il le dissimulait jalousement, alors que pour le reste il était très obligeant. Mais un jour j'entendis à son insu l'incantation qui se composait seulement de trois syllabes : j'étais caché dans l'ombre. Puis Pancratès partit à l'agora, après avoir indiqué au pilon ce qu'il devait faire. Le lendemain, pendant qu'il était occupé à l'agora, je pris le pilon, l'habillai de la même manière, prononçai sur lui les syllabes et lui ordonnai d'aller chercher de l'eau. Quand il rapporta l'amphore pleine, je lui dis : « Arrête, n'apporte plus d'eau, redeviens un pilon. » Mais il ne voulait plus m'obéir : il apportait sans cesse de l'eau, jusqu'au moment où, à force de puiser, il eut inondé toute notre maison. Ne sachant que faire dans une telle situation (je craignais que Pancratès à son retour ne se mît en colère, ce qui d'ailleurs se produisit), je prends une hache et je coupe le pilon en deux morceaux. Alors ceux-ci – chacun des deux morceaux – saisirent des amphores et se mirent à apporter de l'eau : au lieu d'un serviteur, j'en avais deux. Sur ces entrefaites survient Pancratès. Comprenant ce qui s'était passé, il refit d'eux des bouts de bois, ce qu'ils étaient avant l'incantation, puis il me quitta sans que je m'en aperçusse ; il devint invisible et s'en alla je ne sais où.

— Alors maintenant, dit Déinomachos, tu sais au moins transformer un pilon en être humain ?

— Oui, par Zeus, répondit-il, mais à moitié seulement, car une fois qu'il est devenu porteur d'eau, je ne suis plus capable de le ramener à son état antérieur, et notre maison sera forcément engloutie par l'eau qu'il puisera.

— N'allez-vous pas cesser, m'écriai-je, de raconter ces histoires monstrueuses, vous, des vieillards ? Si vous en êtes incapables, reportez au moins à un autre moment, par égard pour ces adolescents, vos récits invraisemblables et terrifiants, sinon, sans que vous vous en rendiez compte, ils seront contaminés par des terreurs et des fables extravagantes. Vous devez les ménager et ne pas les habituer à entendre des histoires pareilles qui resteront dans leur esprit, les troubleront et les obséderont toute leur vie, leur faisant redouter le moindre son et leur communiquant la superstition sous toutes ses formes.

Philopseudès, 33-37

Philostrate

Philostrate a rédigé une biographie très romancée d'Apollonios de Tyane, dans laquelle il décrit le long voyage en Inde qu'il avait entrepris pour entendre l'enseignement des sages dont la réputation était parvenue en Occident depuis la conquête d'Alexandre le Grand à la fin du IVᵉ siècle avant J.-C. On le voit ici reçu à la cour d'un roi dont le palais recèle des mécaniques merveilleuses dignes des récits homériques et des inventions de Philon de Byzance. La description tient de la féerie onirique du conte : on pense au palais de la Bête, dans le film La Belle et la Bête de Jean Cocteau (1946).

UN PALAIS FÉÉRIQUE

Le roi s'avançait avec son frère et son fils, tout étincelant d'or et de pierreries. Apollonios allait se lever, mais Iarchas le retint sur son siège, lui disant que ce n'était pas l'usage chez eux. Damis nous avertit qu'il ne fut pas lui-même présent à cette réception, mais qu'il a inséré dans son histoire le récit que lui en a fait Apollonios. Les Sages restèrent donc assis, et le roi se présenta, tendant vers eux les mains comme un suppliant. Ils firent un signe qui lui fit connaître qu'ils accédaient à sa demande. Cela le rendit joyeux, comme s'il eût reçu d'un oracle une réponse favorable. Quant au frère du roi et à son fils, jeune homme d'une rare beauté, les Sages ne firent pas plus attention à eux que si c'eussent été des esclaves appartenant à la suite du prince. Alors Iarchas se leva et engagea le roi à prendre une collation. Celui-ci accepta, non sans empressement ; aussitôt quatre trépieds, semblables à ceux de Delphes, vinrent d'eux-mêmes, comme ceux d'Homère : au-dessus d'eux étaient des échansons en airain noir, comme les Ganymède et les Pélops des Grecs. La terre se couvrit d'un gazon plus moelleux que tous les lits. Les légumes, le pain, les racines, les fruits mûrs se succédèrent dans un plus bel ordre que s'ils avaient été disposés par des maîtres d'hôtel. Deux des trépieds fournirent du vin, deux autres donnèrent en abondance, l'un de l'eau chaude, l'autre de l'eau froide. Les pierres qui viennent de l'Inde sont, chez les Grecs, montées sur des colliers et des bagues à cause de leur petitesse : dans l'Inde, elles sont assez grandes pour qu'on en fasse des amphores, des vases à rafraîchir le vin, et des cratères dont le contenu est capable de désaltérer quatre hommes en plein été. Les échansons d'airain mêlaient l'eau et le vin d'après des mesures réglées et présentaient les coupes, ainsi que c'est l'usage dans les festins. Les convives étaient couchés comme dans les repas ordinaires, et cela sans qu'il y eût de place d'honneur pour le roi (ce à quoi les Grecs et les Romains attachent un grand prix), mais chacun au hasard, et comme cela s'était trouvé.

Vie d'Apollonios de Tyane, sa vie, ses voyages, ses prodiges, livre III, chap. XXVII

Cependant, Philostrate prend soin de condamner l'univers de la magie et des magiciens. En fin de compte, comme Apollonios de Tyane, nous ne percerons pas le mystère de ces « automates » qui, depuis Homère, gardent le secret ultime de leur construction.

LE MYSTÈRE RESTE ENTIER

Les magiciens sont, à mon avis, les plus misérables des hommes : ils se flattent de changer la destinée, les uns en tourmentant des esprits, les autres par des sacrifices barbares, d'autres par des charmes ou des préparations magiques. Plusieurs d'entre eux, mis en jugement, ont reconnu que telle était leur science.

Apollonios, au contraire, se conformait aux décrets du destin, il annonçait qu'ils devaient s'accomplir ; et s'ils lui étaient révélés à l'avance, ce n'était point par des enchantements, c'était par des signes où il savait lire la volonté des dieux. Voyant chez les Indiens les trépieds, les échansons d'airain et autres objets qu'ils disaient se mouvoir d'eux-mêmes, Apollonios n'avait pas demandé le secret de leur construction et n'avait pas désiré qu'on le lui apprît : il avait loué l'artifice, mais sans vouloir l'imiter.

Vie d'Apollonios de Tyane, sa vie, ses voyages, ses prodiges, livre V, chap. XII

V

HOMO FABER :
L'ÈRE DE LA TECHNIQUE

QUESTIONS DE MÉCANIQUE

Loin du monde sans *ponos* et de cette existence idéale que menait la première race humaine du temps de Cronos, les hommes ont cherché à créer des instruments capables de se substituer à leurs efforts, bien que certains rêvent encore de l'âge d'or où tous les travaux s'accomplissaient d'eux-mêmes. Se servir de l'art, de l'ingéniosité humaine pour pallier les faiblesses, utiliser les forces de la nature, c'est ce à quoi vont travailler les savants dans les bouleversements que le monde méditerranéen connaît avec le partage de l'Empire d'Alexandre. Au début du second livre de sa *Physique*, Aristote développe ce qu'il entend par nature : elle est animée tout entière par le mouvement. La différence fondamentale entre les êtres vivants dans la nature ou qui existent naturellement et ceux produits par l'homme est que les premiers portent en eux-mêmes le mouvement, tandis que les seconds n'ont de mouvement ou de repos que grâce aux éléments naturels dont ils sont composés.

La volonté humaine d'imiter, voire de recréer le vivant va connaître un essor particulier à l'époque hellénistique, en lien très probablement avec le développement des sciences naturelles initié par Aristote. La création littéraire et artistique de cette époque offre des perspectives nouvelles, et la tendance illusionniste de la première période s'affirme dans les œuvres d'art comme dans les artefacts produits par les savants. Ainsi, les œuvres d'art qui se caractérisent par la représentation du corps en mouvement, par

HOMO FABER : L'ÈRE DE LA TECHNIQUE

le réalisme, par le goût du détail, s'offrent au regard de différents points de vue, pénétrant dans l'univers du spectateur. Certaines œuvres ne sont plus placées sur un piédestal mais voisinent de plain-pied avec celui qui les regarde. Les artistes ont recours aux artifices de la perception pour tenter de reproduire le monde réel. La création d'automates de toutes sortes, en même temps qu'elle est une conséquence du développement très rapide des sciences à Alexandrie, est liée à ce besoin propre à l'homme d'imiter la vie par des moyens mécaniques, ce qui a conduit également à la création de machines nombreuses et diverses, dans les domaines utilitaires comme dans celui des loisirs. D'Héphaïstos et son « art subtil » aux ingénieurs qui ont imaginé une servante d'argent ou de cuivre versant du liquide dans une coupe quand on la lui présente, la distance n'est pas grande.

Athènes, sous le règne d'Alexandre le Grand, connaît le déclin, et c'est à Alexandrie que vont se développer les sciences appliquées. Athènes demeure le lieu de prédilection de la philosophie, tandis que la cité fondée par Alexandre en Égypte, au carrefour des routes navales, fluviales et terrestres de trois continents, devient rapidement une cité commerciale prospère et la capitale culturelle de la Méditerranée. Le premier Ptolémée, fondateur de la dynastie lagide, attire dans cette cité essentiellement grecque de nombreux intellectuels et savants, mathématiciens, médecins, astronomes, dont un certain nombre s'intéresse aux questions de mécanique. Ces scientifiques trouvent un lieu idéal d'études et d'échanges dans le Musée et sa Bibliothèque riche de plusieurs milliers de volumes, ainsi que la protection et les largesses royales. Cet âge d'or dure jusqu'au règne de Ptolémée VIII (182-116) qui chasse tous les savants de la cité, mais le Musée retrouve de l'éclat sous la domination romaine, l'empereur Claude (41-54) ayant fondé un nouveau Musée. C'est à la communauté chrétienne qu'est dû le déclin définitif du Musée, avec notamment le massacre en 415 de la mathématicienne païenne Hypatia par une foule de fanatiques.

La *méchanikè technè*, l'art mécanique – la mécanique – est ce qui permet à l'homme d'expliquer les mouvements naturels et d'agir contre la nature. C'est la définition qu'en donnent les auteurs anciens, d'Aristote au mathématicien Pappus (début du IVe siècle av. J.-C.). Il existe plusieurs ouvrages dont le titre est *Mèchanika* dans la littérature grecque. Le terme latin *machinatio*, l'équivalent du grec *mèchanika*, n'est attesté en latin qu'à partir du milieu du Ier siècle av. J.-C, époque où Vitruve écrit son ouvrage *De l'architecture*. La *machinatio* désigne la troisième partie de son ouvrage, consacrée aux réalisations de machines de tous genres. C'est un domaine qui inclut des créations très diverses, telles que les machines tractoires, les machines de guerre, mais aussi celles qui permettent d'élever l'eau, ainsi que la fabrication d'automates, de sphères et d'horloges à eau.

La question du rapport de la mécanique à la science dans l'Antiquité est souvent posée. Il est probable que la hiérarchie entre travaux scientifiques ou mathématiques et travaux de type pratique n'existait pas chez les Anciens. « Leur utilisation de la théorie était tout à fait différente de la nôtre. Ils suivaient rarement la séquence : hypothèse – expérience – loi scientifique. C'était plutôt la théorie qui surgissait de la pratique » (D. R. Hill, *Héron d'Alexandrie, Les Mécaniques...* Introduction). La mécanique telle que l'entendent les Grecs comporte divers types d'investigations et de savoirs ; elle consiste avant tout en la description des machines, de leurs procédures de construction et de leur usage, elle explore aussi les causes permettant d'expliquer leur fonctionnement et leur efficacité : dans ce domaine interviennent la physique et les mathématiques, principalement la géométrie, ce que l'on constate en particulier dans les traités de construction des machines de guerre. Selon le Pseudo-Aristote : « Ces problèmes (les problèmes mécaniques) ne sont ni tout à fait les mêmes que les problèmes physiques, ni tout à fait à part d'eux, mais ils ont quelque chose en commun avec les spéculations mathématiques et celles de la physique ; en effet, d'une part l'évidence est produite grâce aux mathématiques, d'autre part, ce à quoi cela s'applique, grâce à la physique » (cité par B. Vitrac, *Mécanique et mathématiques à Alexandrie*).

Malgré la brillante production intellectuelle des savants, la période hellénistique et romaine n'a pas connu de véritable essor industriel. On peut y voir diverses causes : le mépris de l'homme de bien, qui se doit à l'activité politique et à la réflexion, pour tout ce qui est artisanal et technique ; la référence à la tradition, qui freine l'innovation ; l'absence de souci de diminuer l'effort de la main-d'œuvre, puisqu'il s'agit d'esclaves et de petites gens ; la crainte parfois évoquée par les historiens de voir une foule désœuvrée fomenter des troubles. Certains réfutent ces arguments, montrant que la mécanique a eu le soutien des souverains, tels Ptolémée Philadelphe ou Hiéron de Syracuse, et mettent en avant la difficulté de passer d'un petit modèle ou d'un modèle unique à une production en grand et en série, ainsi que l'absence de conditions matérielles favorables au développement d'une industrie et notamment l'insuffisance des matières premières. Seul le domaine de la guerre a vu se développer et se multiplier les engins et ses ingénieurs se hausser sur l'échelle sociale.

À une époque où le transhumanisme et le développement de l'intelligence artificielle invitent à réfléchir à la perspective d'un monde déshumanisé, il peut être intéressant d'interroger ces machines et automates hellénistiques succédant aux créatures mythiques des Premiers Âges. La fable de *L'Apprenti sorcier* n'est pas récente ; on l'a vu (pp. 157-159). « Seigneur et maître ! Entends ma voix ! – Ah ! Voici venir le maître ! Maître, le péril est grand ; les Esprits que j'ai évoqués, je ne peux plus m'en débarrasser. Dans le coin, balai ! balai ! que cela finisse, car le vieux maître ne vous anime que pour vous faire servir à ses desseins » (J. W. Goethe, *L'Apprenti sorcier*, trad. H. Blaze, 1843).

HOMÈRE
VIIIe s. av. J.-C.

VIRGILE
Ier s. av. J.-C.

CLAUDIEN
Ve s. ap. J.-C.

Aristote

Oubliés pendant tout le Moyen Âge arabe et latin, les Problèmes mécaniques *sont publiés à Venise en 1497. Ce traité attribué à Aristote, ou à l'un de ses disciples proches, Simon de Lampsaque, concerne la mécanique théorique et non la construction de machines ; il questionne en trente-cinq problèmes les principes mathématiques qui pourraient sous-tendre les dispositifs inventés pour mouvoir des masses importantes sous l'action d'une faible force. Il a inspiré Galilée dans ses recherches sur la chute des corps. L'art – la technè – agit contre la nature au profit des hommes au moyen de mécanismes et d'artifices, ce qui inclut la création d'objets étonnants ou merveilleux, domaine des thaumaturges.*

ART ET NATURE

Parmi les choses qui se produisent selon la nature, provoquent l'étonnement toutes celles dont la cause nous échappe, et, parmi celles qui se produisent contre nature, toutes celles qui sont engendrées par l'art pour l'utilité des hommes. Car, dans bien des cas, la nature a des effets contraires à notre intérêt. En effet, l'action de la nature est toujours identique à elle-même et uniformément simple, alors que notre intérêt varie de multiples façons. Lors donc que nous avons à réaliser quelque chose de contre nature, la difficulté que nous éprouvons à le faire nous met dans l'embarras et nous oblige à recourir à l'art. C'est pourquoi nous appelons « mécanique » la partie de l'art qui nous sert à résoudre les difficultés de cette sorte.

Bien vrai est ce vers du poète Antiphon : « C'est par l'art que nous l'emportons lorsque nous sommes vaincus par la nature. » Il s'agit des cas où le petit l'emporte sur le grand, comme lorsque quelque chose qui n'a qu'une faible tendance à descendre met en mouvement des poids considérables, et presque tous les problèmes qu'on appelle mécaniques.

Problèmes mécaniques, Introduction,
847a11-847a25

HOMÈRE
VIII° s. av. J.-C.

VIRGILE
I° s. av. J.-C.

CLAUDIEN
V° s. ap. J.-C.

Plutarque

Plutarque, dans son éloge d'Archimède, se fait l'écho d'une tradition qui dédaigne les essais et les expériences liés au monde sensible, au profit de l'abstraction et des spéculations mathématiques. Implicitement, cependant, s'affirment les liens entre technique et géométrie, entre technique et science.

LA MÉCANIQUE : UN DIVERTISSEMENT ?

Archimède, ce grand homme, ne considérait pas ses propres inventions comme des ouvrages sérieux ; la plupart n'avaient été pour lui que de simples récréations de géomètre. Il les avait faites avant la guerre, parce que le roi Hiéron s'y était intéressé et l'avait engagé à détourner un peu sa science des notions abstraites vers les objets matériels et à joindre, d'une façon ou d'une autre, le sensible à l'intelligible afin de rendre ce dernier, grâce aux applications pratiques, plus clair pour la foule.

Les premiers essais de cette mécanique si prisée et si vantée sont dus à Eudoxe et à Archytas, qui voulurent agrémenter joliment la géométrie et appuyer par des expériences sensibles et instrumentales des problèmes qu'il n'est pas facile de résoudre par une démonstration logique et géométrique. Tel est le problème de deux moyennes proportionnelles. Comme c'est le principe nécessaire pour tracer beaucoup de figures, tous les deux l'appliquèrent à des instruments appelés mésographes, ajustés d'après des lignes courbes et des sections (coniques). Mais Platon s'indigna et leur reprocha énergiquement de perdre et de ruiner l'excellence de la géométrie, qui désertait avec eux les notions abstraites et intelligibles pour passer aux objets sensibles, et revenait

172

à l'utilisation d'éléments matériels, qui demandent un long et grossier travail manuel. La mécanique déchue fut ainsi séparée de la géométrie et, longtemps méprisée par la philosophie, elle devint une branche de l'art militaire.

Vie de Marcellus, 8-11

HOMÈRE
VIIIᵉ s. av. J.-C.

VIRGILE
Iᵉʳ s. av. J.-C.

CLAUDIEN
Vᵉ s. ap. J.-C.

Héron d'Alexandrie

Appartenant à une génération postérieure à celle des ingénieurs alexandrins, le savant insiste sur les liens qui existent entre théorie et technique. L'empirisme ne suffit pas, il faut que les « mécaniciens » connaissent les principes de la physique.

LOIS PHYSIQUES ET MÉCANIQUES

On voit bien qu'il faut de toute nécessité que ceux qui apprennent les arts mécaniques sachent ce que c'est que la pesanteur et ce qu'est le centre de gravité, soit dans les corps, soit dans les figures non corporelles ; bien que la pesanteur et l'inclinaison ne s'entendent exactement que des corps, cependant personne ne s'opposera à ce que nous disions que dans les figures géométriques, solides et planes, le centre d'inclinaison, le centre de gravité est en tel point. Cette question a été exposée par Archimède avec des développements suffisants. Il faut savoir à ce sujet que Praxidamas, qui était un peintre, a donné du centre de gravité une définition physique. Il a dit que le centre de gravité ou d'inclinaison est un point tel que, lorsque le poids est suspendu par ce point, il est divisé en deux portions équivalentes. À la suite de cela, Archimède et les mécaniciens qui l'ont imité ont scindé cette définition, et ils ont distingué le point de suspension du centre d'inclinaison ; le point de suspension est un point quelconque sur le corps ou sur la figure non corporelle, tel que, lorsque l'objet suspendu est suspendu à ce point, ses portions se font équilibre, c'est-à-dire qu'il n'oscille ni ne s'incline. L'équilibre est l'état d'équivalence entre une chose et une autre, comme on le constate dans la balance lorsqu'elle s'arrête parallèlement au plan de l'horizon ou à quelque autre plan. Archimède dit que les corps graves peuvent rester sans inclinaison autour d'une ligne ou autour d'un point : autour d'une ligne, lorsque, le corps reposant sur deux points de cette ligne, il ne penche d'aucun côté ; alors le plan perpendiculaire à l'horizon, même par cette ligne, en quelque endroit qu'on la transporte, demeure perpendiculaire et ne s'incline pas autour d'elle. Quand nous disons que le corps grave penche, nous voulons seulement exprimer son déplacement vers le bas, c'est-à-dire son inclinaison dans la direction du sol. Quant à l'équilibre autour d'un point, il a lieu lorsque, le corps y étant suspendu, quel que soit le mouvement du point, ses parties s'équivalent entre elles.

Lorsqu'un corps grave fait équilibre à un autre corps grave et que tous deux sont suspendus à deux points d'une ligne partagée par moitiés et reposant sur le point de division, cette ligne est parallèle à l'horizon, si le rapport des grandeurs des poids est égal à l'inverse du rapport des distances respectives de leurs points de suspension au point de division de la ligne. Les poids suspendus de cette façon se font équilibre sans inclinaison du fléau ; c'est ce qu'Archimède a démontré dans ses livres sur les équilibres des figures où sont employés les leviers.

Les Mécaniques ou l'Élévateur
de Héron d'Alexandrie, livre I, V, 24

DES MACHINES ET DES HOMMES

La « machine », selon Ingold (*L'Outil, l'Esprit et la Machine*), évoque à l'origine « un instrument pour soulever les poids lourds » mais dont l'action est guidée par une main humaine ; le terme a par la suite désigné un dispositif indépendant par rapport à l'homme, et dont le propre est l'action automatique, tandis que l'outil est mis en œuvre par l'action humaine. Le terme grec *mèchanè* désigne au sens matériel une machine, de guerre ou de théâtre, mais il a aussi un sens abstrait de « moyens ingénieux » et sert à désigner la mécanique en tant qu'art et science. Le terme latin *machina* implique un ensemble de moyens ingénieux et leur mise en œuvre.

Alors que la Grèce classique se tourne vers les sciences abstraites et les spéculations philosophiques qu'elle mène à un très haut niveau, à Athènes, du moins, s'affiche un certain mépris pour qui s'occupe de technique, le *mèchanopoios*, en latin *mechanicus,* tandis que Platon se plaint que la philosophie soit délaissée. Savants et philosophes appartiennent pour la plupart aux classes supérieures, et leur hostilité à la technique peut être celle d'un groupe social qui voit se développer un nouveau système technique, en même temps qu'il est progressivement exclu de la direction de la cité.

Pendant trois siècles, il y a eu dans le monde hellénistique une tradition ininterrompue de pratique mécanique dont Alexandrie était le centre vital. Elle se caractérise par la création de machines diverses exploitant la mécanique, l'hydraulique et les pneumatiques, avec un champ de réalisation très large, allant des applications pratiques pour les gros travaux dans le domaine hydraulique aux engins militaires ; de l'invention de petits objets d'agrément aux artifices théâtraux ou religieux utilisés par les thaumaturges. Conçues et développées à l'époque hellénistique, les « machines » sont perfectionnées par les Romains et sont utilisées dans la réalisation de chantiers colossaux, comme la mise en place de l'obélisque de Karnak au Circus Maximus à Rome, effectuée en 357 sous Constantin (Ammien Marcellin, *Histoires*, 17).

Les savants qui ont séjourné dans l'Alexandrie hellénistique ont été regroupés sous le vocable d'École d'Alexandrie. Parmi eux, de brillants esprits qui se sont occupés principalement d'inventions techniques, sans pour autant délaisser les spéculations théoriques. Leurs écrits ont en partie disparu, mais certains d'entre eux constituent les sources d'ouvrages ultérieurs, signalées ou clairement identifiables, et d'autres ont été préservés, notamment, par les auteurs arabes de la période islamique.

Ctésibios ou Ctésibius, probablement le plus important des premiers ingénieurs d'Alexandrie, a vécu au IIIe siècle avant J.-C., sous le règne de Ptolémée II Philadelphe (283-247). Selon la tradition, il serait le fils d'un barbier. Esprit inventif, il a travaillé sur la compression de l'air, inventé un premier type d'orgue hydraulique et divers appareils utilisant la force de l'eau, ainsi que des machines de guerre : on lui attribue la paternité de l'horloge hydraulique monumentale, un cor dont la sonnerie est commandée par un dispositif hydraulique, la construction d'une machine pour élever l'eau, la pompe à air, une machine de guerre pour lancer des pierres. Ses écrits n'ont pas été conservés, mais ses inventions sont présentées dans divers traités ultérieurs.

Archimède, mort en 215 avant J.-C. à Syracuse, est contemporain de Ctésibios. Il a fait un séjour à Alexandrie. Connu comme le plus grand savant de l'Antiquité, dont les découvertes ont nourri les progrès scientifiques de l'humanité, il s'est intéressé aussi aux sciences appliquées et a créé ou perfectionné de nombreuses machines de défense des sièges, alors qu'il était dans sa ville de Syracuse assiégée par les Romains. Archimède est considéré comme le père de la mécanique statique. Dans son traité *De l'équilibre des figures planes*, il s'intéresse au principe du levier et à la recherche du centre de gravité. On lui attribue l'invention des moufles, de la vis sans fin et de la vis creuse, nommée encore aujourd'hui *vis d'Archimède*.

Philon de Byzance serait de la génération suivante, et sa période de production se situe probablement dans le dernier tiers du IIIe siècle avant J.-C.. Il a séjourné à Alexandrie et à Rhodes. Sa vie est très peu connue, mais certains de ses écrits nous sont parvenus, plusieurs parties d'un vaste ouvrage sur les diverses techniques, la *Mèchanikè Syntaxis*. Il s'est intéressé aux orgues hydrauliques, aux vases communicants, aux siphons, et il a fabriqué des automates complexes.

Héron d'Alexandrie a vécu au milieu du Ier siècle après J.-C., soit environ quatre siècles après les savants alexandrins dont il connaît les œuvres et dont il s'inspire. Il appartient à l'École des mathématiciens d'Alexandrie. Outre ses ouvrages théoriques, il a écrit un traité des *Pneumatiques* où il présente de petites machines dont certaines se trouvent déjà chez Ctésibius ou Philon. Il a perfectionné la fabrication des automates en mettant en œuvre la pesanteur, l'air comprimé ou la vapeur.

Il nous est parvenu une sorte de catalogue des machines constitué au milieu du Ier siècle avant J.-C. par Vitruve, au livre X de son traité *De l'architecture*, conçu comme un manuel pratique à l'intention des architectes et des géomètres. L'*architectus* du monde romain est chargé de fonctions plurielles concernant non seulement la conception et la construction de bâtiments mais aussi le domaine de l'hydraulique et celui des machines de guerre. Son traité se fonde, aux dires de Vitruve lui-même, sur les résultats pratiques de ses prédécesseurs, principalement les Grecs ; il tirait ses données de sources écrites mais aussi de l'examen des constructions existantes. L'ouvrage, qui comporte peu de discussion théorique, recense les réalisations des architectes et des ingénieurs jusqu'à son époque.

HOMÈRE
VIIIe s. av. J.-C.

VIRGILE
Ier s. av. J.-C.

CLAUDIEN
Ve s. ap. J.-C.

Vitruve

Ingénieur (architectus) *romain de la fin du Ier siècle avant J.-C., Vitruve a exercé son activité dans le service des eaux, la construction d'édifices publics et l'artillerie. Son traité* De l'architecture *devient à la Renaissance la référence en matière d'architecture. Il a inspiré Alberti, Palladio, et plus tard Claude Perrault, l'architecte de la colonnade du Louvre.*

La définition que Vitruve donne des machines rassemble trois notions essentielles que l'on retrouve dans les définitions modernes de la machine : l'assemblage de diverses pièces, l'action d'une force, la réalisation d'un travail.

MACHINES ET INSTRUMENTS

Une machine (*machina*) est un ensemble de pièces de bois solidaires ayant une très grande efficacité pour le déplacement des charges. Elle est actionnée par rotations, suivant le principe du mouvement circulaire que les Grecs appellent *kyklikè kinèsis*. Il existe un premier type, de montée, qui en grec est dit *akrobatikon* ; un second, pneumatique, qui est appelé chez eux *pneumastikon* ; un troisième, tractoire, qui lui est nommé *baroulkon* par les Grecs. Le type est de montée quand les machines ont été agencées de manière que, au moyen de pièces de bois posées verticalement et de traverses jointes, on puisse monter sans danger pour la surveillance des opérations ; le type est d'autre part pneumatique quand de l'air vibre sous l'effet à la fois de son émission sous pression et d'un choc, et que des sons se trouvent émis instrumentalement ; et le type est tractoire quand les charges sont entraînées par des machines qui les soulèvent pour les placer à la hauteur voulue.

Le système de montée se veut le triomphe, non de la technique, mais de l'audace ; ses éléments sont maintenus par des attaches, par des traverses et des liens entrelacés et par des étais de soutien. Le système, d'autre part, qu'actionne la force de l'air devra ses effets raffinés à une technique accomplie. Quant au système tractoire, il présente des possibilités pratiques plus considérables et tout à fait spectaculaires, et une très grande efficacité, lorsqu'on s'en sert habilement.

Certains de ces systèmes fonctionnent mécaniquement, les autres instrumentalement. Entre machines et instruments (*organa*), la différence paraît être que l'efficience des machines dépend de plusieurs opérateurs, c'est-à-dire d'une force plus grande : ainsi pour les balistes et pour les madriers de pressoirs ; c'est en revanche par la main habile d'un seul opérateur que les instruments exécutent ce que l'on attend d'eux ; ainsi les rotations du scorpion et des trains d'engrenage. Instruments et procédés mécaniques ont donc une nécessité pratique : sans eux, rien ne peut être aisé.

Or tout mécanisme a son origine dans la nature et son principe dans la rotation du monde, qui en a été l'initiateur et le guide. De fait observons d'abord et considérons le système que forment le Soleil, la Lune et aussi les cinq planètes ; si des lois mécaniques ne réglaient pas leur rotation, nous n'aurions pas, à intervalles déterminés, la lumière et la maturité des fruits. Lorsque donc nos ancêtres eurent observé ces phénomènes, ils prirent à la nature les modèles qu'elle offrait et, les imitant et s'inspirant des ouvrages divins, ils en tirèrent des applications utiles à l'existence. Par suite ils confièrent, pour plus de commodité, certaines de leurs réalisations aux machines et à leurs rotations, d'autres aux instruments, et ce dont ils observèrent ainsi l'utilité pratique, ils s'attachèrent à le perfectionner par des recherches spéculatives et techniques et par des théories scientifiques fixées peu à peu.

De l'architecture, X, 1, « Les machines : définition et différents types », 1-4

HOMÈRE
VIIIᵉ s. av. J.-C.

VIRGILE
Iᵉʳ s. av. J.-C.

CLAUDIEN
Vᵉ s. ap. J.-C.

Héron d'Alexandrie

Le sujet des Mécaniques *de Héron d'Alexandrie est le centre de gravité et les diverses machines permettant de soulever des objets pesants. La première partie du livre II est consacrée à l'analyse des machines simples.*

LE TREUIL

Les machines simples par lesquelles on meut un poids donné avec une puissance donnée sont au nombre de cinq ; il faut indiquer quels sont leurs formes, leurs modes d'emploi et leurs noms. Ces machines sont fondées sur un principe naturel unique bien qu'elles soient très différentes en apparence. Voici leurs noms : le treuil, le levier, la poulie, le coin et la vis sans fin.

Première machine simple. Le treuil se construit de cette façon : on prend une pièce de bois dur équarrie en forme de poutre ; on en rabote et on en arrondit les extrémités, et on les garnit d'anneaux de cuivre, faits avec soin, destinés à rendre insensibles les aspérités de l'arbre ; de la sorte, chacune de ces extrémités étant introduite dans un trou arrondi et revêtu de cuivre, ouvert dans une paroi solide et fixe, elle y tourne avec facilité. Le morceau de bois, ainsi travaillé, s'appelle axe. On monte ensuite dans le milieu de l'arbre un tambour percé d'un trou carré de même section que l'arbre ; on l'y ajuste bien pour que le tambour et l'arbre montés l'un sur l'autre tournent ensemble. Ce tambour s'appelle *peritrochium,* dont le sens est : ce qui entoure. Cette construction achevée, nous séparons sur l'axe, de chaque côté du tambour, une partie rabotée, autour de laquelle s'enroulera la corde. Puis nous perçons sur le pourtour extérieur du tambour des trous, aussi nombreux que la commodité le demandera, et mesurés exactement de façon que, lorsqu'on y aura introduit des clous de bois, on puisse faire tourner avec ces clous le tambour et l'arbre.

Nous venons d'exposer comment on doit construire le treuil ; nous allons expliquer maintenant la manière de s'en servir. Quand vous voulez mouvoir un grand poids avec une puissance moindre que lui, vous attachez la corde à laquelle est lié le poids à la partie de l'arbre qui a été séparée des deux côtés du tambour ; vous introduisez ensuite dans les trous que nous avons forés sur le pourtour du tambour des clous de bois et, en appuyant de haut en bas sur ces clous, vous faites tourner le tambour. Alors le poids est mû avec une faible puissance, et les cordes s'enroulent sur l'arbre, ou du moins se superposent, si elles ne s'enroulent pas tout du long sur l'arbre même. La dimension de cet instrument doit être proportionnée à la grandeur des corps lourds qu'il est destiné à transporter.

Les Mécaniques, livre II, I, 1

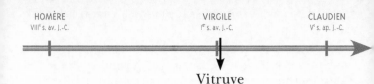

HOMÈRE
VIIIe s. av. J.-C.

VIRGILE
Ier s. av. J.-C.

CLAUDIEN
Ve s. ap. J.-C.

Vitruve

*Pour l'information des architectes à qui s'adresse Vitruve,
la connaissance des méthodes de construction et des matériaux doit être complétée par la présentation des machines
permettant de soulever des charges importantes.*

MACHINES TRACTOIRES

Et nous commencerons d'abord par les appareils
dont il est indispensable d'être munis pour les édifices
sacrés et pour l'exécution des ouvrages publics.
Ces appareils sont montés de la manière suivante.
On choisit deux madriers, proportionnellement à
l'importance des charges. On les dresse, assemblés
à leur faîte par une broche et écartés du bas ; on
les maintient dressés par des câbles, attachés au faîte
et assujettis en différents points alentour. On fixe au
sommet une chape, que certains appellent *recamus*.
Dans la chape, on loge deux poulies dont la rotation
est assurée par des axes. On fait passer par la poulie
la plus haute une corde tractoire qu'on laisse ensuite
aller et qu'on engage autour de la poulie d'une chape
inférieure. On ramène la corde à la poulie la plus
basse de la chape supérieure et elle descend ainsi
jusqu'à la chape inférieure, à l'œillet de laquelle on
l'attache. L'autre extrémité de la corde est ramenée
entre les pieds de la machine.

Sur les plats arrière des madriers, à l'endroit où
ils sont écartés, on fixe des paliers dans lesquels on
introduit les têtes d'arbre de treuil, de manière que
les tourillons tournent facilement. Près de chacune
de leurs têtes, ces arbres ont deux entailles prati-
quées de façon que les leviers s'y encastrent. Au bas,
d'autre part, de la chape inférieure sont attachées
des tenailles de fer dont les mâchoires s'adaptent

aux entailles des blocs de pierre. Et, quand l'extrémité de la corde est attachée à l'arbre de treuil et que les leviers entraînent et font tourner le treuil, la corde, en s'enroulant autour de l'arbre, se tend et ainsi soulève les charges à la hauteur voulue et jusqu'à pied d'œuvre. La rotation étant assurée par trois poulies, ce système mécanique est appelé *trispastos*. Mais quand deux poulies tournent dans la chape du bas et trois dans la chape supérieure, l'appareil est dit *pentapastos*.

Si l'on doit être équipé de machines pour charges plus lourdes, il faudra utiliser des madriers de dimension plus importante en longueur et en épaisseur.

De l'architecture, X, II, 1-3

HOMÈRE
VIII° s. av. J.-C.

VIRGILE
I° s. av. J.-C.

CLAUDIEN
V° s. ap. J.-C.

Aristophane

*Les machines ne sont pas réservées aux travaux d'urba-
nisme ou aux grandes constructions. Elles sont employées
aux fins de loisirs très variés, tout au long de la période
gréco-romaine. Ainsi, dans le théâtre grec classique,
la machinerie qui fait apparaître ou disparaître, s'élever
ou descendre les personnages est couramment utilisée, dans
la tragédie comme dans la comédie : l'eccyclème, chariot
bas utilisé pour transporter sur scène objets ou personnage,
l'exostre, plate-forme tournante permettant un changement
de décor rapide – l'ancêtre de nos scènes tournantes – mais
surtout la* mèchanè *qui permet de faire monter ou descendre
un personnage : ainsi la Médée d'Euripide s'élevant dans
les airs sur le char du Soleil après avoir tué ses enfants.*

Dans la pièce d'Aristophane La Paix, *le paysan Trygée
veut aller voir Zeus, car la Paix a disparu de la terre,
enfermée par la Guerre dans une caverne. Il monte sur
l'Olympe juché sur la* mèchanè *figurant un escarbot. Il est
hissé jusqu'à une certaine hauteur et porté depuis la droite
vers la gauche du théâtre, puis l'escarbot-*mèchanè *le dépose
près de la demeure de Zeus.*

COMMENT S'ENVOYER AU CIEL ?

TRYGÉE. – J'aurai soin de tout cela. Allons, adieu !
(*Les petites filles s'en vont. – Aux spectateurs.*) Quant à
vous, pour qui je me donne tout ce mal, « point ne
vessez ni ne chiez d'ici trois jours ». Car si du haut
des airs celui-ci flaire quelque odeur il me précipitera
la tête en bas, pour aller s'en repaître.
Mélodrame.
Allons, Pégase, avance gaiement en brimbalant ton
frein aux rênes d'or, radieux et les oreilles gaies. Que
fais-tu ? Que fais-tu ? Qu'as-tu à baisser tes naseaux
du côté des ruelles ? Élance-toi hardiment de terre ;

puis, déployant ton aile rapide, va droit à la cour de Zeus en détournant ton nez des excréments et de tous aliments éphémères... Hé ! L'homme, que fais-tu là, toi qui chies au Pirée, près des lupanars ? Tu vas me tuer, me tuer ! Veux-tu bien enfouir cela, le recouvrir d'un grand tas de terre, planter dessus du serpolet et y répandre des parfums ? Car si en tombant d'ici il m'arrive malheur, ma mort coûtera cinq talents à la cité des Chiotes, par la faute de ton derrière. (*L'escarbot, qui montait jusqu'ici, descend à présent.*)

Parlé.

Ah ! Que j'ai peur, et je ne le dis plus pour rire. Machiniste, fais attention. Car je sens déjà je ne sais quelle flatuosité tournoyer autour de mon nombril, et, si tu ne prends garde, je vais fournir de la pâture à l'escarbot. Mais me voici proche des dieux, ce me semble ; justement je vois en face la demeure de Zeus. (*L'escarbot s'arrête devant la porte.*) Qui est portier chez Zeus ? (*Il frappe à plusieurs reprises.*) Voulez-vous ouvrir ?

HERMÈS. – (*À l'intérieur*) D'où vient cette odeur de mortel qui frappe mes narines ? (*Ouvrant.*) Seigneur Héraclès, qu'est-ce que cette horreur-là ?

TRYGÉE. – Un hippocanthare.

HERMÈS. – Canaille, téméraire, impudent que tu es ; canaille, tout-canaille, archicanaille, comment es-tu monté ici, la plus canaille des canailles ? Quel est ton nom ? Ne parleras-tu pas ?

La Paix, vers 149-185

HOMÈRE
VIIIe s. av. J.-C.

VIRGILE
Ier s. av. J.-C.

CLAUDIEN
Ve s. ap. J.-C.

Suétone

*Les spectacles donnés dans les amphithéâtres romains
utilisent largement la machinerie, en particulier les machines
de levage qui faisaient apparaître hommes ou animaux,
dans leurs mises en scène des combats ou de la mise à mort.
On a retrouvé dans plusieurs amphithéâtres, au Colisée,
dans celui de Pouzzoles construit vingt ans après, les parties
maçonnées des machines, les pièces de bois ayant disparu.
Au Colisée, des travaux ont récemment créé un ascen-
seur montant des sous-sols de l'amphithéâtre semblable à
la machine antique, et qui doit faire partie désormais du
circuit touristique...*

*Les fêtes grandioses qui se donnent sous l'Empire
requièrent une technologie importante. L'empereur Claude
offre des spectacles magnifiques qu'il invente lui-même ou
emprunte à l'Antiquité. Suétone souligne ici le contraste
entre la puissance des moyens techniques mis en œuvre et
le grotesque de la figure impériale.*

LES GRANDES MANŒUVRES

Il fit également représenter au Champ de Mars
la prise et le pillage d'une ville d'après nature, ainsi
que la soumission des rois de Bretagne, et présida
au spectacle avec son manteau de général. Bien plus,
avant de lâcher les eaux du lac Fucin, il y donna
un combat naval ; mais lorsque les combattants
s'écrièrent : « *Ave, imperator !* Ceux qui vont mourir
te saluent ! », il répondit : « Qui vont mourir ou pas ! »
À ces mots, sous prétexte qu'ils venaient d'obtenir
leur grâce, aucun d'eux ne voulut plus se battre ; alors
il fut longtemps à se demander s'il ne les ferait pas
tous périr par le fer et par le feu, puis enfin il bondit
de sa place·et courant çà et là autour du lac, non
sans tituber de façon ridicule, soit par des menaces,

soit par des exhortations, il les décida au combat. Dans ce spectacle, une flotte sicilienne et une flotte de Rhodes, comprenant douze trirèmes chacune, se livrèrent bataille au son d'une trompette embouchée par un triton d'argent qu'une machine avait fait surgir au milieu du lac.

Vies des douze Césars, « Claude », XXI, 11-14

Claude faisait combattre dans l'arène des machinistes quand un dispositif automatique n'avait pas marché comme il faut.

Il avait tant de plaisir à voir les bestiaires, surtout ceux qui paraissaient à midi, qu'il se rendait à l'amphithéâtre dès le point du jour, et qu'à midi il restait assis pendant que le peuple allait dîner. Outre les bestiaires, il faisait combattre, sur le prétexte le plus léger et le plus imprévu, des ouvriers et des gens de service, ou des employés, pour peu qu'une machine ou un ressort eût manqué son effet.

Vies des douze Césars, « Claude », XXXIV, 6

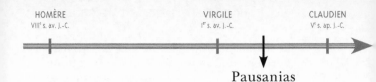

HOMÈRE
VIIIe s. av. J.-C.

VIRGILE
Ier s. av. J.-C.

CLAUDIEN
Ve s. ap. J.-C.

Pausanias

Dans le sport également la technique est d'une grande utilité. Voici un mécanisme ingénieux, datant sans doute de l'époque hellénistique, qui permettait le départ décalé des concurrents dans les courses de chars et de chevaux à l'hippodrome antique d'Olympie. Ce système complexe était destiné à assurer des chances égales au départ à tous les concurrents. Il semble avoir été en usage dans de nombreux stades. Les deux animaux de bronze symbolisent la vitesse dans l'air et en mer, peut-être faut-il y voir les emblèmes respectifs de Zeus, maître du sanctuaire, et de Poséidon, seigneur des chevaux.

L'HYSPLEX

En sortant du stade et, au-delà, du côté où siègent les hellanodices (les directeurs des jeux), de ce côté se trouve un endroit réservé aux courses de chevaux, ainsi que la ligne de départ des chevaux. Cette ligne se présente en forme de proue de navire, son éperon est tourné dans le sens de la course. Du côté où la proue est contiguë au portique d'Agnamptos, elle s'élargit, et on a fait un dauphin en bronze au-dessus d'une barre, à l'extrême pointe de l'éperon.

Chaque côté de la ligne de départ présente plus de quatre cents pieds de longueur, et on y a construit des stalles. Les concurrents du concours hippique tirent au sort ces stalles. Devant les chars ou les chevaux de selle, un câble est tendu en guise de barrière devant eux. Un autel de brique crue, crépi à l'extérieur, est construit, à chaque Olympiade, à peu près au milieu de la proue. Sur l'autel se trouve un aigle de bronze, les ailes étendues de toute son envergure. Le responsable de la course fait mouvoir le mécanisme placé dans l'autel. Lorsqu'on l'a mis en mouvement, l'aigle est construit de manière à jaillir vers le haut pour être visible des spectateurs, tandis que le dauphin tombe au sol.

Les barrières qui touchent au portique d'Agnamptos de chaque côté sont les premières à se détendre, et les chevaux à l'arrêt à ces barrières sont les premiers à prendre le départ. En courant, ils arrivent au niveau de ceux que le sort a placé au deuxième rang, et alors les barrières du deuxième rang se détendent ; le même fait se reproduit de la même façon pour tous les chevaux jusqu'à ce qu'ils soient tous au même niveau à l'éperon de la proue. À partir de ce moment, il appartient aux cochers de faire la démonstration de leur savoir, aux chevaux, de leur vitesse.

C'est Cléoitas qui, le premier, inventa ce mécanisme de départ ; il fut assez fier de son invention pour avoir gravé sur une statue à Athènes l'inscription suivante :

C'est celui qui le premier inventa à Olympie le départ des chevaux
Qui m'a fabriqué, Cléoitas fils d'Aristoclès.

Après Cléoitas, à ce qu'on dit, Aristeidès apporta lui aussi un perfectionnement à ce mécanisme.

Description de la Grèce, V, « L'Élide », 10-14

VI

MAGIE DE L'EAU

PAS DE VIE SANS EAU

L'eau, indispensable aux établissements humains, a été très tôt domestiquée. Les grandes civilisations de Mésopotamie ont développé l'irrigation, dont les premières traces remontent au VIIe millénaire avant notre ère sur la moyenne vallée du Tigre. L'historien Hérodote, qui visite la Mésopotamie vers 460 av. J.-C, dit que l'arrosage s'y fait à la main ou à l'aide de machines (*Enquête*, I, 193). La machine dont il parle est le shaduf ou chadouf, une perche à balancier munie d'un contrepoids, dont l'usage connu en Mésopotamie depuis le IIIe millénaire a été introduit en Égypte au millénaire suivant. L'établissement de barrages est également attesté à cette époque.

Bien que la Grèce antique n'ait pas développé les usages industriels de l'eau, elle a élaboré des installations sophistiquées pour l'approvisionnement, qui concernait essentiellement l'agriculture, l'approvisionnement des bâtiments publics et les particuliers, mais aussi les sanctuaires médicaux, où l'eau était utilisée à des fins thérapeutiques. Cependant, l'usage de l'eau est demeuré utilitaire, contrairement à ce qu'a développé le monde romain.

À Athènes, l'eau est un bien commun, et chacun y a accès soit à partir des installations publiques, soit par droit d'accès au puits des voisins, comme l'atteste Plutarque dans sa *Vie de Solon* (XXIII, 5), et la cité s'est dotée d'un magistrat responsable des eaux. L'un des plus anciens bâtiments athéniens, la fontaine de l'Agora, fut édifié vers 530-520 ; il s'agit d'un bâtiment rectangulaire de 120 mètres carrés comportant en amont une canalisation d'alimentation et en aval deux canaux d'évacuation. On connaît dans l'île de Samos le tunnel et l'aqueduc datant de la deuxième moitié du VIe siècle av. J.-C, destinés à fournir la ville en eau, œuvre de l'architecte Eupalinos, décrit par Hérodote (*Enquête*, III, 60). À partir d'une source située à l'arrière d'une colline, une série de puits fut creusée donnant accès à une canalisation hydraulique et sous la colline fut ménagé un tunnel de plus de 1 kilomètre de long, à deux niveaux : le niveau inférieur pour la conduite d'eau, le niveau supérieur pour la circulation et l'entretien. Le percement du tunnel fut fait par deux équipes qui creusaient en simultanéité aux deux extrémités, ce qui suppose un projet mathématique très précis. L'aqueduc débouchait sur une fontaine dans la ville.

C'est à Alexandrie à l'époque hellénistique que se développent des technologies nouvelles, grâce à la rencontre de la science grecque et du savoir-faire traditionnel de l'Orient, avec notamment des dispositifs utilisant l'eau sous pression, dont le principe du siphon, ce qui va permettre aux aqueducs de traverser des vallées profondes ou de passer d'une colline à l'autre. L'innovation concerne également les machines qui vont permettre d'élever l'eau et d'utiliser l'énergie hydraulique. Ainsi, le phare d'Alexandrie, dont le feu brillait sur les terrasses supérieures, était doté, pense-t-on, d'une machinerie hydraulique, qui faisait monter le combustible sur une hauteur d'environ 100 mètres.

L'eau joue un grand rôle dans l'agriculture, mais aussi dans un certain nombre de métiers artisanaux, tannerie, meunerie, armurerie, forge... dans les mines également, pour laver le minerai, et dans la lutte contre l'incendie. Dans le monde romain, on consomme beaucoup d'eau pour les loisirs : les établissements de bain ont besoin d'aqueducs de grande capacité. Les jeux publics, à Rome, sont grands consommateurs d'eau. Ainsi, vers l'an 2 av. J.-C, Auguste fait aménager sur la rive droite du Tibre un espace consacré aux jeux nautiques et fait construire un aqueduc destiné à les alimenter, l'*Aqua Alsietina*, long d'environ 33 kilomètres et en partie souterrain.

Les Romains n'ont pas développé de façon particulière les techniques hydrauliques mais ils ont largement utilisé les systèmes mécaniques des ingénieurs alexandrins, qui furent sans doute rapidement connus dans le monde méditerranéen.

HOMÈRE
VIIIᵉ s. av. J.-C.

VIRGILE
Iᵉʳ s. av. J.-C.

CLAUDIEN
Vᵉ s. ap. J.-C.

Vitruve

Vitruve présente ici la pompe à piston, qui naît à Alexandrie des recherches de Ctésibius. Cet appareil est utilisé pour des usages très divers. On a trouvé des vestiges de pompe dans plusieurs puits en Europe, elle était utilisée également pour l'assèchement des cales des navires et servait à la lutte contre les incendies. Elle avait enfin une utilisation plus futile : la vaporisation d'eau parfumée dans les théâtres et les amphithéâtres, ou parfois dans les luxueux banquets qu'offraient les riches.

L'AIR ET L'EAU

Machine élévatoire de Ctésibius

Il convient maintenant de décrire la machine de Ctésibius, qui porte l'eau en hauteur. Cette machine doit être en bronze. À sa base, et à faible distance l'un de l'autre, se trouvent deux cylindres jumeaux, munis de tuyaux qui, formant une fourche, leur sont adaptés symétriquement et qui convergent sur un vase intermédiaire. Dans ce vase se trouvent des clapets, ajustés avec précision aux orifices supérieurs des tuyaux ; obturant le passage de ces orifices, ils empêchent le retour de ce que l'air a chassé dans le vase.

Au-dessus du vase est adaptée une chape, en forme d'entonnoir renversé, qu'une clavette, passée dans une cheville, assujettit au vase, afin d'éviter que la pression de l'eau ne la fasse se soulever. Un tuyau, que l'on appelle trompe, est ajusté au-dessus, dressé verticalement. Sous les orifices inférieurs des tuyaux, les cylindres sont munis, par ailleurs, de clapets appliqués sur les ouvertures qui sont dans leur fond.

Cela étant, des pistons, emboîtés par le haut dans les cylindres, polis au tour et frottés d'huile, sont entraînés par des tiges et des leviers ; comme il y aura là de l'air avec de l'eau, et les clapets obturant les ouvertures, ces pistons pousseront et chasseront l'eau, par pression d'air, à travers les orifices des tuyaux, dans le vase ; de là elle sera recueillie dans la chape, d'où l'air la forcera à s'élever à travers le tuyau, jusqu'au haut ; ainsi, depuis un endroit bas, et après installation d'un réservoir, l'eau peut-elle être amenée pour jaillir.

De l'architecture, livre X, chap. VII, 1-3

HOMÈRE
VIIIe s. av. J.-C.

VIRGILE
Ier s. av. J.-C.

CLAUDIEN
Ve s. ap. J.-C.

Vitruve

Voici la première description technique qui nous soit parvenue du moulin à eau. Les moulins à eau destinés à moudre les céréales apparaissent dans l'Empire romain au Ier siècle après J.-C. Utilisés d'abord dans la campagne, ils se multiplient à Rome lorsque l'administration prend en charge la mouture du blé et distribue du pain au lieu du blé à moudre (IIIe siècle apr. J.-C.). Ces moulins urbains sont alimentés par les aqueducs. Des moulins ont été construits dans le sous-sol des thermes de Caracalla et sur les pentes du Janicule. Il en a existé également à Athènes au Ve siècle apr. J.-C, sur l'Agora romaine.

UN AUXILIAIRE PRÉCIEUX

C'est encore en suivant le même principe que l'on fait tourner les moulins à eau, où se retrouvent tous ces éléments, avec pourtant cette différence qu'à une extrémité de l'essieu est emboîté un tambour denté ; ce tambour, placé verticalement, de champ, tourne de concert avec la roue. Contre lui est disposé, horizontalement, un tambour plus grand, également denté, sur lequel il engrène. Ainsi, les dents du tambour qui est emboîté sur l'axe, en entraînant les dents du tambour horizontal, déterminent le mouvement tournant des meules. Suspendue au-dessus de cette machine, une trémie alimente les meules en grains que cette même rotation réduit en farine.

De l'architecture, livre X, chap. v, 2

HOMÈRE
VIIIᵉ s. av. J.-C.

VIRGILE
Iᵉʳ s. av. J.-C.

CLAUDIEN
Vᵉ s. ap. J.-C.

Vitruve

Autre machine à élever l'eau, la vis (ou limaçon), qu'Archimède aurait inventée en Égypte pour l'arrosage des terres agricoles bordant le Nil. Elle consiste en un cylindre incliné qui tourne sur deux pivots, l'intérieur étant cloisonné en spirale. Le texte de Vitruve en est la seule description ancienne connue. Elle est encore utilisée actuellement pour le pompage de l'eau souterraine ou dans les silos pour élever les grains. L'invention d'Archimède aurait inspiré à Léonard de Vinci sa vis aérienne, que certains voient comme un ancêtre de l'hélicoptère moderne.

TOUR DE VIS

Il y a aussi le système de la vis, qui tire une grande quantité d'eau, sans l'élever toutefois aussi haut que la roue. Son dispositif est monté de la manière suivante : on prend une pièce de bois, et l'on donne à cette pièce autant de doigts d'épaisseur que de pieds de longueur. On l'arrondit au compas. Aux extrémités, on divisera au compas la circonférence, par quadrants et octants, en huit segments, et les lignes seront situées de telle sorte que, la pièce de bois étant sur un plan horizontal, les lignes de chaque extrémité se correspondent au même niveau ; on doit aussi partager la longueur en intervalles dont la mesure sera égale au huitième de la circonférence de la pièce.

Puis, la pièce de bois étant disposée horizontalement, on doit conduire des lignes d'une extrémité à l'autre, en respectant le niveau. On obtiendra de cette manière, sur le pourtour comme en longueur, des divisions égales. Sur leur tracé, les lignes orientées dans le sens de la longueur formeront alors des intersections, et aux intersections des points déterminés.

Une fois ces marques ainsi portées correctement, on prend une baguette fine en osier, ou coupée sur un gattilier, on l'enduit de poix liquide et on la fixe au premier point d'intersection. On la conduit ensuite, en diagonale, sur les intersections successives que font les lignes de la longueur et celles du pourtour ; de proche en proche, en passant par chacun des points et en s'enroulant sur le cylindre, elle s'applique alors à chacune des intersections ; elle parvient et elle est fixée ainsi, allant du premier jusqu'au huitième point, à la ligne où son extrémité de départ se trouve fixée. De cette manière, elle est portée aussi loin en longueur, jusqu'au huitième point, qu'elle s'avance en diagonale, et par huit points. Suivant la même méthode, on fait passer par chaque intervalle de la longueur et du pourtour, en les fixant obliquement à chacune des intersections, des baguettes qui, sur les huit divisions du corps du cylindre, forment des canaux spiralés, imitation exacte et naturelle du limaçon.

De l'architecture, livre X, chap. VI, 1-2

HOMÈRE
VIII⁰ s. av. J.-C.

VIRGILE
I⁰ʳ s. av. J.-C.

CLAUDIEN
V⁰ s. ap. J.-C.

Héron d'Alexandrie

L'idée d'utiliser la puissance de la vapeur d'eau remonte à l'Antiquité, et c'est à Héron que l'on doit le premier appareil à vapeur, l'éolipile. L'orthographe fréquemment rencontrée « éolipyle » provient d'une graphie y au lieu de i, d'où la fausse étymologie donnée par Rabelais (1552) qui en fait « la porte d'Éole » impliquant le grec pylè, *la porte. Il s'agit en fait d'un emprunt au latin* aeolipila, *de Aeolus (Éole, dieu des vents) et* pila, *la boule : l'éolipile est « la boule d'Éole » (Vitruve,* De l'architecture, I, 6, 2) *Cet ancêtre de la machine à vapeur est encore célèbre et les expériences relatées ici correspondent aux débuts de cette longue course qui a mené à la révolution industrielle.*

PREMIÈRES APPLICATIONS DE LA VAPEUR

On peut faire tenir en l'air des boules par le procédé suivant.

Au-dessous d'une chaudière qui renferme de l'eau et qui est fermée à sa partie supérieure, on allume du feu. Du couvercle part un tube qui s'élève verticalement et à l'extrémité duquel se trouve, en communication avec lui, un hémisphère creux. En plaçant une boule légère dans cet hémisphère, il arrivera que la vapeur de la chaudière montant à travers le tube soulèvera la boule de manière qu'elle restera suspendue.

Les Pneumatiques, « Appareils divers », XXXVII

Faire tourner une sphère sur un pivot à l'aide d'une chaudière placée sur le feu.

Soit AB une chaudière contenant de l'eau, placée sur le feu. On la ferme à l'aide d'un couvercle ΓΔ que traverse un tube recourbé EZH dont l'extrémité H

205

pénètre dans la petite sphère creuse ΘK suivant un diamètre. À l'autre extrémité est placé le pivot ΛMN qui est fixé sur le couvercle ΓΔ. On ajoute sur la sphère, aux deux extrémités d'un diamètre, deux tubes recourbés ; les courbures doivent être à angle droit et les tubes perpendiculaires à la ligne HN. Lorsque la chaudière sera échauffée, la vapeur passera par le tube EZH dans la petite sphère et, sortant par les tubes recourbés dans l'atmosphère, la fera tourner sur place, comme cela arrive pour les figurines qui dansent en rond.

Les Pneumatiques, « Appareils divers », XLI

HOMÈRE
VIII° s. av. J.-C.

VIRGILE
I°' s. av. J.-C.

CLAUDIEN
V° s. ap. J.-C.

Vitruve

La mesure du temps est une préoccupation universelle.
Le monde gréco-romain connaît la division en heures depuis
le V°·siècle avant J.-C. Mais les heures ne sont pas toutes
de même durée et varient en longueur dans l'année. Ainsi,
les Romains comptaient douze heures de jour du lever au
coucher du soleil et quatre veilles la nuit. Les moyens les plus
courants de mesurer le temps étaient la clepsydre, attestée
en Égypte dès le XIV° siècle avant J.-C., le cadran solaire,
très répandu chez les particuliers comme dans les lieux
publics, et l'horloge à eau, invention de Ctésibius, qui s'est
rapidement complexifiée. Un exemple bien connu est l'hor-
loge d'Andronicus, construite à Athènes au I°' siècle avant
J.-C. sur l'Agora romaine, horloge hydraulique monumentale
appelée aussi la Tour des Vents.

Vitruve présente ici l'horloge de Ctésibius et ses agréments
divers, il indique également les moyens d'adapter le mouve-
ment de la machine à la variation des heures.

LE MAÎTRE DU TEMPS

En premier lieu, il ménagea l'orifice d'écoulement
dans un morceau d'or ou dans une gemme perforée ;
car ces matières ne s'usent pas au frottement de
l'eau qui coule, et des saletés capables de boucher
l'ouverture ne peuvent s'y déposer. L'eau s'écoulant
régulièrement par cet orifice fait monter un flotteur
renversé que les techniciens appellent « liège » ou
« tambour ». Sur ce flotteur est fixée une tige en
contact avec un disque tournant, tige et disque étant
munis de dents égales. Ces dents, dont le mouvement
se transmet de l'une à l'autre, produisent des rotations et des déplacements mesurés. De plus, d'autres
tiges et d'autres roues, dentées de la même façon
et mues par une même impulsion, produisent en

tournant des effets et des mouvements variés : déplacement de figurines, rotation de bornes, projection de petits cailloux ou d'œufs, sonnerie de trompettes, sans parler des autres accessoires.

En outre, dans ces horloges, les heures sont tracées, soit sur une colonne, soit sur un pilastre contigu, et c'est une figurine qui, sortant du bas de la machine, les indique avec une baguette pour toute la durée du jour. En ajoutant ou en ôtant des cales chaque jour et chaque mois, on rend compte obligatoirement de la durée plus courte ou plus longue des jours. Les robinets de l'eau, pour le réglage du débit, sont établis de la façon suivante : on fabrique deux cônes, l'un plein, l'autre creux, si bien façonnés au tour que l'un puisse entrer et s'ajuster dans l'autre, et qu'au moyen de la même tige on les écarte ou on les resserre pour activer ou ralentir l'écoulement de l'eau dans ces récipients. Ainsi, grâce à ces systèmes et à ce dispositif, on combine le montage d'horloges à eau utilisables l'hiver.

Mais si l'on n'est pas d'accord pour traduire la diminution ou l'accroissement de la durée des jours en se servant de cales qu'on ajoute ou qu'on retranche – car ces cales sont souvent très défectueuses – on devra s'arranger ainsi : on tracera les heures transversalement sur la colonnette, d'après l'analemme, et l'on gravera sur elle les lignes des mois. Cette colonne devra pouvoir pivoter de façon que, par rapport à la figurine et à la baguette – baguette que tient la figurine pour indiquer les heures en s'élevant –, elle puisse, par sa rotation, rendre compte pour chacun des mois qu'elle porte de la durée, courte ou croissante, des heures.

De l'architecture, livre IX, chap. VIII, 4-7

DÉLICES AQUATIQUES

L'eau dans le monde antique est aussi source de plaisir et de bien-être. La pratique du bain est attestée en Grèce depuis la fin du Ve siècle. On se préoccupe de la qualité de l'eau, de ses propriétés, sous l'influence des traités hippocratiques, ce qui entraîne la multiplication dans les villes de bâtiments destinés à l'hygiène corporelle où l'on pratiquait le bain par aspersion. On trouvait également en Grèce des dispositifs à ciel ouvert dans les édifices gymniques et le long des agoras à l'époque hellénistique et impériale, tels qu'on les a retrouvés à Délos et le long de l'agora des Déliens à Olympie. Au stade de Némée, construit vers 330-320 av. J.-C, tout autour de la piste circulait un canal alimenté par l'eau d'une source et qui comportait des cuvettes disposées à intervalles réguliers, apportant de l'eau fraîche aux spectateurs.

L'importance de l'eau dans l'Empire romain est bien connue. La pratique des bains s'est répandue dans tout l'Empire, et la mode des bains publics se répand sous Auguste, avec une complexification des bâtiments qui deviennent de véritables centres de loisirs, comportant, outre les salles réservées aux bains, palestre – structure propre aux Grecs – pour les disciplines athlétiques, salles couvertes pour les jeux de balle, salles de massage, bibliothèque... Ces grands complexes étaient financés par l'État. Les thermes de Dioclétien à Rome, inaugurés en 306 apr. J.-C, pouvaient accueillir jusqu'à 3 000 personnes. Ces établissements immenses et très coûteux n'étaient pas si nombreux, et il existait des établissements privés, de taille plus modeste, ouverts au public. Cependant, dans l'Empire romain, ont été identifiés un certain nombre de thermes dits impériaux comportant les techniques et les raffinements des établissements romains, avec la même technologie de chauffage par hypocauste. Ainsi, dans la capitale de la province de Syrie, Boshra, où stationnait une légion, existaient plusieurs établissements thermaux, dont les Thermes du Centre, récemment identifiés, qui s'étendaient sur environ 9 000 mètres carrés.

L'eau avait également un caractère sacré et curatif. Les sources et les fontaines se voyaient souvent attribuer des pouvoirs guérisseurs. Des cultes comme les cultes orphiques accordaient une grande place dans leurs rites à l'eau et aux ablutions, et certains sanctuaires, tel celui d'Asclépios, près de Cos, étaient alimentés de sources ferrugineuses et sulfureuses utilisées pour le traitement des malades.

HOMÈRE
VIII° s. av. J.-C.

VIRGILE
I° s. av. J.-C.

CLAUDIEN
V° s. ap. J.-C.

Martial

L'eau est un élément primordial pour les grands spec-
tacles donnés dans les amphithéâtres. L'aménagement d'un
plan d'eau pour les naumachies ou batailles navales requiert
des moyens techniques considérables, et ce type de spectacle
est rare et très coûteux. Le Colisée, bâti sur les ruines du
palais de Néron, est inauguré par l'empereur Titus en 80,
et le poète satirique Martial a assisté à cette inauguration.
Les structures du sous-sol n'étaient pas encore installées de
façon permanente, ce qui permit d'y donner une naumachie :
la reconstitution de la bataille navale de Corinthe contre
Corcyre.

SPECTACLE NAUTIQUE

Auguste eut la gloire de faire combattre des flottes
et de troubler la paix des mers au bruit de la trompette navale : mais combien cette gloire n'est-elle
pas inférieure à celle de notre Empereur ! Thétis et
Galatée ont vu dans leur empire des bêtes farouches
inconnues. Triton a vu, au milieu de ses flots, des tour-
billons de poussière soulevés par des chars aux roues
brûlantes, et lui-même a pris leurs chevaux pour ceux
de son maître. Nérée, pour disposer à de sanglants
combats les vaisseaux irrités, refuse de marcher à pied
dans la plaine liquide. Tous les spectacles qu'offrent
aux yeux le Cirque et l'Amphithéâtre, l'onde, enrichie
par la munificence de César, t'en reproduit l'image.
Qu'on ne parle plus du lac Fucin, ni des étangs de
l'indolent Néron : cette naumachie est la seule dont
les siècles garderont le souvenir.

Martial, *Petit livre sur les spectacles*, XXVIII,
« Sur une naumachie et divers spectacles marins »

HOMÈRE
VIII⁰ s. av. J.-C.

VIRGILE
I⁰ʳ s. av. J.-C.

CLAUDIEN
V⁰ s. ap. J.-C.

Suétone

*L'empereur Néron a largement utilisé les perfectionne-
ments techniques de son époque pour son bien-être et pour
l'exaltation de sa puissance. Le palais qu'il a fait bâtir après
l'incendie de Rome, la* Domus aurea *(« la Maison dorée »),
était doté d'une étonnante pièce tournante, dont les archéologues auraient récemment retrouvé une partie de la structure : une tour servant de soubassement et qui comporte au
sommet une cavité centrale et des cavités tout autour pour
loger des sphères ou des galets pouvant rouler sur eux-mêmes,
une argile très fine servant de lubrifiant. L'ensemble était
mis en mouvement par une force hydraulique, probablement
une roue à eau mue par l'eau de l'aqueduc voisin.*

HUMBLE CHAUMIÈRE

Il se fit bâtir une maison s'étendant du Palatin
à l'Esquilin et l'appela d'abord « le Passage », puis,
un incendie l'ayant détruite, il la reconstruisit sous
le nom de « Maison dorée ». Pour faire connaître son
étendue et sa splendeur, il suffira de dire ce qui suit.
Dans son vestibule, on avait pu dresser une statue colos-
sale de Néron, haute de cent vingt pieds ; la demeure
était si vaste qu'elle renfermait des portiques à trois
rangs de colonnes, longs de mille pas, une pièce
d'eau semblable à une mer, entourée de maisons
formant comme des villes, et par surcroît une étendue
de campagne, où se voyaient à la fois des cultures,
des vignobles, des pâturages et des forêts, contenant
une multitude d'animaux domestiques et sauvages
de tout genre ; dans le reste de l'édifice, tout était
couvert de dorures, rehaussé de pierres précieuses
et de coquillages à perles ; le plafond des salles à
manger était fait de tablettes d'ivoire mobiles et
percées de trous, afin que l'on pût répandre d'en

haut sur les convives soit des fleurs, soit des parfums ; la principale était ronde et tournait continuellement sur elle-même, le jour et la nuit, comme le monde ; dans les salles de bains coulaient les eaux de la mer et celles d'Albula. Lorsqu'un tel palais fut achevé et que Néron l'inaugura, tout son éloge se réduisit à ces mots : « Je vais enfin commencer à être logé comme un homme. »

Vie des douze Césars, « Néron », XXXI

HOMÈRE
VIIIe s. av. J.-C.

VIRGILE
Ier s. av. J.-C.

CLAUDIEN
Ve s. ap. J.-C.

Vitruve

L'hydraule, invention attribuée à Ctésibius et décrite par Vitruve et Héron, a dû connaître le succès dans la vie culturelle de l'Alexandrie hellénistique, où il accompagnait les concours musicaux. L'instrument est souvent représenté sur des mosaïques, comme celle de la villa de Nennig (Allemagne), des bas-reliefs, des monnaies ; on a retrouvé également des modèles en terre cuite ; enfin, on a découvert en 1931 les restes d'un orgue antique à Aquincum (Hongrie), dont on ne sait s'il est hydraulique ou à soufflets, datant du IIIe siècle apr. J.-C

L'expression « orgue hydraulique » ne doit pas laisser croire que l'instrument fonctionne à l'eau : il est bien pneumatique et l'eau ne joue qu'un rôle de régulateur de pression. La pratique de l'orgue est bien établie au Ier siècle avant J.-C. ; le premier témoignage connu en est une inscription de Delphes datant de 90 avant J.-C. sur le couronnement d'un joueur d'orgue hydraulique. Dans ses Tusculanes (livre III, 18, 43), Cicéron ironisant sur Épicure lui suggère d'inviter un ami dans l'affliction à écouter un concert d'orgue hydraulique (hydrauli voces) plutôt que de lire un Dialogue de Platon.

L'orgue hydraulique, bientôt remplacé par l'orgue à soufflets, plus maniable, était utilisé dans les cérémonies, les jeux du cirque, mais aussi chez les particuliers, comme l'atteste le personnage de Pétrone, Trimalcion (Satiricon, XXXVI), chez qui un serviteur tranche les viandes au son de l'orgue et qui est comparé à un conducteur de chars courant dans la lice au son de l'orgue hydraulique...

POINT D'ORGUE

Je n'omettrai pas de parler des hydraules et de leur mécanisme en m'attachant à ce sujet et en le traitant dans une description la plus concise et la plus nette possible. Après montage d'un socle de bois, on place sur ce socle un autel (un coffre) fait en bronze. Au-dessus du socle, des barres sont dressées sur la droite et sur la gauche, montées en forme d'échelle ; on loge dans leur intervalle des cylindres en bronze dont les obturateurs mobiles, façonnés au tour avec précision, ont des tiges de fer fixées en leur centre et reliées par des charnières à des leviers ; ils ont aussi des garnitures de peaux avec leur laine. Il y a en outre, à la surface supérieure des cylindres, des ouvertures d'environ trois doigts chacune. À proximité de ces ouvertures, des dauphins en bronze, placés sur charnières, laissent pendre de leur gueule, par des chaînes, des cymbales qui descendent au-dessous des ouvertures des cylindres.

À l'intérieur de l'autel, là où l'eau est contenue, est mis le pnigée, sorte d'entonnoir renversé qui repose sur des tasseaux d'environ trois doigts de haut, ménageant, de niveau, un espace dans le bas, entre les bords inférieurs du pnigée et le fond de l'autel. D'autre part, au-dessus du col du pnigée, un petit coffre est ajusté qui soutient la partie principale du dispositif, appelée en grec *kanon mousikos* (règle musicale). Dans le sens de sa longueur se trouvent des canaux : quatre, si le dispositif est tétracorde ; six, s'il est hexacorde ; huit, s'il est octocorde.

Dans chacun des canaux est logé un robinet, réglé par une poignée en fer. Ces poignées, quand on les tourne, libèrent les orifices qui font communiquer le coffre et les canaux. Pour les sorties des canaux, d'autre part, le canon a des ouvertures disposées transversalement et correspondant aux orifices qui sont sur la table supérieure, table qui, en grec, est dite *pinax*. Entre cette table et le canon sont insérées des règles, percées d'ouvertures du même type et frottées d'huile, de manière à être facilement poussées puis rappelées, ramenées en place ; ces règles, qui obturent les ouvertures, sont appelées plinthides.

Leur mouvement de va-et-vient tantôt obture, tantôt découvre les trous qui ont été percés.

À ces règles se trouvent fixés des crochets de fer reliés à des touches, et les pressions sur ces touches déterminent les déplacements continus des règles. Au-dessus de la table et des ouvertures, par où les vents ont leur issue hors des canaux, des anneaux sont soudés, dans lesquels sont emboîtés les bouts amincis de chaque tuyau.

Il y a, par ailleurs, partant des cylindres, une suite de conduits raccordés au sol du pnigée et aboutissant aux orifices qui sont sur le petit coffre ; ils ont des clapets, façonnés au tour et placés là, qui, lorsque le petit coffre reçoit l'air, empêcheront, en obturant les ouvertures, que le vent fasse retour en arrière.

Ainsi, quand on redresse les leviers, les tiges abaissent les obturateurs jusqu'au bas des cylindres et les dauphins, qui sont montés sur charnières, y laissant aller les cymbales, font que l'espace intérieur des cylindres s'emplit d'air ; puis, quand les tiges font remonter les obturateurs dans les cylindres, par des poussées fortes et continues, et qu'elles font se fermer, au moyen des cymbales, les ouvertures supérieures, leur pression force l'air qui est enfermé là à passer, comprimé, dans les conduits, par lesquels il afflue dans le pnigée et, par le col du pnigée, dans le coffre. Avec aussi une assez forte impulsion sur les leviers, le vent comprimé se répand en abondance par les orifices des robinets et remplit d'air les canaux.

Quand les touches, donc, frappées par les mains, poussent et rappellent continûment les règles, obturant et découvrant tour à tour les ouvertures, elles font naître des sons, émis suivant les lois de la musique et avec une diversité extrême de timbres.

Je me suis efforcé, dans toute la mesure du possible, d'exposer clairement par ce texte un sujet obscur ; mais ce système n'est pas simple ni communément et facilement intelligible, sinon pour ceux qui ont quelque pratique de ce genre de choses. Ceux donc que ces lignes n'auront qu'insuffisamment éclairés trouveront certainement, en étudiant l'objet lui-même, que tout y est disposé d'une manière attentive et ingénieuse.

De l'architecture, X, VIII

HOMÈRE
VIIIe s. av. J.-C.

VIRGILE
Ier s. av. J.-C.

CLAUDIEN
Ve s. ap. J.-C.

Suétone

Néron avait, selon Suétone, une véritable passion pour l'orgue hydraulique : il en fit même graver la représentation sur ses monnaies. Alors que son pouvoir vacille sous les pressions de toutes sortes et que se soulève la Gaule menée par son propréteur Julius Vindex, il ne s'occupe que de ses instruments de musique.

LA MUSIQUE ENVERS ET CONTRE TOUT

Ému enfin par les propositions outrageantes que multipliait Vindex, il écrivit au Sénat pour l'exhorter à le venger, ainsi que l'État, en alléguant un mal de gorge pour excuser son absence. Mais rien ne l'affecta plus vivement que de se voir traité de mauvais citharède et nommé Ahenobarbus au lieu de Néron ; il déclara que ce nom de famille, dont on faisait une insulte, il allait le reprendre, en abandonnant celui de son père adoptif ; quant aux autres imputations, il lui suffisait, pour montrer leur fausseté, d'un seul argument : c'était qu'on lui reprochât même son ignorance d'un art qu'il avait cultivé avec tant de soin et porté à sa perfection ; aussi demandait-il sans cesse à chacun « s'il connaissait un plus grand artiste que lui ». Mais, comme les nouvelles pressantes se succédaient, il revint à Rome tout tremblant ; il fut seulement un peu rassuré en cours de route par un présage frivole : ayant, en effet, remarqué sur un monument un bas-relief qui représentait un soldat gaulois terrassé par un chevalier romain et traîné par les cheveux, à cette vue, il bondit de joie et rendit grâces au ciel. Même dans ces circonstances, il ne harangua pas directement le peuple ni le Sénat, mais il fit venir chez lui quelques-uns des principaux citoyens et tint hâtivement conseil avec eux, puis il passa le reste

de la journée à leur faire voir des orgues hydrauliques d'un modèle entièrement nouveau, dont il leur
montra tous les détails, leur expliquant le mécanisme
de chacun et la difficulté qu'il y avait à en jouer, en
les assurant « que bientôt même il présenterait tout
cela au théâtre, si Vindex le lui permettait ».

Vie des douze Césars, « Néron », XLI

VII

DIVERTISSEMENTS
ET PETITS PLAISIRS

LE THÉÂTRE D'AUTOMATES,
UN MONDE EN MINIATURE

Nombreux sont les savants ou les ingénieurs qui en marge de leurs travaux philosophiques ou scientifiques ont choisi de divertir et d'étonner. Les automates comme le cerf de Canachos de Sicyone (vers 500 av J.-C.), la colombe d'Archytas de Tarente (IVe siècle av. J.-C) semblent être des inventions occasionnelles de savants qui s'investissent dans la recherche scientifique. C'est à l'époque hellénistique que des ingénieurs vont produire en série des automates, à Alexandrie, qui est alors le centre de la vie intellectuelle. La science des automates est une subdivision de la mécanique, selon Géminus, un contemporain grec de Vitruve. Leur fabrication nécessite des procédés pneumatiques, le recours aux cordes et aux fils, à tout ce qui permet d'imiter le mouvement des êtres animés.

Les compétences des ingénieurs fabricants d'automates sont passées après la chute de l'Empire romain à Byzance et dans le monde arabe. En Europe, elles sont assimilées pendant tout le Moyen Âge à des pratiques magiques ou alchimiques. Ce n'est qu'à la Renaissance que l'on produit dans les cours des princes italiens des automates, comme le montre la production de Léonard de Vinci, qui créa pour les cours de Florence et Milan divers dispositifs scéniques, des oiseaux, un lion-robot et même un chevalier-robot conçu en 1495.

Les mannequins ou les poupées articulées ont une origine très ancienne, dans diverses parties du monde ; on les trouve dans le bassin méditerranéen

mais aussi en Chine ou dans la civilisation préco-
lombienne. En Égypte, des sarcophages renferment
des amulettes et des jouets d'enfants articulés, de
même qu'en Grèce des statuettes mobiles font partie
du mobilier des hypogées.

L'industrie des poupées mécaniques nourrit
le monde du spectacle et de l'illusion. Dans l'Athènes
du IVe siècle avant J.-C. ont lieu des spectacles de
marionnettes dans les maisons des riches. Athénée
dans son *Deipnosphistès* évoque les poupées qu'exhibe
un certain Photin. Ces divertissements foisonnent
dans le monde romain, où les personnages devaient
emprunter au théâtre populaire des atellanes
les silhouettes de Maccus ou de Pappus.

Le théâtre d'automates s'inscrit en Grèce dans
la tradition des spectacles de rue, à l'adresse du petit
peuple, esclaves, métèques, marchands étrangers, qui
n'avait pas accès aux grandes représentations drama-
turgiques nées du culte dionysiaque. Ces représentations étaient sans doute trop coûteuses pour être
multipliées, et les divertissements de toutes sortes
offerts par les artistes ambulants, musiciens, danseurs,
ventriloques, prestidigitateurs, étaient là pour satisfaire le goût du spectacle de chacun.

Le théâtre d'automates est attesté également chez
les riches particuliers et il semble que des représentations se donnaient parfois dans les grands théâtres, sur
le *logéion,* l'estrade où les acteurs venaient jouer dans
les grandes représentations. Il demeure une incer-
titude quant à la taille de ces automates, certains,
comme Victor Prou, estimant qu'ils devaient être
grandeur nature pour être vus des spectateurs. Il existait en tout cas un théâtre miniature si l'on en juge
par les mesures indiquées dans un traité de Héron
d'Alexandrie pour une plate-forme mobile : 0,60 mètre
de long sur 0,30 mètre de large et 0,22 mètre de
hauteur. Les ingénieurs rivalisaient d'imagination

pour reproduire le mouvement et les actions sur ces scènes miniatures.

L'un des principaux témoignages qui a subsisté sur la construction et le fonctionnement de ce genre particulier de théâtre est celui de Héron d'Alexandrie, qui se réfère lui-même à Philon de Byzance. Son ouvrage, *Les automates,* présente successivement le théâtre mobile, à scène unique, et le théâtre fixe, avec entracte et changement de scène. C'est ce dernier qui a sa préférence, car, dit-il, les mécanismes en sont plus sûrs et plus faciles à mettre en œuvre. Héron évoque également le type primitif de théâtre fixe qui comportait simplement une tête peinte qui levait et baissait les yeux. Les portes se fermaient puis s'ouvraient à nouveau, et l'on voyait un groupe de personnages à la place de la tête, avec changement du décor de fond ; le même mécanisme se reproduisait et la représentation se terminait.

HOMÈRE
VIIIe s. av. J.-C.

VIRGILE
Ier s. av. J.-C.

CLAUDIEN
Ve s. ap. J.-C.

Héron d'Alexandrie

Dionysos est considéré comme un ancêtre de la dynastie lagide, de même qu'Héraclès, et son culte à Alexandrie jouit d'une grande faveur, y compris au théâtre. A. de Rochas, dans son ouvrage sur les théâtres de marionnettes antiques, présente ainsi ce qui est appelé le théâtre mobile, c'est-à-dire qui se déplace sur des roues et propose aux spectateurs une série de tableaux ; le scénario est ici consacré à Dionysos-Bacchus.

« Le caisson mobile présente, à sa partie supérieure, une plate-forme sur laquelle s'élève un édicule circulaire dont le faîte, en forme de tourelle conique, repose sur six colonnes et est surmonté d'une Victoire aux ailes éployées, tenant dans sa main droite une couronne. Au centre de l'édicule, Bacchus debout se montre, un thyrse dans la main gauche et une coupe dans la droite. À ses pieds est couchée une panthère. En avant et en arrière du dieu, sur la plate-forme de la scène, sont dressés deux autels garnis de copeaux combustibles. Tout près des colonnes, mais par dehors, se tiennent des bacchantes, dans telle posture que l'on voudra. »

BACCHUS EN MAJESTÉ

« Tout étant ainsi préparé, dit Héron, on met en mouvement l'appareil automatique ; le théâtre se rend de lui-même jusqu'à l'endroit choisi ; là il s'arrête ; alors l'autel placé en avant de Bacchus s'allume et, en même temps, du lait ou de l'eau jaillit de son thyrse, tandis que sa coupe répand du vin sur la panthère. Les quatre faces du soubassement se ceignent de couronnes, et, au bruit des tambours et des cymbales, les bacchantes dansent en rond autour de l'édicule. Bientôt, le bruit ayant cessé, Bacchus et la Victoire debout au sommet de la tourelle font ensemble volte-face. L'autel, situé d'abord derrière le dieu, se

trouve alors amené en avant et s'allume à son tour ;
nouvel épanchement du thyrse et de la coupe ;
nouvelle ronde des bacchantes au bruit des cymbales
et tambours. La danse achevée, le théâtre revient à sa
station première. Ainsi finit l'apothéose. »

Les Théâtres de marionnettes chez les Grecs

HOMÈRE
VIIIᵉ s. av. J.-C.

VIRGILE
Iᵉʳ s. av. J.-C.

CLAUDIEN
Vᵉ s. ap. J.-C.

Héron d'Alexandrie

L'exemple présenté par Héron pour illustrer ce qu'est le théâtre fixe est la mise en scène, en son temps, de la légende du Nauplius. Cette légende célèbre qui se rattache au cycle de la guerre de Troie raconte la vengeance de Nauplius, père de Palamède. Ce prince grec a été tué par ses compagnons à la suite d'une traîtrise d'Ulysse que sa valeur au combat rendait jaloux. Nauplius va venger Palamède en provoquant le naufrage du navire qui ramenait les Grecs chez eux après la prise de Troie. Avant d'entrer dans les détails techniques de la réalisation, Héron présente le spectacle.

L'ILLUSION THÉÂTRALE

De notre temps, les constructeurs ont introduit sur les théâtres d'automates des sujets attrayants, qui comportent des manœuvres multiples et variées. Selon ma promesse, je vais en décrire un qui m'a paru le plus parfait. C'était encore la mise en scène de la *Légende de Nauplius,* distribuée de la manière suivante.

À l'ouverture du début, le théâtre représentait douze personnages, rangés en trois groupes. Ils figuraient autant de Grecs, travaillant à construire des navires, près du rivage où ils devaient prendre la mer. Ces personnages se mouvaient, les uns sciant, les autres fendant du bois, ceux-ci jouant du marteau, ceux-là de la mèche rotative et d'autres du trépan. Ils faisaient grand bruit, à l'instar d'ouvriers véritables.

Au bout d'un certain temps, la scène se fermait puis se rouvrait sur un nouveau point de vue. On y assistait à la mise à flot des navires par les Grecs. Second entr'acte suivi d'un nouveau décor, qui ne montrait plus que le ciel et l'eau. Bientôt commençait le défilé des navires en ordonnance de flotte. Les uns s'éclipsaient, d'autres revenaient plusieurs fois. Sur les côtés s'ébattaient des dauphins, les uns plongeant sous l'eau, les autres émergeant, comme de véritables poissons. Peu après, la mer se montrait houleuse, et les navires couraient en file serrée. La scène se fermait et s'ouvrait encore une fois : pas une voile à l'horizon, mais le personnage de Nauplius brandissant sa torche, et, debout près de lui, Minerve. Une flamme éclairait le sommet de la scène, visiblement alimentée par la torche. La scène se fermait, puis s'ouvrait de nouveau : naufrage de la flotte et apparition d'Ajax à la nage. Par le jeu d'un mécanisme logé dans le comble du théâtre, un bruit de tonnerre éclatait sur la scène, et la foudre atteignait Ajax, dont le personnage disparaissait soudain. La clôture de la scène mettait fin au spectacle.

Les Automates, 2e section, chap. III

HOMÈRE
VIIIe s. av. J.-C.

VIRGILE
Ier s. av. J.-C.

CLAUDIEN
Ve s. ap. J.-C.

Héron d'Alexandrie

Que serait le spectacle marin sans les dauphins ? Encore faut-il inventer la technique capable de figurer leurs mouvements.

DAUPHINS BONDISSANTS

Les dauphins doivent tantôt plonger, tantôt surgir hors de l'eau, de la manière suivante : dans le plancher séparatif de la scène et du soubassement du théâtre, et à peu de distance des pivots des portes, je pratique des fentes étroites comme des mortaises de menuiserie, lesdites fentes ayant jour dans le soubassement inférieur. Sur une mince planchette, je dessine des dauphins de grandeur convenable, que je découpe en limant avec soin leur pourtour. Soit une tige, ajustée sous la poitrine du dauphin par une goupille de fer, qui traverse la tige et la poitrine de l'animal. Soit en outre une poulie installée au-dessous de la fente, mais un peu en retrait, comme on le voit sur le dessin. Soit AB la fente du plancher, $\Gamma\Delta$ l'arbre de rotation et EZ la poulie. Je perce l'arbre en Θ, à l'aplomb de la fente, et j'y ajuste la tige qui porte le dauphin. Si donc, avec la main, on fait tourner la poulie, tantôt le dauphin plongera en bas, à travers la fente, dans le soubassement ; tantôt il émergera au-dessus de la scène.

Pour produire automatiquement cet effet, je noue sur un cordon une boucle que j'adapte au bouton fiché en un point Z de la poulie. Puis, autour de celle-ci, j'enroule le cordon, que je renvoie au contrepoids. Le dauphin sera d'ailleurs installé sur l'arbre en K, perpendiculairement à cet arbre ; et celui-ci $\Gamma\Delta$ sera perpendiculaire au tablier du soubassement.

Les Automates, 2e section, chap. VIII, « Ébats des dauphins » (3e acte, deuxième partie)

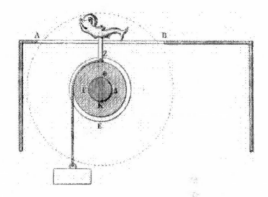

Mécanisme de mouvement des dauphins

HOMÈRE
VIIIe s. av. J.-C.

VIRGILE
Ier s. av. J.-C.

CLAUDIEN
Ve s. ap. J.-C.

Héron d'Alexandrie

Outre l'apparition et la disparition de personnages, il faut ménager l'un des clous du spectacle : la foudre frappant Ajax. La déesse Minerve apparaît, assistant Nauplius dans sa vengeance et préside au châtiment d'Ajax.

INGÉNIEUX MÉCANISMES

Il nous reste à expliquer comment la foudre tombera sur la scène, et comment disparaîtra le personnage d'Ajax. Cela se fait par les moyens que nous allons décrire. Sur le terrain figurant l'horizon du tableau sera peint le personnage d'Ajax. Au-dessus de lui, dans le plafond de la scène, et au-dessous, comme nous l'avons indiqué pour les dauphins, une double fente sera pratiquée. Par la fente du plafond seront tendues verticalement deux cordes très fines, de celles qui servent pour les sambuques ; et elles plongeront dans le soubassement du théâtre, par la fente de sa paroi supérieure. Pour que ces cordes demeurent tendues dans le petit temple, on les adapte par le haut à des clefs ou chevilles qui, en tournant, leur donneront la raideur voulue. On façonnera ensuite une planchette mince et oblongue, qui puisse ainsi traverser facilement les deux fentes, et qui se tiendra logée derrière l'entablement, sans en dépasser le bord du côté de la scène. Cette planchette, percée de deux trous dans sa longueur, y reçoit les deux cordes, qui s'y fixent au moyen de chevilles. En outre, sur sa face postérieure, on colle une plaquette de plomb, afin de lui donner du poids.

Si donc, avec la main, nous dirigeons la planchette à travers la fente du plafond, elle tombera debout sur la scène, comme si elle était guidée par les cordes adjacentes. Celles-ci seront teintes en noir, pour demeurer invisibles. Mais le pied de la plan-chette (ou son extrémité inférieure) doit être doré et poli de la manière la plus parfaite ; et, dans le haut, doit être peinte une sorte de flamme, simulant le feu de la foudre. Mise en jeu, la planchette guidée par les cordes frappe au cœur le personnage d'Ajax. Celui-ci regarde le ciel et, comme pour les toiles d'entracte, son mouvement est commandé par une broche qui, à l'instant voulu, cède au cordon tiré par le contrepoids et détermine le coup de foudre.

Automates, 2ᵉ section, chap. X,
« Naufrage des Grecs. Ajax à la mer.
Coup de foudre », 5ᵉ acte, 1ʳᵉ partie

LE DOMAINE DES DIEUX

Les cultes sont nombreux et très divers dans l'Alexandrie hellénistique qui a vu se développer les inventions techniques. La vitalité religieuse y est notable, et la ville accueille dès sa naissance les rites et le panthéon grecs. De nouvelles formes d'expression religieuse y naissent de la rencontre des dieux grecs et des dieux égyptiens, et l'institution du culte des souverains, établie pour Alexandre divinisé par le premier des Ptolémées, donne lieu à des manifestations grandioses, telles les *Ptolemaia* célébrant Dionysos et les rois divinisés.

En Égypte, les cultes à mystères attirent de nombreux fidèles, et la caste sacerdotale, riche et puissante, se sert de procédés illusionnistes et recourt aux inventions mécaniques pour frapper l'imagination du public. Les prêtres veulent conforter leur autorité et le rayonnement du dieu qu'ils servent. La production des automates qui s'est développée au sein de l'école d'Alexandrie vers le milieu du IIIe siècle avant J.-C. est liée notamment aux pratiques des nombreux cultes qui y coexistent, d'autant que les prêtres d'Égypte utilisaient depuis longtemps des statues articulées qu'ils faisaient parler pour délivrer leurs oracles.

Statues, libations automatiques, portes s'ouvrant seules, les effets sont multiples. Les phénomènes d'optique contribuent également à ces effets spectaculaires, des personnages pouvant apparaître sur un miroir placé au fond d'un temple et caché à la vue du spectateur. On joue sur l'effet de surprise, la crainte, la fascination.

HOMÈRE
VIIIe s. av. J.-C.

VIRGILE
Ier s. av. J.-C.

CLAUDIEN
Ve s. ap. J.-C.

Hérodote

Le dieu Dionysos (Bacchus) était très populaire dans l'Égypte antique. À Athènes, lors de la procession des Dionysies, on promenait un phallus dans les rues. À Alexandrie, le culte du dieu comportait des processions au cours desquelles des statues au phallus mû par des ficelles étaient promenées par les femmes. Cette pratique que rapporte Hérodote était en lien avec des rituels de fertilité.

STATUES ANIMÉES

En l'honneur de Dionysos, la veille de la fête, chacun égorge un porc devant sa porte et le donne à emporter à celui même des porchers qui le lui a vendu. Quant au reste, la fête de Dionysos est célébrée par les Égyptiens tout à fait, ou peu s'en faut, de la même façon que chez les Grecs, à cela près qu'il n'y a pas de chœurs. Mais, au lieu de phallus, ils ont imaginé autre chose : des statuettes articulées, d'une coudée environ, que l'on fait mouvoir avec des cordes, et dont le membre viril, lequel n'est guère moins long que le reste du corps, s'agite ; les femmes promènent ces statues dans les bourgs ; un joueur de flûte va devant ; elles, suivent en chantant Dionysos. Pourquoi ces statues ont-elles un membre disproportionné et ne remuent-elles que cette partie du corps, il y a là-dessus une légende sacrée qui se raconte.

Cela me donne à penser que Mélampous, fils d'Amythaon, n'ignora point le sacrifice dont je viens de parler, mais qu'il en fut bien instruit. C'est en effet Mélampous qui fit connaître aux Grecs la personne de Dionysos, le sacrifice qu'on lui offre, la procession du phallus.

Histoires, II, « Euterpe », 48-49

HOMÈRE
VIIIe s. av. J.-C.

VIRGILE
Ier s. av. J.-C.

CLAUDIEN
Ve s. ap. J.-C.

Pline l'Ancien

*Il arrive que les auteurs donnent une explication tech-
nique à ce qui paraît extraordinaire. Le sculpteur Canachos
de Sicyone (VIe siècle av. J.-C.) aurait construit l'automate
le plus ancien qui soit connu : une statue d'Apollon accom-
pagné d'un cerf qui se mouvait par un mécanisme secret.
Pline dévoile ce qu'il en est.*

UN CERF MYSTÉRIEUX

Canachos a fait en bronze d'Égine un Apollon
nu, surnommé Philésios, qui est dans le temple de
Didymes et, formant groupe avec le dieu, un cerf si
bien équilibré sur ses pattes qu'on peut faire passer
un fil sous les pieds, tandis que le talon et les doigts
mordent tour à tour le sol pour s'y fixer, ces deux
parties étant pourvues d'une dent articulée qui permet
au cerf de rebondir sous l'impulsion, tantôt en avant,
tantôt en arrière.

Histoire naturelle, **XXXIV**, chap. XIX, 75

HOMÈRE
VIIIe s. av. J.-C.

VIRGILE
Ier s. av. J.-C.

CLAUDIEN
Ve s. ap. J.-C.

Ausone

Les rois et les reines sont vénérés comme les dieux. Dans son éloge de la Moselle, Ausone compare l'œuvre des artistes locaux à celle des plus fameux artistes grecs, évoquant notamment celle de l'architecte Dinocharès : celui-ci a conçu pour le palais de Ptolémée Philadelphe, à Alexandrie, une statue de sa sœur et épouse, la reine Arsinoé ; la voûte du palais était en aimant, pour que la statue de la princesse, qui sans doute devait être en fer, au moins pour sa chevelure, donne l'impression d'être suspendue dans l'air. D'après Rufinus d'Aquilée (340-410), un dispositif semblable avait été mis en place dans le temple de Sérapis, à Memphis, pour qu'un chariot de fer demeure suspendu dans les airs.

STATUE VOLANTE

Qui pourrait, parcourant les ornements nombreux et les beautés de chacun de ces domaines, décrire toutes les formes de leur architecture ? Œuvre admirable, que ne mépriserait ni l'artiste ailé de Gortyne [Dédale], fondateur du temple de Cumes, qui essaya de graver sur l'or la chute d'Icare, et ne put surmonter sa douleur paternelle ; ni Philon d'Athènes ; ni ce génie, estimé de l'ennemi lui-même [Archimède], qui sut prolonger les nobles luttes de la guerre de Syracuse. Peut-être aussi que ces merveilleux travaux de la main et de la science de l'homme ont eu pour auteurs les sept artistes célébrés au dixième volume de Marcus. Ici s'est révélé dans tout l'éclat de sa vigueur, et l'art de Ménécrate, et la main qui s'illustra dans Éphèse, et celle d'Ictinus qui éleva la citadelle de Minerve, où une chouette, enduite d'un appât magique, attire à elle les oiseaux de toute espèce, qu'elle tue de son regard. Ici peut-être est venu le fondateur du palais de Ptolémée, Dinocharès, qui dressa cette pyramide dont chaque pan carré s'élève en cône, et qui absorbe ses ombres. On lui avait commandé, en mémoire d'une alliance incestueuse, de suspendre Arsinoé dans l'air à la voûte d'un temple égyptien : un Corus d'agate souffle sous cette coupole, et son haleine enlève la jeune reine attirée par un cheveu de fer. Oui, on doit croire que ces artistes, ou d'autres semblables, ont tracé le dessin de ces édifices des campagnes de la Belgique, et disposé ainsi les superbes villas qui sont la parure du fleuve.

Moselle, Idylle X, vers 311-317

GADGETS EN TOUS GENRES

Les ingénieurs alexandrins qui ont travaillé sur les machines utilitaires, mais aussi d'autres savants, se sont penchés sur de petits objets destinés à la vie quotidienne pratique et à l'amusement. Ainsi, dans ses *Pneumatiques*, où il a inséré de nombreux passages tirés des *Pneumatiques* de Philon, Héron décrit des expériences montrant que l'air est un corps, qu'il empêche l'eau de pénétrer dans un vase s'il n'y a pas une ouverture et qu'il maintient l'eau à l'intérieur s'il ne peut y pénétrer. Certains chapitres en présentent des applications et sont consacrés à divers types d'automates, dont la plupart sont des objets à caractère ludique, utilisant l'air chaud ou la vapeur comme force motrice : vases « magiques », scènes avec chant d'oiseaux, statues animées, toutes compositions destinées à susciter « l'admiration et l'étonnement » dit Héron dans la préface. On peut penser que la plupart de ces inventions ont été effectivement réalisées si l'on considère que les traités qui les décrivent se présentent comme des instructions à l'adresse des mécaniciens et que de nombreux auteurs témoignent dans des anecdotes de leur existence. Elles sont pour la plupart de petite taille, utilisées sans doute pour l'agrément dans la vie quotidienne, les banquets, et sans doute au palais des Ptolémées. Animaux buvant et oiseaux en concert créaient ainsi une nature paisible, maîtrisée par l'homme, et rassurante.

Mais tout cela est-il bien nécessaire ? Le confort et l'agrément apportés par la technique ont eu dans l'Antiquité leurs détracteurs, les uns pensant que les savants déméritaient en inventant des objets futiles ou liés au quotidien, d'autres au nom de la sagesse et de la recherche du bonheur. On connaît la célèbre parole que Diogène Laërce prête au philosophe Socrate observant les étals du marché à Athènes : « Que de choses dont je n'ai pas besoin ! » (*Vie et doctrines des philosophes de l'Antiquité*, II, V, « Socrate », 25). Dans son essai *De la vie heureuse*, le stoïcien Sénèque s'interroge à son tour sur le bonheur et affirme que c'est dans l'harmonie avec la nature, obtenue grâce à la raison (*logos*), que l'homme peut y parvenir.

Aulu-Gelle

Disciple de Pythagore et ami de Platon, Archytas de Tarente (env. 435-347 av. J.-C.) fut d'après Diogène Laërce le premier à ériger la mécanique en système. Il s'est intéressé à tous les domaines du savoir (géométrie, mathématique, musique, physique, mécanique, astronomie...) mais comme Archimède il ne s'est pas limité à la théorie, il est aussi connu comme un inventeur, notamment de la poulie ; il fut également « stratège » (commandant suprême) de sa cité. Aujourd'hui, les spécialistes le considèrent comme un « premier découvreur », précurseur d'Euclide, d'Archimède, voire de Léonard de Vinci.

PREMIER OBJET VOLANT
AUTOPROPULSÉ

Beaucoup de chimères paraissent avoir été mises sous le nom de Démocrite par des hommes se réfugiant à l'abri de sa célébrité et de son autorité. Mais ce que le pythagoricien Archytas a inventé et fait, selon la tradition, ne doit pas paraître moins étonnant sans être aussi vain. Car beaucoup de Grecs célèbres, et en particulier le philosophe Favorinus, très expert en recherches sur les témoignages anciens, ont écrit de la façon la plus affirmative qu'une colombe artificielle en bois, faite par Archytas sur un principe rationnel et une méthode mécanique, avait volé, si bien évidemment elle était maintenue par des équilibres et mue par un souffle d'air qui y était enfermé et caché. Il me plaît, ma foi, de donner les paroles de Favorinus lui-même sur une chose si incroyable : « Archytas de Tarente, qui entre autres connaissances possédait la mécanique, fit une colombe de bois qui volait ; quand elle se posait elle ne se relevait plus. Jusque-là... »

Les Nuits attiques, livre X, chap. XII,
« Sur les prodiges fabuleux que Plinius Secundus
attribue tout à fait indignement
au philosophe Démocrite ; et au même chapitre
sur une colombe artificielle qui volait », 8-10

HOMÈRE
VIIIe s. av. J.-C.

VIRGILE
Ier s. av. J.-C.

CLAUDIEN
Ve s. ap. J.-C.

Héron d'Alexandrie

Imiter la nature, le rêve de bien des artistes ou des inventeurs...

VASES CHANTEURS

On peut construire des vases de telle manière que, quand on y verse de l'eau, on entend se produire le chant de la mésange ou un sifflement.

Voici leur construction :

Soit ABΓΔ un piédestal creux ; la paroi supérieure AΔ sera traversée par un entonnoir EZ dont le tube affleurera le fond de manière à laisser le passage de l'eau et qui sera soudé sur cette paroi supérieure. Soit aussi un petit tuyau HΘK destiné à produire le son : il communiquera également avec le piédestal et sera soudé à la paroi AΔ. L'extrémité supérieure sera recourbée, et son orifice K plongera dans un peu d'eau placée dans un petit vase Λ. Si on verse de l'eau dans l'entonnoir EZ, il en résultera que l'air, qui est dans le piédestal, sera chassé dans le petit tuyau HΘK et rendra ainsi un son. Si l'extrémité recourbée du tuyau plonge dans l'eau, ce son sera modulé de façon à imiter le chant de la mésange ; tandis que, s'il n'y a pas d'eau, il ne se produira qu'un sifflement.

Les sons se produisent donc à travers des tuyaux ; mais ils varieront de nature suivant que ces tuyaux seront plus ou moins larges, plus ou moins longs, et que la partie immergée sera elle-même plus étroite ou plus courte ; on peut arriver ainsi à imiter le chant de divers oiseaux.

Les Pneumatiques, VIII

Philon de Byzance

Outre les statues animées qui apparaissaient dans les processions ou les rites religieux, des mécanismes à forme humaine pouvaient accomplir des gestes complexes. Avant l'androïde de Léonard de Vinci et le canard de Vaucanson, cette machine décrite par Philon est-elle le premier robot humanoïde, inspiré des servantes en or d'Héphaïstos ?

LA SERVANTE À L'AIGUIÈRE

C'est une fontaine à intermittence ayant la forme d'une servante qui tient en main une aiguière. Quand on place dans la paume de sa main gauche une coupe à boire, elle verse du nébid [vin de dattes] en la quantité que l'on veut ; ensuite elle verse l'eau qu'on mélange à ce nébid.

Vous faites une servante de cuivre ou d'argent, représentée debout. De sa tête à sa poitrine vous pratiquez un réservoir séparé par une cloison en deux moitiés. Dans chaque réservoir est un tuyau à air, et dans chacun un tuyau à liquide qui s'en va à l'aiguière. Le tuyau du réservoir à nébid se dirige droit vers l'aiguière, et le tuyau du réservoir d'eau, qui est long, est dans le ventre de la servante, tournant autour du réservoir. Les tuyaux à air s'ouvrent en bas du réservoir, du côté du ventre de la servante. La main gauche tient, à l'épaule, sur deux tourillons. À l'intérieur de la figure est une crosse, tournée en bas, pareille à la serpette à émonder les arbres ; sur cette crosse sont deux verges, semblables à deux robinets, et toutes deux forment clef. Elles ont deux fentes ou deux trous à leurs extrémités. Ces extrémités entrent exactement dans celles du tuyau à air et elles y tournent à frottement doux. Le bas de la crosse qui ressemble à la serpette est un peu alourdi. Il tend naturellement vers le bas et il élève la main gauche ; celle-ci s'élève à l'extérieur, en tirant les deux petits tuyaux qui forment clef. Leurs deux trous s'écartent des deux trous des tuyaux à air. Ceux-ci sont bouchés, et les liquides ne s'écoulent pas des deux orifices dans l'aiguière.

Toute cette construction est à l'intérieur de la servante. L'eau et le nébid se déversent de la tête de la servante et coulent facilement ; le crâne constitue un couvercle très étanche. La main droite reste à sa place, ne se mouvant pas, et l'aiguière non plus ne se meut pas. Les deux trous font communiquer les deux réservoirs avec l'aiguière, comme nous l'avons dit.

Voici la description de la servante : α et β sont les marques des deux réservoirs ; celles des tuyaux à air γ et δ ; celles des deux tuyaux à liquide qui s'en vont à l'aiguière ε et ζ ; celle des tourillons de la main est η ; celle de la crosse θ ; les deux clefs sont marquées ι et κ.

Il y a dans la figure un trou qui ouvre sur l'extérieur, et le couvercle est fermé pendant l'opération, afin que l'air soit aspiré, autrement l'appareil ne fonctionnerait pas.

Après avoir achevé ce que nous venons de décrire, prenez une coupe de la capacité d'un ritl ou d'un demi-ritl, ou de la capacité que vous voudrez, en rapport avec les dimensions que vous aurez données aux orifices. Il convient de diviser le mélange dans la proportion du tiers, soit 2/3 de nébid et 1/3 d'eau. La capacité de la coupe sera en conséquence. La coupe est alourdie en bas par un poids convenable.

Quand on la place dans la paume de la main gauche, elle l'abaisse ; la crosse se meut ; les tuyaux qui forment clef se lèvent, le trou d'air qui correspond au nébid précédant l'autre, de façon qu'il parvienne plus vite à sa place dans le tuyau à air ; le trou correspondant à l'eau ne parvient à la sienne que lorsque la coupe est déjà alourdie de nébid et lorsque celui-ci y est déjà versé presque en entier. Alors la main s'incline davantage, et la clef, correspondant à l'eau, arrive à sa place, tandis que la clef du nébid dépasse la sienne par en dessus ; son tuyau se bouche et il n'en sort plus rien ; puis l'eau commence à couler.

Quand la figure a versé ce qu'elle a à verser, prenez-lui la coupe. La main revient à sa place en bouchant les deux trous d'air, et il ne sort plus rien de l'aiguière.

Si on replace la coupe dans la main de la servante, après l'avoir vidée, la main redescend et le nébid puis l'eau recommencent à couler dans la coupe. Ainsi de suite, tant qu'il y a du nébid et de l'eau.

Voilà ce que nous voulions expliquer au sujet de cette fontaine à intermittence faite à l'image d'une servante.

Le Livre des appareils pneumatiques
et des machines hydrauliques, 30

HOMÈRE
Viii^e s. av. J.-C.

VIRGILE
Ier s. av. J.-C.

CLAUDIEN
Ve s. ap. J.-C.

Héron d'Alexandrie

La figure très populaire d'Hercule se retrouve dans des mécanismes destinés à plaire ou à distraire, avec des références aux travaux qu'il dut accomplir sur l'ordre du roi Eurysthée : c'est le onzième travail qui est ici représenté, la pomme évoquant le Jardin des Hespérides, et le dragon, le moment où Hercule tue Ladon, le dragon gardien du jardin.

HERCULE À L'ARC

Sur un piédestal est placé un petit arbre autour duquel est enroulé un dragon ; une figure d'Hercule se tient auprès, tirant de l'arc ; enfin une pomme est posée sur le piédestal. Si quelqu'un vient à soulever avec la main cette pomme au-dessus du piédestal, Hercule lancera son trait contre le dragon et le dragon sifflera.

Soit AB le piédestal en question, étanche et muni d'un diaphragme ΓΔ. À ce diaphragme est fixé un petit cône tronqué creux EZ qui a sa petite base Z du côté du fond du vase dont elle est distante de façon à permettre juste le passage de l'eau. À ce tronc de cône doit être ajusté avec soin un autre cône Θ fixé à une chaîne qui le relie, en passant par un trou, à la pomme placée sur le piédestal. Hercule tient un petit arc en corne, qui a son nerf tendu et placé à une distance convenable de sa main droite. Dans cette main droite et de manière à viser le dragon est une autre main en tout semblable à la précédente mais plus petite et munie d'une détente. À l'extrémité de cette détente une petite chaîne ou une corde traversant la plate-forme va passer sur une poulie fixée au diaphragme et se relie enfin à la petite chaîne qui joint le cône à la pomme.

Bandons donc l'arc, plaçons [le nerf de l'arc] dans la main [qui sert de griffe] et fermons la détente en disposant les choses de telle manière qu'alors la corde soit tendue et la pomme pressée sur la plate-forme ; cette corde doit passer à travers le corps et la main, dans l'intérieur de l'Hercule. Enfin, un petit tube, de ceux dont on se sert pour siffler, doit partir du diaphragme et s'élever au-dessus du piédestal en passant dans l'intérieur ou autour de l'arbre. Remplissons d'eau le vase AD. Soit AM l'arbre, NΞ l'arc, OΠ le nerf, ΠΣ le trait, P la main qui sert de griffe, Y la détente, ΦX la corde, X la poulie sur laquelle elle passe et ΨΩ le tuyau à sifflet.

Maintenant, si on soulève la pomme K, on élèvera en même temps le cône Q, on tendra la corde ΦX et on lâchera la griffe, ce qui fera partir le trait. L'eau du compartiment AΔ arrivant dans le compartiment BΓ chassera par le tuyau l'air contenu dans le compartiment et produira un sifflement. La pomme étant replacée, le cône [Θ] revient s'ajuster sur l'autre et arrête l'écoulement, ce qui fait cesser le sifflement ; on dispose alors de nouveau la flèche et ses accessoires.

Quand le compartiment BΓ est plein, on le vide à l'aide d'un goulot muni d'une clef et on remplit de nouveau AΔ comme nous l'avons indiqué.

Les Pneumatiques, XXXII

HOMÈRE
VIII⁰ s. av. J.-C.

VIRGILE
I⁰ˢ s. av. J.-C.

CLAUDIEN
V⁰ s. ap. J.-C.

Vitruve

En bon Romain, Vitruve critique les gadgets qui sont du domaine de l'amusement au nom de l'utilitarisme moral et traite avec un certain mépris les inventions destinées à plaire qu'il appelle deliciae *(De l'architecture, X, 7, 5) ou* parerga, *« accessoires » (IX, 8, 5).*

FUTILITÉS

Ce système [la machine à élever l'eau, qu'il a précédemment décrite]n'est pas la seule invention attribuée à Ctésibius : on peut en voir d'autres aussi, et de types divers, qui, à partir de ce flux liquide et par la poussée que détermine la pression d'air, produisent leurs effets pris à la nature : les merles, par exemple, que le mouvement de l'eau fait chanter, les ludions, les figurines qui à la fois boivent et se déplacent, et d'autres systèmes encore dont la fonction est de plaire à nos sens en charmant nos yeux et nos oreilles.

J'ai retenu, parmi ces inventions, celles que j'ai estimées particulièrement utiles et nécessaires, et j'ai cru devoir parler, dans le livre précédent, des horloges, dans celui-ci des systèmes d'élévation de l'eau. Quant aux autres inventions qui répondent, non pas à une nécessité, mais à une recherche d'amusement, ceux que passionne cette ingéniosité pourront les découvrir dans les Commentaires de Ctésibius lui-même.

De l'architecture, livre X, chap. VII, 4-5

HOMÈRE
VIIIe s. av. J.-C.

VIRGILE
Ier s. av. J.-C.

CLAUDIEN
Ve s. ap. J.-C.

Sénèque

Le philosophe Sénèque montre un grand mépris pour les inventions utilitaires et de façon plus générale pour les sciences appliquées qui soulagent l'effort de l'homme, confondant dans un même blâme les commodités de la vie et le luxe. Contrairement à ce que pense Aristote, la nature selon lui pourvoit toujours aux besoins essentiels de l'homme.

Sénèque critique le philosophe Posidonius qui décrit le tissage, le travail de la terre, l'invention de la meule et la fabrication du pain comme autant d'œuvres du sage. « Peu s'en est fallu qu'il n'ait présenté le métier de savetier comme une invention du sage », ironise-t-il.

PRÉÉMINENCE DE LA PHILOSOPHIE

Toutes ces trouvailles proviennent à vrai dire, de la raison ; non de la raison éclairée. Ce sont inventions de l'homme, non du sage, exactement, ma foi ! comme les vaisseaux qui nous servent à passer et les fleuves et les mers au moyen de voiles dociles à l'impulsion des vents et de gouvernails adaptés à la poupe en vue de tourner la course du bâtiment dans tous les sens ; manœuvre empruntée aux poissons qui se conduisent à l'aide de leur queue et par une légère oscillation à droite ou à gauche virent de-ci, de-là, en plein élan.

« Toutes ces inventions, dira Posidonius, sont du sage ; mais, comme elles ne méritaient pas d'être mises en œuvre par lui-même, il les a résignées à d'humbles exécutants. » Non, ces découvertes-là n'eurent pas d'autres auteurs que les gens qui, jusqu'aujourd'hui, vaquent à cette exécution. Il en est, nous le savons, qui datent tout juste de notre temps, tel l'agencement de ces carreaux de fenêtre dont la plaque diaphane transmet la lumière dans sa pureté ; tels les bains sur chambre de chauffe et les conduites de chaleur aménagées dans les murs de manière à entretenir de bas en haut une température toujours égale. Parlerai-je des marbres dont nos temples, dont nos maisons resplendissent ; des fûts énormes de pierre polie étayant des portiques, des palais où tout un monde tiendrait à l'aise ! Rappellerai-je la notation par signes abréviatifs, qui enregistre instantanément le discours le plus rapide et permet à la main de s'adapter à la célérité de la parole ! Les plus vils esclaves ont fourni ces trouvailles.

La sagesse a son siège plus haut. Elle n'instruit pas les doigts ; elle est l'institutrice des âmes.

Lettres à Lucilius, XIV, 90, 85-89

VIII

AH ! QUE LA GUERRE
EST JOLIE…

ENGINS DE TRAIT

Les engins de guerre de l'Antiquité constituent un domaine mal connu jusqu'au XIXe siècle, car on consultait davantage les ouvrages historiques que les traités des ingénieurs. Dans l'Antiquité gréco-romaine, la guerre, considérée comme un phénomène quasi naturel, a généré un certain nombre d'avancées techniques. La baliste, très utilisée, a été inventée à partir d'armes de jet dont les faisceaux de fibres n'étaient plus assez solides pour leur taille toujours grandissante. C'est un engin de siège mû par l'action de deux leviers sur des ressorts à torsion, ces ressorts étant constitués de plusieurs faisceaux de fibres tordues. Les premiers engins balistiques sont attribués aux ingénieurs militaires qui se trouvaient au service de Denys l'Ancien lors de la guerre menée contre les Carthaginois ; ils auraient été employés au siège de Motyé, en Sicile, en 397 av. J.-C

Le terme général de *catapulte* recouvre des engins divers dont le point commun est d'envoyer des traits ou des boulets sur l'ennemi : les *oxybèles* ou *scorpion* dans le monde romain, qui tiraient des traits, avec une portée de 180 à 360 mètres ; les *lithoboles,* tirant des boulets de pierre et parfois peut-être de plomb. Elles étaient employées contre les fortifications, les portes, les parapets. Engin d'envergure, la *lithobole* occupait un espace d'environ 5 mètres sur 2,50 mètres, ce qui ne permettait pas de la positionner en tous lieux. La *lithobole* à torsion, utilisant la force de fibres animales soumises à une torsion progressive brusquement relâchée, aurait été employée pour la première fois dans le monde hellénique lors des sièges d'Halicarnasse et de Tyr menés par Alexandre vers 332 avant J.-C. Enfin, l'arbalète à répétition, ou *polybole*, pouvant propulser des flèches à la manière d'une arme automatique, est parfois considérée comme l'ancêtre de la mitrailleuse.

HOMÈRE
VIIIe s. av. J.-C.

VIRGILE
Ier s. av. J.-C.

CLAUDIEN
Ve s. ap. J.-C.

DE REBUS BELLICIS (SUR LES AFFAIRES MILITAIRES), TEXTE ANONYME

L'auteur de cet écrit anonyme publié après la mort de Constantin (337 apr. J.-C.) était probablement un haut fonctionnaire. Il se veut dans son traité utile à l'empereur et à l'État en donnant des avis concrets et en se plaçant au plan de la réalité quotidienne. L'adoption de nouvelles machines et le perfectionnement d'anciens systèmes contribueraient grandement à augmenter la puissance et l'efficacité de l'armée.

LA BALISTE FOUDROYANTE

Il a été prouvé par l'expérience que ce type de baliste, nécessaire pour la défense des remparts, est supérieur à tous les autres par sa portée et sa puissance : en effet, on dresse un arc en fer au-dessus du canal d'où la flèche est éjectée, et un solide câble de nerf, tiré par une griffe en fer, une fois relâché, propulse cette flèche contre l'ennemi avec une grande puissance. Cependant, la taille même du système ne permet pas que ce câble soit tiré à la main et avec la force des soldats : deux hommes tendent le câble au moyen de deux roues placées à l'arrière, chacun faisant pression sur les rayons de l'une d'elles, la puissance de la mécanique venant s'ajouter à leurs forces en raison de la difficulté de la chose.

Pour diriger le tir vers le haut ou vers le bas, c'est un système de vis qui tantôt élève, tantôt abaisse la baliste elle-même selon les besoins. Preuve de son étonnante efficacité : ce système, composé de tant de pièces diverses, n'est contrôlé que par un seul homme au repos, si je puis parler ainsi, dont l'unique travail consiste à présenter la flèche pour le tir ; il est bien évident que, si une foule d'hommes étaient affectés à son service, l'invention perdrait de sa valeur. Un trait lancé de cette baliste construite avec des perfectionnements aussi nombreux et aussi ingénieux va si loin qu'il est capable de franchir même la largeur du Danube, fleuve fameux pour ses dimensions. Appelée « foudroyante », elle témoigne par son nom même de l'effet de sa puissance.

Sur les affaires militaires, XVIII, « Description de la baliste foudroyante »

HOMÈRE
VIIIe s. av. J.-C.

VIRGILE
Ier s. av. J.-C.

CLAUDIEN
Ve s. ap. J.-C.

Diodore de Sicile

Dans le dernier livre de son ouvrage, Diodore relate
l'entreprise d'Antigone et de Démétrios son fils pour s'emparer
des côtes égéennes et des îles, ainsi que des côtes égyptiennes.
Lors de l'attaque de l'île de Rhodes, en 305 avant J.-C.,
les deux forces en présence, Démétrios en mer, les Rhodiens
derrière leurs remparts, préparent leurs armes, parmi lesquelles
de nombreux engins de trait.

PRÉPARATIFS
DES DEUX CAMPS

Lorsqu'il en fut à achever ces préparatifs, après avoir rassemblé les plus larges des chaloupes, les avoir cuirassées avec des planches et y avoir ménagé des fenêtres que l'on pouvait fermer, il plaça dedans celles des oxybèles à traits de trois empans qui tiraient le plus loin avec leurs servants spécialisés et, en plus, des archers crétois ; et, ayant fait avancer les navires à portée de trait, il couvrit de blessures les gens qui, à l'entrée de la ville, rehaussaient les murailles du côté du port.

Les Rhodiens, lorsqu'ils observèrent que toute l'attaque de Démétrios portait contre le port, firent eux aussi les préparatifs nécessaires à la sécurité de ce dernier ; ils dressèrent donc deux machines de guerre sur la jetée et trois sur des vaisseaux de transport près des fermetures du petit port ; sur ces machines, ils placèrent une grande quantité d'oxybèles et de pierriers de tailles diverses, pour pouvoir, si les ennemis faisaient débarquer des soldats sur la jetée ou faisaient avancer leurs machines, contenir leur attaque à l'aide de ces engins ; ils disposèrent aussi sur ceux des vaisseaux de transport qui étaient à l'ancre dans le port des plates-formes d'artillerie adaptées aux artilleurs qui se préparaient à y installer des catapultes.

Bibliothèque historique XX, IICV, 85

NAVIRES DE GUERRE

Les navires grecs et les navires romains, de commerce ou de guerre, connaissaient principalement un mode de propulsion à la rame ou à la voile, la voile latine ayant été introduite en Méditerranée vers 200 av. J.-C, et il n'y a guère eu d'évolution technique durant l'Empire romain. La machinerie qui pouvait s'y trouver consistait en engins de levage ou en engins de guerre, balistes, catapultes, indépendants du bateau.

Grecs et Carthaginois ont développé une puissance maritime que les Romains ont surpassée à leur tour. C'est lors de la première guerre punique que la marine romaine accède à la première place des marines antiques, tandis que la guerre de Sicile enlève aux Carthaginois la maîtrise des mers.

HOMÈRE
VIII° s. av. J.-C.

VIRGILE
I° s. av. J.-C.

CLAUDIEN
V° s. ap. J.-C.

Polybe

Né en Grèce, Polybe a étudié tant la politique et la stra-tégie que la philosophie et l'art oratoire. Il participe à diverses guerres menées par les Romains et se lie d'amitié avec Scipion Émilien. L'objet de son ouvrage les Histoires *est de relater l'histoire de la conquête romaine et d'en analyser les facteurs. Dans son récit de la première guerre punique, il montre comment les Romains, inexpérimentés dans le domaine naval, prennent pour modèle un vaisseau carthaginois qu'ils ont capturé pour construire leur flotte. Mais ils apprennent aussi à construire sur leurs navires des engins destinés à compenser la faiblesse de leur équipement, comme ils le font à la bataille de Myles (260 av. J.-C.), qu'ils remportent contre les Carthaginois.*

LE CORBEAU

Apprenant que l'escadre ennemie n'était pas loin, ils firent leurs préparatifs de combat. Mais, comme leurs bâtiments étaient médiocrement armés et peu mobiles, quelqu'un leur donna l'idée d'y remé-dier dans la bataille avec les engins appelés depuis des *corbeaux*, dont l'appareillage se présentait ainsi : une poutre cylindrique était fixée verticalement sur la proue, longue de quatre brasses [7 mètres] et d'un diamètre de trois palmes [0,22 mètre]. Cette poutre portait au sommet une poulie, elle était munie d'une passerelle formée de planches clouées transversale-ment et large de quatre pieds [1,18 mètre], longue de six brasses [10,6 mètres]. Il y avait dans ce plancher une ouverture longitudinale dans laquelle s'engageait la poutre, à deux brasses [3,5 mètres] de l'extrémité de la passerelle. Celle-ci était encore pourvue d'une glissière de chaque côté, sur toute la longueur, à la hauteur du genou.

À l'autre extrémité était fixé une sorte de crampon de fer très aiguisé, surmonté d'un anneau, de sorte que l'ensemble ressemblait à peu près aux fléaux pour battre le blé. À cet anneau était attaché un câble qui servait au moment de l'abordage à relever les *corbeaux* par le moyen de la poulie fixée à la poutre et à les laisser retomber sur le pont du navire ennemi, soit à la proue, soit en virant pour faire face à un abordage par le flanc. Quand les corbeaux agrippaient les planches du pont, ils liaient ensemble les deux navires, et s'ils se trouvaient accostés l'un à l'autre, l'assaut était donné sur toute la longueur ; s'ils s'abordaient par les proues, l'attaque se faisait par le corbeau sur deux files : ceux qui venaient en tête se protégeaient des attaques de face en tenant leur bouclier devant eux, et ceux qui suivaient assuraient leurs flancs en appuyant le bord des boucliers sur la glissière.

Histoires, livre I, 22, 1-10

De rebus bellicis, Sur les affaires militaires,
TEXTE ANONYME

La liburne est un navire qui tire son nom des Liburni,
population de la côte dalmate qui pratiquait la piraterie.
Selon Végèce, qui utilise ce mot au sens générique de « navire
de guerre », c'est le type de bâtiment adopté par la marine
romaine depuis la bataille d'Actium (31 av. J.-C.). Le navire
de guerre décrit ici est un engin extraordinaire, muni de roues
à aubes dont l'énergie motrice est fournie par des animaux.
Fantasme ou réalité ? Il n'est pas certain que ce système ait
pu réellement fonctionner, et c'est le seul exemple antique de
ce type. Ce n'est qu'avec le moteur à vapeur que le navire
avec des roues à aubes va pouvoir se mouvoir sans l'utilisa-
tion de la force humaine, au XVIIe siècle, grâce à Denis Papin.

LIBURNE AUTOMOTRICE

Une liburne adaptée au combat naval, qu'en raison
de sa taille la faiblesse humaine empêchait d'une
certaine manière d'être manœuvrée à bras d'hommes,
est propulsée par la force animale secondée par l'intelligence humaine pour aller facilement là où le besoin
l'appelle. Dans sa coque, c'est-à-dire l'espace libre
intérieur, des paires de bœufs attelés à des machines
font tourner des roues fixées sur les flancs du navire ;
sur leur pourtour, c'est-à-dire sur la circonférence, il
y a des rayons en saillie ; lorsque les roues tournent,
ils sont mis en mouvement ; leur action chasse l'eau à
la manière des rames, et – effet étonnant de la technique – l'impulsion fait naître le déplacement. D'autre
part, cette liburne, grâce à sa propre masse et grâce
aux machines qui sont en fonctionnement à l'intérieur, engage le combat avec un tel débordement
d'énergie qu'elle vient facilement au contact et met
en pièces toutes les liburnes adverses qui s'approchent
d'elle. […]

Si l'ennemi, fuyant la terre, occupe les mers avec une guerre navale, la liburne fendant les flots à une vitesse qui n'avait pas encore été imaginée, propulsée par des roues et des bœufs, un peu comme si elle était sur la terre ferme, rapportera la victoire sans délai. En effet, qui résisterait à la puissance de cette machine qui se déplace avec la stabilité d'un véhicule terrestre et qui a la liberté de mouvement d'un navire ?

Sur les affaires militaires, XVII,
« Description de la liburne »

MACHINES DE SIÈGE

Les villes antiques se sont dotées de bonne heure de remparts construits, qui les protégeaient contre les assauts des ennemis.

Jusqu'à la fin du Ve siècle avant J.-C, les armées grecques ne parvenaient pas à prendre d'assaut les villes fortifiées, et le siège établi se réduisait à des travaux de circonvallation, pour tenter de vaincre les assiégés par la faim. La ruse du cheval de Troie – n'était-ce pas la première machine conçue par le génie humain pour s'emparer d'une ville ? – ne pouvait guère fonctionner, et prendre une ville d'assaut était à peu près impossible en raison de l'absence ou de l'insuffisance d'engins appropriés.

C'est en Sicile que va se développer la machinerie de siège. L'île a connu une histoire tourmentée dans l'Antiquité : investie par les Phéniciens sur sa partie occidentale, qui va se retrouver sous contrôle carthaginois, elle est envahie par les colons grecs, qui vont y fonder plusieurs cités. La rivalité entre Carthaginois et Grecs suscite de nombreux conflits, jusqu'à l'arrivée des Romains lors de la première guerre punique (264-241 av. J.-C.), puis l'annexion de l'île comme province romaine (211 av. J.-C.).

Les Carthaginois, qui connaissaient la poliorcétique orientale, utilisaient des tours d'assaut et des rampes contre les villes de Sicile mais pas d'artillerie. Au temps de Denys l'Ancien, tyran de Syracuse, l'art des sièges commence à se développer. Celui-ci fait appel, dans sa lutte contre les Carthaginois, à des techniciens d'origines diverses qui mettent au point de nombreuses innovations techniques (399 av. J.-C.). L'emploi des machines de siège permet de développer la pratique de l'assaut, et notamment de l'assaut continu, où l'on n'engage qu'une partie des troupes, sans cesse renouvelées. Cette technique, louée par Énée le Tacticien, se répand au IVᵉ siècle avant J.-C. dans tout le monde grec, causant une véritable révolution et reléguant la valeur guerrière personnelle au second plan. C'est ce que souligne Plutarque en prêtant au roi de Sparte Archidamos III (360-338 av. J.-C.), la première fois qu'il voit une catapulte, une réflexion amère, selon laquelle le courage de l'homme lui devenait inutile (Plutarque, *Apophtegme des Lacédémoniens*, « Archidamos », 219).

Lors des guerres menées par Philippe de Macédoine puis Alexandre le Grand, c'est principalement le recours à l'assaut et l'importance accrue des pièces d'artillerie qui assurent le succès. Le roi Philippe s'entoure d'ingénieurs militaires et d'un nombreux personnel spécialisé chargé de construire, de monter et de démonter, d'entretenir et de transporter les machines. L'un de ses ingénieurs, Polyeidos, a composé un traité sur les machines, aujourd'hui perdu, et passe pour avoir mis au point un tracé en dents de scie pour les enceintes. Un élève de Polyeidos, Diadès de Pella, assiste Alexandre notamment aux sièges de Périnthe (340 av. J.-C.) et de Tyr (332 av. J.-C.). Il est lui aussi auteur d'un traité sur les machines dont Vitruve s'est inspiré. On lui attribue de nombreuses inventions ou perfectionnements de tours mobiles, béliers, bateaux fonctionnant à l'aide de câbles, et ponts-volants qui permettaient de passer de plain-pied au sommet du rempart de la ville assiégée. C'est ce que fit Alexandre, rapporte Diodore à propos du siège de Tyr : Alexandre, pour investir la cité qui résiste, fait lancer, depuis une tour de bois placée sur des galères liées ensemble, une passerelle sur le rempart de la ville, et accède le premier au rempart (Diodore, VII, 46, 2). Les engins se perfectionnent, et la poliorcétique continue à beaucoup progresser, principalement à l'époque de Démétrios Poliorcète, qui va utiliser dans les sièges une machine nouvellement créée, l'hélépole.

HOMÈRE
VIIIe s. av. J.-C.

VIRGILE
Ier s. av. J.-C.

CLAUDIEN
Ve s. ap. J.-C.

Plutarque

Démétrios, fils d'Antigone le Borgne, est un guerrier redou-
table qui multiplie les succès militaires. Dans son récit du
siège de Rhodes (305-304), Plutarque décrit les formidables
machines de siège qui ont valu à Démétrios son surnom de
Poliorcète (le Preneur de villes), et en particulier l'hélépole,
tour pleine d'assaillants, que l'on approchait des murailles
de la ville assiégée.

LA TOUR INFERNALE

Il combattit contre les Rhodiens parce qu'ils
étaient alliés de Ptolémée. Il fit approcher de leurs
murs la plus grande de ses hélépoles. La base en
était carrée, chacun de ses côtés ayant quarante-huit
coudées de long ; la hauteur était de soixante-six
coudées, et les plateaux supérieurs, plus étroits que
la base, allaient en s'amoindrissant jusqu'au sommet.

L'intérieur était cloisonné en plusieurs étages et
plusieurs postes ; à chaque étage la face tournée vers
les ennemis était percée de fenêtres d'où jaillissaient
des projectiles de toutes sortes, car la machine était
remplie de toute espèce de combattants. Quand
on la mettait en mouvement, elle n'oscillait ni ne
penchait, mais, toujours droite sur sa base, toujours
stable et en équilibre, elle avançait avec un gronde-
ment et un bruit intenses, inspirant en même temps
à l'âme l'effroi et une sorte de plaisir aux yeux
des spectateurs.

Vie des hommes illustres, « Démétrios », XXI-XXII

HOMÈRE
VIIIe s. av. J.-C.

VIRGILE
Ier s. av. J.-C.

CLAUDIEN
Ve s. ap. J.-C.

Diodore de Sicile

L'hélépole peut être garnie de nombreuses machines de traits, comme le rapporte ici Diodore de Sicile à propos du siège de Salamine de Chypre (306 av. J.-C.), mené par Antigone, le rival de Ptolémée Ier, et son fils Démétrios. L'historien détaille les préparatifs gigantesques que font les assaillants pour s'emparer de la ville et montre les machines de guerre à l'œuvre. Mais la technique est parfois tenue en échec par les ressources de l'être humain… Ménélaos, frère de Ptolémée et gouverneur de Chypre, joue sa dernière chance.

LES FLAMMES DU DÉSESPOIR

Démétrios, voyant que la cité de Salamine n'était pas à dédaigner et qu'il s'y trouvait une foule de soldats qui la défendaient, décida de faire construire des machines de guerre d'une taille exceptionnelle, des catapultes de toutes sortes pour lancer des traits et des pierres, et le reste d'un équipement stupéfiant ; il envoya aussi chercher en Asie des ingénieurs et du fer, ainsi qu'une grande quantité de bois et l'équipement nécessaire en autres fournitures.

Ayant rapidement apprêté tout cela, il fit assembler une machine que l'on appelle hélépole, qui avait une largeur de quarante-cinq coudées (env. 20 mètres) de chaque côté, une hauteur de quatre-vingt-dix coudées (env. 40 mètres), et était divisée en neuf étages et entièrement montée sur quatre solides roues de huit coudées (env. 3,5 mètres) de haut. Il fit aussi construire des béliers d'une très grande taille et deux tortues pour les porter ; sur les étages inférieurs de l'hélépole, il fit apporter des pierriers de toutes sortes, dont les plus grands étaient de trois talents (env. 82,5 kilogrammes), sur les étages intermédiaires, de grandes catapultes oxybèles et sur les étages les plus élevés les plus petites oxybèles et une grande quantité de pierriers, ainsi que plus de deux cents hommes pour les manier comme il fallait.

Ayant avancé les machines devant la ville et envoyant une pluie de projectiles, ici il ébrécha la ligne des créneaux à l'aide des pierriers, là il ébranla les murailles à l'aide des béliers. Mais comme ceux de l'intérieur se défendaient eux aussi avec vigueur et opposaient aux machines d'autres machines, pendant quelques jours le péril fut incertain, les soldats des deux partis étant mis à mal et couverts de blessures ; mais finalement, alors que la muraille s'effondrait et que la ville courait le risque d'être prise d'assaut, la nuit survint et le combat cessa sur la muraille. Ménélaos et ses hommes, sachant parfaitement que la ville allait être prise s'ils ne mettaient pas en œuvre quelque nouvelle invention, rassemblèrent une grande quantité de bois sec et, après avoir vers le milieu de la nuit jeté ce bois sur les machines des ennemis, tirant tous à la fois des traits incendiaires du haut des murailles, mirent le feu aux plus grands des ouvrages.

Bibliothèque historique, livre XX, XLVIII, 1-7

HOMÈRE
VIIIe s. av. J.-C.

VIRGILE
Ier s. av. J.-C.

CLAUDIEN
Ve s. ap. J.-C.

Thucydide

Lors de la guerre du Péloponnèse, Archidamos et ses Lacédémoniens assiègent la ville de Platée, alliée des Athéniens. Les Platéens trouvent une parade à la préparation de l'assaut ennemi et utilisent des moyens rudimentaires mais efficaces pour neutraliser les engins de siège.

INTELLIGENCE HUMAINE
CONTRE MACHINES

Archidamos fit ses préparatifs d'attaque. Il commença par faire abattre les arbres et par entourer la ville d'une palissade pour empêcher toute sortie. Puis les assiégeants élevèrent face au rempart une terrasse, espérant réduire très vite l'adversaire, avec des troupes si nombreuses à l'œuvre. Avec le bois qu'ils coupaient sur le Cithéron, ils faisaient un revêtement pour les deux côtés, entrecroisant les planches en manière de mur pour empêcher la levée de glisser par trop ; au-dedans, ils portaient des fascines, des pierres, de la terre et tout ce qu'on pouvait y entasser d'autre de façon efficace. Ils travaillèrent à cette levée pendant soixante-dix jours et soixante-dix nuits sans interruption, en se divisant par relais, les uns apportant les matériaux pendant que les autres prenaient du sommeil et de la nourriture. Les chefs lacédémoniens associés au commandement des contingents de chaque cité les obligeaient au travail.

Les Platéens, voyant la levée grandir, ajustèrent un ouvrage de bois surmontant leur propre rempart du côté où menaçait la levée et le remplirent avec des briques enlevées aux maisons voisines ; les poutres de bois maintenaient l'ensemble, pour éviter que la construction, en prenant de la hauteur, n'offrît trop peu de résistance ; et l'on avait tendu, en manière de protection, des peaux et des cuirs, pour que les travailleurs et la charpente fussent à l'abri de tous projectiles enflammés, en sécurité. La hauteur du mur devenait considérable, et la levée montait, en face, non moins vite. Alors les Platéens eurent une idée : ils percèrent le mur là où venait toucher la levée, et se mirent à rentrer la terre à l'intérieur.

Les Péloponnésiens s'en rendirent compte : dès lors, ils roulèrent de l'argile dans des claies de roseau, et ils la jetaient ainsi dans le trou, pour éviter que le remblai ne glissât et ne fût emporté comme la terre. Trouvant là un obstacle, les autres interrompirent leur manœuvre : depuis la ville, ils creusèrent, en prenant leurs repères, un souterrain sous la levée, et recommencèrent ainsi, par-dessous, à tirer chez eux les matériaux du remblai. Pendant longtemps, ceux du dehors ne s'en aperçurent pas : ils entassaient toujours, mais sans la même efficacité, puisque les matériaux qu'ils jetaient étaient soustraits par le bas et venaient à chaque fois remplacer ce que l'on vidait. Les Platéens, cependant, craignirent, même ainsi, de ne pouvoir tenir à peu contre beaucoup, et ils imaginèrent une nouvelle tactique : ils cessèrent de travailler à leur grande construction en face de la levée, mais, partant de deux points situés sur cette construction, ils édifièrent, depuis le mur non surélevé, à l'intérieur, un nouvel ouvrage en forme de croissant qui prenait sur la ville ; de la sorte, si le grand mur était pris, celui-là tiendrait : l'adversaire devait donc construire en face de lui une nouvelle levée, et, en avançant à l'intérieur, se trouver tout à la fois contraint à une double peine et plus exposé aux attaques de deux côtés ensemble.

Cependant, tout en travaillant à la levée, les Péloponnésiens amenaient également contre la ville des engins de siège : l'un d'eux, amené le long de la levée, ébranla une partie importante

de la grande construction et effraya les Platéens ;
les autres donnèrent contre divers points du
rempart : les Platéens, les attrapant dans des nœuds
coulants, les tiraient en arrière ; ou bien ils utilisaient
de grosses poutres, dont ils attachaient les deux
extrémités, avec de grandes chaînes de fer, à deux
mâtereaux appliqués contre le mur, en surplomb,
les maintenant ainsi en l'air, à la perpendiculaire :
quand l'engin devait donner en quelque endroit, ils
lâchaient la poutre en laissant aller les chaînes, qu'ils
libéraient, et celle-ci, s'abattant de tout son poids,
brisait net la tête du bélier.

Après cela, les Péloponnésiens, voyant que
les machines étaient sans effet et qu'à leur levée
répondaient des fortifications défensives, se dirent
qu'avec les moyens de pression dont ils disposaient
ils étaient hors d'état de prendre la ville ; et ils se
préparèrent à construire les murs pour un siège.

La Guerre du Péloponnèse, II, LXXVI-LXXVII

ET VINT ARCHIMÈDE...

Celui qui est considéré comme le plus grand mathématicien de l'Antiquité classique a connu la célébrité de son vivant. Revenu dans sa Syracuse natale, il se met au service de sa cité lors du siège de Syracuse par le général romain Marcellus (211 av. J.-C.), au cours de la seconde Guerre punique, où Syracuse s'était alliée à Carthage. Il joue un rôle essentiel dans la défense de la ville et l'organisation de la résistance en faisant aménager les remparts et construire des machines de guerre de son invention qui permettent aux assiégés de réagir immédiatement aux attaques. Si l'utilisation de « miroirs ardents », miroirs géants destinés à concentrer les rayons du soleil sur les voiles des navires ennemis pour les enflammer reste du domaine de la légende, les machines d'Archimède ont permis à la ville de soutenir le siège pendant douze mois. La cité est prise au moment où les Syracusains célébraient une fête publique et faisaient selon les dires de Polybe « amples libations de vin ». La mort d'Archimède, tué par un soldat alors qu'il traçait des figures géométriques sur le sable de la plage, fut déplorée par Marcellus.

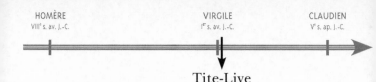

HOMÈRE
VIII* s. av. J.-C.

VIRGILE
I* s. av. J.-C.

CLAUDIEN
V* s. ap. J.-C.

Tite-Live

L'historien romain ne cache pas son admiration pour le génie d'Archimède et ses prouesses dans la résistance de Syracuse contre les Romains. Ceux-ci usent de toute la puissance de leur dispositif naval contre la cité assiégée, mais Archimède leur oppose des préparatifs de défense adaptés à la configuration de la cité et des machines que les assiégés peuvent manipuler avec aisance, et notamment ce que l'on a appelé « la main de fer d'Archimède ».

DAVID CONTRE GOLIATH ?

De fait, une entreprise entamée d'un élan si vigoureux aurait réussi s'il n'y avait eu alors à Syracuse un seul homme, Archimède. Il était sans rival pour observer le ciel et les astres, mais plus étonnant encore comme inventeur et constructeur de machines de guerre et d'ouvrages de siège, grâce auxquels tout ce que les ennemis faisaient à grand renfort d'énergie était déjoué par lui sans le moindre effort. Le mur d'enceinte courait à travers les collines de hauteur inégale, en des endroits pour la plupart élevés et d'un accès difficile, certains, plus bas et où l'on pouvait accéder par des vallées planes ; il le munit de machines de toutes sortes, selon ce qui sembla convenir à chaque terrain.

Marcellus attaquait avec soixante quinquérèmes le rempart de l'Achradine qui, on l'a dit auparavant, est baigné par la mer. Depuis la quasi-totalité des navires, des archers, des frondeurs et même des vélites, dont la javeline est difficile à relancer par des gens inexpérimentés, empêchaient quiconque de se tenir sur le rempart sans être blessé. Ces combattants, parce qu'on a besoin de recul pour lancer des projectiles, maintenaient les navires loin du rempart. D'autres quinquérèmes, jointes deux par deux, dont on avait ôté les rames intérieures de façon à les appliquer flanc contre flanc, étaient manœuvrées comme l'aurait été un seul navire en utilisant le rang de rames extérieures ; elles portaient des tours à plusieurs étages, et, en outre, des machines pour battre les remparts.

Pour lutter contre ce dispositif naval, Archimède disposa sur les murs des engins de dimensions différentes. Contre les navires qui étaient éloignés, il lançait des roches d'un poids énorme ; quant à ceux qui étaient plus près, il les criblait de projectiles moins lourds et d'autant plus nombreux ; enfin, pour que les siens pussent, sans être blessés, lancer des traits sur l'ennemi, il ouvrit, dans le rempart, de la base au sommet, beaucoup de meurtrières larges d'une coudée environ, par lesquelles une partie des assiégés, avec des flèches, les autres, avec de petits scorpions, attaquaient l'ennemi sans se découvrir. Quant à certains navires, qui se tenaient plus près du mur, de façon à être en deçà de la portée des machines, contre eux, un grappin de fer, attaché à une chaîne solide, au moyen d'une grue surplombant le mur, était jeté sur la proue ; le bras ramené en arrière jusqu'au sol par un contrepoids de plomb maintenait suspendu par la proue le navire debout sur sa poupe ; puis le contrepoids lâché brusquement, le grappin plongeait dans l'eau le navire comme si celui-ci tombait du rempart, au grand effroi des matelots, de sorte que même si le navire retombait droit, il embarquait une bonne quantité d'eau.

C'est ainsi que l'attaque par mer fut déjouée et qu'ils reportèrent tous leurs espoirs vers un assaut mené par terre avec toutes leurs forces.

Histoire romaine, **XXIV**, 34

HOMÈRE
VIII° s. av. J.-C.

VIRGILE
I° s. av. J.-C.

CLAUDIEN
V° s. ap. J.-C.

Plutarque

Le récit du siège de Syracuse contient de multiples indications sur les effets des machines inventées par Archimède pour défendre sa cité. Plutarque se place ici du côté des assaillants, dont il montre les réactions.

DÉBOIRES DE MARCELLUS

Les Romains tinrent conseil et décidèrent de s'approcher des murs pendant la nuit, s'ils le pouvaient. On espérait que, vu la force des câbles dont se servait Archimède, les projectiles voleraient au-dessus des assaillants et qu'ils seraient absolument sans effet, en raison du manque de recul. Mais Archimède avait, paraît-il, prévu cet inconvénient et préparé de longue main des machines dont le jet était proportionné à toutes les distances et en particulier des projectiles de faible portée : il avait ménagé des séries de trous petits mais nombreux et très rapprochés, grâce auxquels des arbalètes à tir rapproché, placées là, pouvaient frapper sans être vues des ennemis.

Comme les Romains s'approchaient, croyant bien échapper à l'ennemi, ils se trouvèrent de nouveau exposés à une grêle de traits et de coups, à une pluie de pierres qui tombaient sur eux verticalement, et comme les murs leur lançaient des flèches de tous côtés, ils battirent en retraite. Mais alors, comme ils s'étaient de nouveau déployés en ligne, les traits, volant et les frappant encore dans leur retraite, leur firent perdre beaucoup de monde ; leurs vaisseaux s'entrechoquaient avec violence, et les Romains étaient dans l'impossibilité de répondre aux coups des ennemis. Archimède, en effet, avait disposé la plupart de ses engins derrière les murs, et les Romains ressemblaient à des gens qui se battent contre des dieux et qui reçoivent d'une main invisible des milliers de coups.

Cependant, Marcellus échappa au danger et, raillant les ouvriers et les ingénieurs qu'il avait avec lui : « Ne cesserons-nous pas, dit-il, de guerroyer contre ce géomètre Briarée [célèbre géant de la mythologie], qui se sert de nos vaisseaux comme de gobelets pour puiser l'eau de mer, qui a éliminé de façon ignominieuse notre sambuque en la frappant de plein fouet comme après boire, qui enfin surpasse les géants aux cent bras de la fable en nous lançant tant de traits à la fois ? »

Et, en effet, tous les autres Syracusains n'étaient que le corps de l'organisme créé par Archimède ; lui, il était l'âme qui mettait tout en mouvement et en jeu ; les autres armes restaient au repos, et la ville ne se servait que de celles de ce grand homme pour assurer sa défense et son salut. À la fin, voyant les Romains tellement effrayés que, dès qu'ils apercevaient le moindre morceau de câble ou de bois tendu par-dessus le rempart, ils criaient qu'Archimède mettait un engin en branle contre eux, puis tournaient le dos et prenaient la fuite, Marcellus s'abstint de tout combat et de tout assaut, s'en remettant au temps pour terminer le siège.

Vie de Marcellus, XV, 8-XVII, 4

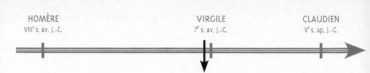

HOMÈRE
VIIIᵉ s. av. J.-C.

VIRGILE
Iᵉʳ s. av. J.-C.

CLAUDIEN
Vᵉ s. ap. J.-C.

Cicéron

Dans un passage célèbre des Tusculanes *où il raconte
la découverte du tombeau d'Archimède à Syracuse, Cicéron
en vient à comparer le tyran de Syracuse Denys l'Ancien et
le savant Archimède : lequel des deux a connu le bonheur ?*

LE DERNIER MOT
EST AU SAGE

Y a-t-il au monde un homme, pourvu qu'il ait
pris contact avec les Muses, c'est-à-dire avec la civilisation et avec la science, qui ne préférerait être
à la place de ce mathématicien-ci qu'à celle de ce
tyran-là ? Si l'on envisage leur genre d'existence et
leur activité, la pensée de l'un trouvait son aliment
dans la discussion et la recherche des théorèmes, et
ainsi se délectait de sa puissance créatrice, ce qui est
pour l'âme la plus douce des nourritures ; l'aliment
de l'autre, c'était le meurtre et les injustices, et ainsi
la peur ne le quittait pas nuit et jour. Et maintenant
comparez-lui Démocrite, Pythagore, Anaxagore :
quelles souverainetés, quelles richesses mettrez-vous
au-dessus des charmes de leurs études ?

Aussi bien, c'est à l'élément le meilleur dans
l'homme que se rattache nécessairement ce bien
suprême que vous cherchez. Or qu'y a-t-il de meilleur dans l'homme qu'une pensée pénétrante et
vigoureuse ? Cela posé, c'est du bien qui appartient
à la pensée que nous devons jouir, si nous voulons
être heureux. Or le bien qui appartient à la pensée
est la vertu. Donc c'est de la vertu nécessairement
que dépend le bonheur. D'où il suit que tout ce qui
est beau, noble, éclatant – je l'ai dit plus haut, mais il
faut, ce me semble, insister un peu plus –, tout cela,
dis-je, abonde en sujets de joie. Or, comme des joies

continues et pleines ont évidemment pour résultat le bonheur, il s'ensuit que le bonheur résulte de la vertu.

Tusculanes, V, 23, 66-67

LES AUTEURS DU SIGNET

Nota bene : la plupart des notices sont issues des précédents « Signets ». Les auteurs de langue grecque sont signalés en romain, les auteurs de langue latine en italique.

Antoninus Liberalis (IIᵉ ou IIIᵉ siècle apr. J.-C.)

La mythologie a un caractère proliférant et, dès l'Antiquité, il devint très vite impossible de connaître l'ensemble des mythes. Fleurirent alors des manuels de mythologie, destinés tant aux auteurs qu'aux érudits, dont le but était de présenter cet écheveau complexe qu'était devenue la mythologie grecque. Parmi ces textes figure le petit recueil de légendes d'Antoninus Liberalis, *Les Métamorphoses*. Le lecteur curieux de mythologie y trouvera des versions rares, correspondant à des œuvres perdues.

Apollodore (Pseudo-) (IIᵉ siècle apr. J.-C.)

On a attribué au grammairien grec Apollodore d'Athènes une compilation de récits mythologiques dont la rédaction serait en fait bien postérieure à son temps. Connu sous le titre de *Bibliothèque*, l'ouvrage aurait été composé aux alentours de l'an 200 de notre ère : il présente l'intérêt de résumer les différentes versions des mythes. C'est l'un des ensembles les plus complets et les plus utiles dans ce domaine, car il semble que l'auteur ait été très fidèle à ses sources : par exemple, le passage résumant le mythe d'Œdipe est très proche de la version que Sophocle donne dans son *Œdipe roi*. Beaucoup de passages de la *Bibliothèque* sont certainement inspirés du travail de Phérécyde d'Athènes, un mythographe du Vᵉ siècle avant J.-C. Le texte dont nous disposons est fragmentaire ; cependant, il existe deux « abrégés », connus sous le titre d'*Épitomé*, identiques sur de nombreux passages, qui résument le contenu de l'œuvre, y compris sa fin perdue.

Apollonios de Rhodes (IIIᵉ siècle av. J.-C.)

Né à Alexandrie vers 295 avant J.-C, Apollonios fut le précepteur de Ptolémée III Évergète avant de devenir, comme Callimaque, directeur de la bibliothèque d'Alexandrie. Pour des raisons qui nous sont inconnues, il s'exile à Rhodes, à une date difficile à préciser, ajoutant à son nom celui de la ville qui l'avait accueilli. C'est dans cette cité qu'il finit ses jours. Grand érudit, Apollonios a écrit des poèmes historiques sur la fondation des cités et des œuvres à caractère philologique et sans doute des épigrammes, comme ses contemporains. Son œuvre majeure, *Les Argonautiques*, est un poème épique en quatre livres consacré à la conquête de la Toison d'or par les Argonautes. Les livres I et II racontent le voyage jusqu'en Colchide, le livre III la prise de la Toison d'or avec l'aide de Médée et le livre IV le retour en Grèce.

Apollonios de Tyane (16-98 apr. J.-C.),

Né à Tyane, en Cappadoce, Apollonios est un philosophe néopythagoricien, prédicateur et thaumaturge qui fut souvent considéré comme un magicien, mais fut aussi comparé à Jésus-Christ par ses nombreux disciples. Il mourut à Éphèse à la fin du Iᵉʳ siècle. La *Vie d'Apollonios de Tyane* de Philostrate d'Athènes est la principale source d'information le concernant. On lui attribue Le *Livre des sept statues*, qui ne nous est connu que par une traduction arabe : il se présente comme une expérience initiatique visionnaire mêlant l'hermétisme et l'alchimie comme *ars divina* ou *hieratica* (« art hiératique ») : les statues décrites sont des statues vivantes et parlantes sacerdotales ; elles sont chacune le prêtre du temple qui leur est consacré, les sept temples correspondant aux sept divinités planétaires et aux sept métaux qui leur sont associés.

Aristophane (445-386 av. J.-C.)

Aristophane fut le plus grand poète comique d'Athènes. Issue du dème de Kydathénée, sa famille aurait possédé des terres à Égine. Il débuta au théâtre de Dionysos en 427 avec *Les Babyloniens*. Son talent fut très rapidement reconnu, et il obtint un premier prix en 425 avec *Les Acharniens*, puis l'année suivante avec *Les Cavaliers*. Contemporain de la guerre du Péloponnèse, il évoque dans ses comédies les souffrances des citoyens et la recherche de la paix *(Les Acharniens, La Paix, Lysistrata)*. Il critique également la politique athénienne, dominée par des démagogues avec *Les Cavaliers, Les Guêpes*. Il excelle à tourner en dérision ce qui pèche, selon lui, dans la vie publique, du gouvernement *(L'Assemblée des femmes, Les Oiseaux)* à l'éducation *(Les Nuées)* en passant par la littérature elle-même *(Les Grenouilles, Les Thesmophories)*. Sa dernière pièce, *Ploutos*, évoque la situation désastreuse d'Athènes ravagée et humiliée par la guerre. Son humour, acerbe et truculent, n'est jamais vain : par ses caricatures et ses jeux de mots, Aristophane a invité ses concitoyens et ses lecteurs à la réflexion autant qu'à la distraction. Il ne nous reste plus que onze comédies sur les quarante-quatre qu'il aurait écrites.

Aristote (384-322 av. J.-C.)

Né à Stagire, ville grecque sous influence macédonienne, en Thrace, Aristote partit se former à Athènes et se fit le disciple de Platon à l'Académie, où il resta une vingtaine d'années (366-348). Après des séjours en Asie Mineure, il fut nommé précepteur d'Alexandre le Grand, puis revint à Athènes et y fonda sa propre école, le Lycée (335). Esprit encyclopédique, Aristote voyait dans la philosophie un savoir total et ordonné, couvrant la logique, les sciences de la nature, la métaphysique, la théorie de l'âme, la morale, la politique, la littérature. Ses œuvres publiées ont presque toutes disparu ; les textes que nous avons conservés (et qui sont nombreux) sont des ouvrages dits « ésotériques », c'est-à-dire qui n'étaient pas destinés à la publication et constituaient des sortes de notes et rédactions préparatoires en vue de la discussion et de l'enseignement à l'intérieur du Lycée ; ils furent édités tardivement, au Ier siècle avant J.-C. La postérité et l'influence d'Aristote furent immenses, tant dans le monde arabe que dans le monde occidental.

Aristote (Pseudo-) (entre 287 et 268 av. J.-C.)

Le nom d'Aristote a été longtemps associé à un court traité, redécouvert à la Renaissance, *Les Problèmes mécaniques*. Il s'agit d'un recueil de trente-quatre questions de mécanique suivies de leur réponse, le tout précédé d'une définition de la mécanique et de ses principes. Ces problèmes mécaniques figurent dans le livre II des *Mécaniques* de Héron d'Alexandrie. On considère que l'ouvrage n'est pas d'Aristote mais que ces problèmes auraient été composés au sein de l'école péripatéticienne, à l'époque où Straton de Lampsaque en était le directeur (287-268 av. J.-C.).

Athénée (*c.* 170-*c.* 230)

Né en 170 après J.-C. en Égypte, Athénée appartenait à la communauté grecque de Naucratis. Il vécut pourtant à Rome et, à en juger par ses textes, il aurait été enseignant ou bibliothécaire. Voilà à peu près les seuls renseignements dignes de foi que nous ayons sur l'auteur des *Deipnosophistes*. Même le texte ne nous est connu que de manière partielle puisqu'il fut abrégé au moins deux fois. Il n'en reste pas moins un précieux témoignage à la fois d'une forme littéraire et d'un mode de sociabilité particulièrement féconds dans l'Antiquité, le banquet. Ce « banquet des sophistes » est donné par P. Livius Larensis, un riche lettré qui était sans doute le protecteur d'Athénée. À la fin du repas, les convives abordent, tandis que les cratères se vident, des sujets aussi variés que l'amour, la philosophie, Homère, la meilleure façon d'accommoder un mets ou le meilleur auteur de comédie. Dans les quinze livres des *Deipnosophistes*, l'auteur et ses personnages (les « savants banqueteurs » du titre) convoquent sans cesse des passages de poésie ou de prose pour illustrer leurs propos. Reflet des pratiques érudites impériales, cette vaste compilation est centrée sur le monde du banquet – tant sur la nourriture qui s'y consomme que sur les formes de sociabilité qui s'y expriment. Elle représente pour nous une véritable bibliothèque de fragments, car les citations échangées par les convives sont souvent les seules traces que nous ayons d'œuvres perdues d'auteurs ou de genres de l'Antiquité grecque.

Aulu-Gelle (IIe siècle apr. J.-C.)
Aulu-Gelle, dont la vie est mal connue, est l'auteur des *Nuits attiques*, ouvrage rédigé vers 150 après J.-C. « Attiques », c'est-à-dire cultivées et studieuses : il s'agit d'un recueil de chapitres, généralement brefs, dont chacun évoque quelque curiosité de langage, débusque telle étymologie controuvée, relate telle ou telle anecdote. Puisant à de nombreuses sources grecques et latines, l'auteur aborde toutes sortes de sujets d'érudition, avec des intérêts variés (histoire, géographie, droit, philosophie, littérature…) et une prédilection pour les questions d'archaïsme linguistique et de sémantique.

Ausone (309/310-394/395)

Decimus Magnus Ausonius, originaire d'une famille aisée d'Aquitaine, enseigne la grammaire puis la rhétorique. Il est âgé de plus de cinquante ans lorsque l'empereur Valentinien Ier lui demande d'être le précepteur de son fils Gratien. Ausone reçoit le titre de comte du palais. À la mort de Valentinien, son fils devenu empereur octroie des charges importantes à Ausone, qui devient un puissant conseiller impérial. Ce lettré de l'Empire d'Occident est l'auteur d'une vingtaine d'ouvrages, essentiellement de poésie, l'œuvre la plus célèbre étant *La Moselle*, évocation de près de 500 vers d'un voyage entre Bingen et Trèves. Ausone se retire de la cour après la mort de Gratien en 383. Il revient à Bordeaux, où il consacre ses dernières années à la littérature.

Callistrate (IIIe ou IVe siècle apr. J.-C.)

Probablement témoin de l'essor du christianisme au cours du IIIe ou IVe siècle, Callistrate, un auteur par ailleurs inconnu, doit à un petit recueil de *Descriptions* de chefs-d'œuvre de la sculpture grecque d'avoir échappé aux oubliettes de l'histoire. Publié avec les *Tableaux* de Philostrate, ce recueil est constitué de quatorze poèmes en prose traduits en français au XVIIe siècle : quatorze visions qui concentrent la quintessence de l'esthétique néoplatonicienne. En effet, entre imaginaire et poétique, cette évocation incantatoire d'objets fictifs et réels à la fois (plusieurs sculptures sont attribuées à Praxitèle) transfigure par la magie de l'art la pierre en matière vivante : elle confère à l'artiste la dimension d'un démiurge capable d'élever l'esprit vers les mystères de l'Absolu.

Cicéron (106-43 av. J.-C.)

Marcus Tullius Cicero, avocat brillant, fut de tous les combats, tant judiciaires que politiques ou philosophiques. Né à Arpinum, dans un municipe éloigné d'une centaine de kilomètres de Rome, Cicéron voit le jour dans une famille aisée de notables. Toutefois, comme Caton l'Ancien, qu'il admire, Cicéron est un « homme nouveau » *(homo nouus)* : il est le premier de sa lignée à parcourir la carrière des honneurs jusqu'à son degré le plus élevé, le consulat, qu'il exerce en 63. C'est lors de ce consulat qu'il dénonce, dans ses *Catilinaires*, une conspiration qui menaçait la République. Il est exilé pendant un an (58-57) pour avoir fait mettre à mort Catilina sans jugement. Malgré le bon accueil qui lui est fait à son retour, son rôle politique ne cesse de décliner dans les années suivantes. Cicéron, l'un des plus fervents défenseurs du régime républicain, finit par rallier le camp de Pompée contre César, juste avant que ce dernier ne l'emporte définitivement. À la mort du dictateur, l'orateur prend le parti de son petit-neveu, Octave, le futur Auguste, pensant pouvoir influencer ce jeune homme de dix-neuf ans. Il le sert en rédigeant les *Philippiques*, dirigées contre Marc Antoine, lequel lui voue dès lors une haine inexpiable. Antoine réclame à Octave la mort de l'orateur dès leur première réconciliation. Abandonné par Octave, Cicéron est assassiné par des émissaires d'Antoine. Son œuvre immense représente l'un des sommets de la prose littéraire latine : elle comprend une abondante correspondance (plus de 900 lettres), environ 140 discours judiciaires ou politiques et de multiples traités de rhétorique et de philosophie, servis par l'élégance de la langue ; elle a joué un rôle déterminant dans la tradition culturelle de l'Occident jusqu'à nos jours.

Clément d'Alexandrie (IIe siècle ap. J.-C.)
Titus Flavius Clemens, le premier lettré grec chrétien, était probablement originaire d'Athènes, mais il a surtout vécu à Alexandrie. Il a tenté de faire la synthèse entre le christianisme et la philosophie grecque païenne qu'il admirait beaucoup : il s'est

ainsi efforcé à la fois de convertir les Grecs et de faire des chrétiens des lettrés. Les *Stromates* (« tapis ») ainsi nommés en raison de leur contenu « bigarré » sont une présentation de la foi chrétienne comme la vraie philosophie.

De rebus bellicis (ouvrage anonyme du IVe ou Ve siècle apr. J.-C.)

Ce traité a été écrit vraisemblablement après la mort de Constantin, mais avant la chute de l'Empire romain d'Occident. D'après la préface de l'ouvrage, l'auteur souhaite se rendre utile à l'empereur et à l'État, se limitant à des considérations de l'ordre de la réalité quotidienne, évacuant tout penchant philosophique et idéologique. Son traité foisonnant comporte une préface et vingt et un chapitres ; il s'attaque aux questions financières et administratives, puis aux questions proprement militaires, décrivant avec force détails et ingéniosité différentes machines militaires. L'auteur apparaît comme un lettré intelligent, qui n'écrit pas à destination du public mais du chef de l'État.

Diodore de Sicile (Ier siècle av. J.-C.)

Né à Agyrion en Sicile, Diodore voyagea beaucoup et vécut à Rome, sans doute sous César et Auguste. Grand érudit, il est l'auteur de la *Bibliothèque historique*, ensemble de quarante livres visant à relater l'histoire universelle, depuis les temps mythiques jusqu'à la guerre des Gaules (54 av. J.-C.). Les livres I à V et XI à XXII, ainsi que des extraits et des résumés, ont été conservés. L'œuvre de Diodore est précieuse par son information, sa méthode et sa largeur de vue, qui embrasse la mythologie, le monde grec, Rome et les barbares.

Ératosthène de Cyrène (c. 276 – *c.* 194 av. J.-C.)

Né à Cyrène (aujourd'hui en Libye), Ératosthène y a sans doute suivi des études encyclopédiques ; il fut l'élève du poète Callimaque à Alexandrie, puis il vint à Athènes, où il fréquenta des élèves de Platon, tels Ariston et Arcésilas, et des stoïciens. Sa réputation fut telle que le pharaon Ptolémée III Évergète l'appela à Alexandrie pour être précepteur de son fils, le futur Ptolémée IV Philopatôr. Ératosthène y exerça jusqu'à sa mort les fonctions de conservateur de la prestigieuse bibliothèque et il s'attacha à tous les domaines de la culture (il édita notamment le traité d'Archimède intitulé *De la méthode*). Auteur de traités de philosophie, de poétique, d'histoire, de géographie, d'astronomie, de musique, dont il ne reste presque rien, il est surtout connu pour les *Catastérismes* (« Constellations »), son seul ouvrage conservé, l'un des plus célèbres sur le ciel dans l'Antiquité. Cette version abrégée d'un traité original plus étendu a un statut tout à fait particulier : il est considéré à la fois comme un ouvrage de mythologie et comme une œuvre d'astronomie. Il propose en effet, pour toutes les constellations anciennes, le premier manuel complet des récits mythologiques à l'origine de la présence au ciel des héros ou des objets qui s'y trouvent. Il propose également le premier catalogue d'étoiles connu, en situant les étoiles sur les figures célestes. Ératosthène est aussi resté célèbre pour sa méthode de mesure de la circonférence de la Terre, la première qui nous soit connue. Bien que sa mesure ne soit pas exacte, elle était très proche de la réalité avec une erreur de 1 % seulement.

Hérodote (480-420 av. J.-C.)

Né en 480 avant J.-C. à Halicarnasse, ville dorienne du territoire d'Ionie, en Asie Mineure, celui que Cicéron tenait pour « le père de l'histoire » voyagea beaucoup, d'Athènes, où il séjourna, en Égypte, à Tyr et en Scythie. Il ne vit pourtant pas toutes les contrées qui sont décrites dans ses *Histoires*, vaste « enquête » (c'est le sens de *historiè* en grec), où l'évocation des guerres médiques laisse place à des digressions qui nous livrent de nombreuses observations géographiques et ethnologiques, et nous éclairent sur les rapports entre les Grecs et les Barbares. L'œuvre fut, à la période alexandrine, divisée en neuf livres, nommés selon les Muses. Les quatre premiers rapportent la formation de l'Empire perse et les cinq derniers les guerres médiques.

Héron d'Alexandrie (entre fin du Ier siècle av. J.-C. et fin du Ier siècle de notre ère)

La vie de Héron est très peu connue. Il appartient à une génération postérieure à celle de Vitruve ; célèbre comme géomètre, il fait partie des ingénieurs de l'école d'Alexandrie. Plusieurs de ses œuvres nous sont parvenues, transmises pour la plupart par les savants arabes du Moyen Âge. Dans ses *Pneumatiques,* Héron présente des machines utilisant l'air et la vapeur d'eau. Dans son ouvrage *Les Automates,* reprenant des inventions de Philon de Byzance, il présente des machines scéniques conçues pour le théâtre miniature. L'un de ses manuscrits, les *Métriques,* a été retrouvé en 1896 à Istanbul. Cet ouvrage, où il traite essentiellement de mathématiques appliquées, est selon les spécialistes le plus important de ses ouvrages mathématiques. Héron est considéré comme l'un des inventeurs les plus féconds du monde gréco-romain, dont Léonard de Vinci se serait inspiré pour certaines de ses inventions.

Hésiode (autour de 700 av. J.-C.)

Tout ce que nous connaissons de ce poète, nous le trouvons dans ses œuvres, la *Théogonie* et *Les Travaux et les Jours.* De condition modeste, Hésiode, poète et paysan, nous raconte tenir son savoir des Muses, qui lui seraient apparues au sommet de l'Hélicon alors qu'il faisait paître ses bêtes. Dans la *Théogonie,* il évoque les origines du monde (la cosmogonie) et la naissance des dieux (la théogonie), jusqu'à l'avènement de Zeus et la victoire sur le chaos initial ; puis le poète définit la place et le rôle des hommes par rapport aux dieux. Postérieur de peu à la composition des épopées homériques et contemporain de la naissance de la cité-État, Hésiode propose une synthèse de la pensée religieuse des Grecs. Dans *Les Travaux et les Jours*, il donne des conseils pratiques à ses contemporains, et notamment à son frère, Persès. Sa poésie est didactique : elle délivre un enseignement. Dans cet enseignement, les mythes sont centraux : c'est dans ce poème que se trouvent le mythe de Pandore et le mythe des cinq âges du monde, depuis l'âge d'or jusqu'à l'âge de fer, le pire de tous. Bien que sa renommée ait été éclipsée par celle d'Homère, il constitue la source la plus belle et la plus complète de la mythologie grecque. Les Anciens lui attribuaient en outre *Le Bouclier d'Héraclès*, dont l'authenticité a été mise en doute, et *Le Catalogue des femmes*, aujourd'hui perdu.

Homère (VIIIe siècle av. J.-C. ?)

Ce n'est pas le moindre des paradoxes que le plus célèbre poète de l'Antiquité est peut-être aussi l'un des moins connus. Homère a-t-il seulement existé ? Étaient-ils plusieurs ? Le nom désigne-t-il une école d'aèdes, poètes et interprètes ? Nul ne sait. « L'affaire Homère » a fait couler beaucoup d'encre, et aujourd'hui encore les érudits multiplient les hypothèses. Le mystère s'est établi dès l'Antiquité, en partie à cause de la célébrité de l'auteur : nombre de « vies », fictives, ont circulé, tant et si bien que, s'il y a un Homère, c'est celui que la tradition a forgé. La version traditionnelle veut qu'Homère ait vécu en Asie Mineure (dans l'actuelle Turquie), au VIIIe siècle av. J.-C, et qu'il ait composé l'*Iliade* et l'*Odyssée*, immenses épopées comptant respectivement autour de 16 000 et de 12 000 vers. Tenues pour essentielles dès l'Antiquité, ces deux œuvres sont fondatrices de la culture occidentale. Chantées par les aèdes dans les cours aristocratiques, elles sont les premières œuvres de notre patrimoine qui nous sont parvenues intactes. Les deux œuvres se réfèrent à la légende de la guerre de Troie. À la suite de l'enlèvement d'Hélène, épouse du roi de Sparte Ménélas, par le prince troyen Pâris, les princes grecs partent en expédition contre Troie, riche cité d'Asie Mineure (en actuelle Turquie) gouvernée par le roi Priam. Après dix ans de siège, la ville est prise, et les chefs grecs reprennent la mer pour de nouvelles aventures. L'*Iliade*, poème de la gloire et de la guerre, relate la colère d'Achille qui, pour ne pas manquer à l'idéal héroïque, fait le sacrifice de sa vie. Récit de voyage et conte merveilleux, l'*Odyssée* chante les errances d'Ulysse jusqu'à son retour à Ithaque et l'endurance sublime d'un homme qui, sans cesse, se cache, invente, se transforme, s'adapte pour survivre. Pour le monde antique, les épopées d'Homère constituent *le texte* fondateur, la source de toute culture, un « bien pour l'éternité », selon l'expression de Thucydide : elles n'ont jamais cessé d'être chantées, apprises, commentées par des générations de lecteurs fervents. Elles restent l'un des plus grands chefs-d'œuvre de la culture européenne.

Hygin (c. 64 av. J.-C.-17 apr. J.-C.)
D'après Suétone, Caius Julius Hyginus aurait été esclave de Jules César avant d'être affranchi par Auguste, qui le chargea de la bibliothèque Palatine. Il fut ami d'Ovide. Les témoignages concernant son œuvre, perdue, témoignent d'une connaissance et d'une curiosité encyclopédiques : Hygin aurait écrit des traités d'agronomie, des commentaires sur l'œuvre de Virgile, des écrits sur la religion et des écrits historiques. Nous possédons deux ouvrages sous son nom, qui ne sont toutefois pas de lui : un traité d'astronomie, le *De astronomia*, ainsi qu'un recueil de *Fables* mythologiques, tous deux étant des compilations

de sources grecques et latines datant sans doute du
IIe siècle après J.-C.

Lucien (c. 120-180 apr. J.-C.)
Né à Samosate, sur l'Euphrate, en Syrie, Lucien est
l'un des plus brillants esprits de l'Antiquité tardive.
Formé à la culture grecque, après des études d'éloquence et de philosophie, Lucien utilise ses talents
d'orateur né et de plaideur en donnant des cours
et des conférences publiques en Asie Mineure, en
Italie, en Grèce et en Gaule. Mais c'est en Égypte
qu'il s'établit et mourut, vers 180. Son œuvre, vaste et
variée (les Anciens lui prêtent plus de 86 ouvrages), se
rattache à différents genres : notamment la déclama-
tion, l'éloge, le dialogue, l'autobiographie, la lettre,
la nouvelle, le pamphlet, l'essai sur des thèmes littéraires, historiques ou philosophiques. « Le prince du
gai savoir » brille par sa bonne humeur, sa vivacité et
sa liberté, son ironie mordante, coulées dans le moule
d'une langue très pure, sans manquer de verdeur.
Homme de parole, Lucien écrivit un grand nombre
de discours, comme le *Dialogue des dieux*, le *Dialogue
des morts* (l'une de ses œuvres les plus célèbres, imitée
par Fénelon, Voltaire et Fontenelle) ou le *Dialogue
des courtisanes*. L'humour est omniprésent, notamment
dans les *Histoires vraies* : ce chef-d'œuvre d'inventi-
vité, parodie des romans d'aventures, est une plongée
dans la fiction pure et peut se lire comme le premier
ouvrage de science-fiction de l'histoire ; il a inspiré
le voyage de Pantagruel au *Quart Livre* de Rabelais,
Micromégas de Voltaire ou encore *Les Voyages de Gulliver*
de Swift. *Les Amis du mensonge* offrent des récits de
guérisons miraculeuses, de statues animées, de
fantômes : c'est dans ce texte que l'on trouve pour
la première fois le thème de l'apprenti sorcier, dont
Goethe s'inspirera. Esprit satirique, iconoclaste et
plein de verve, Lucien excelle à tourner en dérision
les prétentions des hommes de lettres, les fausses

gloires, la comédie sociale, la vanité, l'ignorance, les croyances et la superstition de ses contemporains. Bien qu'ancrée dans son époque, son œuvre n'en est pas moins un remède intemporel à la mauvaise humeur. Jamais la langue grecque n'aura été aussi souple et flamboyante ; elle atteint avec l'œuvre de Lucien des sommets de virtuosité qu'elle ne retrouvera plus guère après lui.

Martial (38/41-*c.* 104 apr. J.-C.)

Marcus Valerius Martialis est né dans une famille aisée de Tarraconaise sous le règne de Caligula. Il se rend à Rome, où il est bien accueilli par les autres Romains d'Espagne, Quintilien, Sénèque et Lucain. Mais ses relations lui portent préjudice lors de la conspiration de Pison à laquelle ses amis sont mêlés. Il parvient cependant à échapper à la répression. C'est pour subvenir à ses besoins que Martial, poète pauvre, tributaire de ses « patrons », s'essaie à la « poésie brève », l'épigramme, à l'occasion de l'inauguration du Colisée par Titus. Il y excelle. Cette poésie alimentaire lui vaut le succès et la reconnaissance : entre 85 et 96, il publie onze livres d'épigrammes, riches en flagornerie certes, mais aussi en traits d'esprit et en allusions grivoises, où il alterne attaques, suppliques, railleries et louanges. Hypocondriaque notoire, il ne cesse de se plaindre et finit sa vie dans l'ennui de la Tarraconaise qu'il souhaitait si ardemment revoir.

Nonnos de Panopolis (ve siècle apr. J.-C.)

Né au ve siècle à Panopolis en Égypte, Nonnos est l'un des derniers auteurs de l'Antiquité, en même temps que l'un des plus fascinants. Était-il chrétien ? Païen ? L'un puis l'autre ? Les critiques sont perplexes. Toujours est-il que deux œuvres de lui nous sont parvenues, quoique de manière bien inégale, *Les Dionysiaques,* vaste épopée de quarante-huit chants dédiée à Dionysos, et une *Paraphrase à l'Évangile selon saint Jean,* dont seuls quelques fragments subsistent. Ces œuvres témoignent de l'éclectisme et de la richesse de la littérature tardive. « Grandes », *Les Dionysiaques* le sont à plus d'un titre tant le style et le sujet sont amples, voire démesurés. Le poète y traite des grands épisodes de la geste de Dionysos, notamment de son expédition aux Indes. Érudit et baroque, ce poème constitue une source exceptionnelle pour la mythologie.

Ovide (43 av. J.-C.- *c.* 18 apr. J.-C.)

Publius Ovidius Naso, le « clerc de Vénus », le « précepteur d'Amour », est le plus jeune des poètes augustéens : il n'a connu que la paix. Pour cette raison, il sera moins reconnaissant à Auguste de l'avoir ramenée, après l'horreur des guerres civiles, et il se montrera plus insolent envers le nouveau maître de Rome. Un premier poste de *triumvir* le détourne vite de la vie politique au profit d'une vie mondaine vouée à l'érotisme et à la poésie. Les joutes du forum l'ennuient, le cénacle de Messala l'exalte, même s'il n'entend pas limiter la diffusion de ses œuvres à ce cercle restreint. Il est l'un des premiers auteurs à se soucier de son public anonyme mais nombreux et fidèle. Il est, par excellence, le poète des temps nouveaux et de leurs contradictions. Poète aimé des foules et chéri de la Cour pour sa virtuosité et son esprit, il choqua la morale officielle. Pour des raisons qui nous demeurent obscures, peut-être un scandale – Auguste invoquera l'immoralité de *L'Art d'aimer,* mais ce prétexte paraît peu convaincant –, Ovide est exilé à Tomes, en l'an 8 de notre ère, dans l'actuelle Roumanie, au bord de la mer Noire, où il mourra dans la désolation, abandonné de tous et de tout, sauf de ses livres. Son œuvre de virtuose, étourdissante de facilité et de beauté, s'étend dans trois directions. Un premier ensemble regroupe les *Héroïdes* (les lettres d'amour écrites par les héroïnes

de la mythologie à leurs amants), commencées à l'âge
de dix-huit ans, *Les Amours, L'Art d'aimer* et *Les Remèdes
à l'amour*. Les *Fastes* et les *Métamorphoses* appartiennent
à une veine plus purement mythologique et savante :
Les Fastes, restés inachevés, relatent l'origine des fêtes
religieuses du calendrier romain, de janvier à juin
surtout, tandis que les *Métamorphoses* narrent les trans-
formations légendaires des hommes en animaux et en
plantes, tissant une histoire merveilleuse du monde.
La troisième période s'ouvre avec l'exil, où Ovide, dans
les *Tristes* et les *Pontiques,* fait entendre la douleur de
l'exil et sa nostalgie de Rome dans les lettres qu'il
adresse à ses proches, à ses amis et à l'empereur. Il
revient au vers élégiaque qui lui est cher et se consacre
à une poésie de la vieillesse et de la nostalgie. Tendre,
enjoué et incisif, Ovide est l'un des plus célèbres
poètes latins : il voulait être, nous dit-il, « le Virgile
de l'élégie ». Il porte ce genre à un degré d'achève-
ment inégalé, depuis la frivolité des poèmes érotiques
jusqu'aux larmes de l'exil. Ses *Métamorphoses,* dans
lesquelles éclate un exceptionnel talent de conteur,
constituent l'une de nos sources les plus complètes
pour la mythologie gréco-romaine : elles étaient, pour
leur auteur, la plus fidèle image de lui-même. Ovide
est l'un des plus célèbres poètes latins : le Moyen Âge,
qui l'adorait, l'a lu, cité et adapté, quitte à le mora-
liser parfois pour le faire entrer au couvent, et il a
été le poète favori de la Renaissance et des siècles
classiques. Son œuvre de virtuose, étourdissante de
facilité et de beauté, où il se fait tour à tour le poète
de l'amour, des dieux et de l'exil, est l'une des plus
fascinantes de l'Antiquité, l'une de celles, en tout cas,
qui ont le plus influencé la poésie et les arts.

Pausanias (autour de 150 apr. J.-C.)
On ne sait pratiquement rien de la vie de
Pausanias, dit « le périégète », si ce n'est qu'il était
originaire d'Asie Mineure. Il serait né en Lydie.

Après avoir beaucoup voyagé, il se fixa à Rome et écrivit une *Description de la Grèce* ou *Périégèse*, en dix livres où il raconte ses voyages. Passionné de géographie et d'histoire, il rapporte l'histoire des lieux, en décrit la topographie et les principaux édifices, évoque les cultes et les mythologies locales. Il écrit dans une langue volontairement archaïsante, donnant à la fois des descriptions très précises de sites ou de monuments et une image d'ensemble de la Grèce à son époque. Il constitue ainsi un véritable panorama de cette région du globe et une source importante pour les historiens. Son œuvre se décompose comme suit : livre I, l'Attique et Mégare ; livre II, Corinthe, l'Argolide, ainsi qu'Égine et les îles alentour ; livre III, la Laconie ; livre IV, la Messénie ; livre V, l'Élide et Olympie ; livre VI, l'Élide (2ᵉ partie) ; livre VII, l'Achaïe ; livre VIII, l'Arcadie ; livre IX, la Béotie ; livre X, la Phocide et la Locride. Les fouilles archéologiques confirment régulièrement la précision de ses affirmations, mais son œuvre est aussi un hommage permanent rendu à l'identité et à la culture grecques sous toutes leurs formes. Grand visiteur de temples, s'attachant à transmettre avec rigueur les mythes, Pausanias signale ce qui lui semble « digne d'être mentionné » ou « vu », s'érigeant en arbitre du bon goût et en précurseur de la littérature des guides de voyage. Il a ainsi contribué à fixer les traits de la Grèce antique telle qu'elle fascinera après lui des générations de voyageurs. Comme on l'a souvent dit, « la Grèce de Pausanias est un peu celle des tombeaux, des sanctuaires désertés, des villes musées ».

Philon de Byzance (IIIᵉ siècle av. J.-C.)

Ce savant a vécu à Alexandrie et séjourné à Rhodes. Il fait partie de l'école alexandrine, groupe de savants de toutes disciplines qui travaillaient sous la protection des Ptolémées. On connaît de lui un ouvrage en neuf volumes, la *Mèchanikè Syntaxis*, sur les techniques de fabrication de divers instruments ou appareils. Le cinquième volume, *Les Pneumatiques*, consacré à l'étude de la compression de l'air, présente toute une série d'instruments et d'objets truqués destinés à l'amusement. La partie conservée de l'œuvre de Philon constitue les textes les plus anciens d'origine alexandrine qui nous soient parvenus sur les machines et les divers appareils construits en application d'un principe mathématique ou physique. Il s'inspire dans ses traités de ses prédécesseurs, et notamment de Ctésibius, savant contemporain d'Archimède qui a vécu à Alexandrie sous Ptolémée Philadelphe.

Philostrate (IIᵉ siècle apr. J.-C.)

Sous le nom de Philostrate nous sont parvenus des ouvrages dont la datation et le style renvoient à des personnes différentes : trois auteurs, tous originaires d'une même famille.

Né vers 170 sur l'île de Lemnos, Lucius Flavius Philostratus, surnommé « Philostrate d'Athènes », fut envoyé à Athènes pour ses études. Il devint ensuite « sophiste », c'est-à-dire, à l'époque, orateur d'agrément. Il fut présenté à la cour de l'empereur Septime Sévère à Rome et resta très attaché à la famille impériale ; il mourut vers 244/249. On lui doit une *Vie d'Apollonios de Tyane* en huit livres, rédigée à la demande de l'impératrice Julia Domna, l'épouse de Septime Sévère. Dans cette biographie romancée du philosophe néopythagoricien, il promène son héros, grand mystique et thaumaturge, dans toute l'étendue du monde habité de l'époque, de Gibraltar aux frontières de l'Inde et de l'Éthiopie. Apollonios y est présenté comme le type même du sage idéal, de l'homme divin, le nouveau Pythagore, pratiquant l'abstinence, le célibat et le silence, enseignant que la divinité s'honore par la pureté du cœur. Le paganisme finissant allait en faire une figure de saint pour l'opposer à une autre grande figure de l'époque : le Christ.

Philostrate de Lemnos, né vers 190, est le neveu de Philostrate d'Athènes par sa mère. On l'appelle parfois « Philostrate l'Ancien » pour le distinguer de son petit-fils Philostrate le Jeune. Parmi ses œuvres, on compte les *Héroïques* ou *Dialogue sur les héros* (l'*Héroïcos*), un dialogue entre un vigneron et un marchand phénicien sur les héros de la guerre de Troie, et les *Images* ou *La Galerie de tableaux* (*Eikones*). Cet ouvrage témoignage de la critique d'art à l'époque impériale : il se présente comme une succession de soixante-quatre descriptions de panneaux peints, fictifs ou réels, qui ornaient le portique d'une maison napolitaine. L'auteur suit en cela la tradition du genre de l'*ekphrasis* (description d'un objet ou d'une œuvre d'art). Les descriptions sont assorties de commentaires, reflétant la culture étendue de l'observateur et destinés à forger le goût des jeunes gens qui l'accompagnent. Dans sa verve brillante, le discours du critique finit par rivaliser avec les chefs-d'œuvre commentés, car si les tableaux se voient convertis en objets littéraires, le critique n'en exalte pas moins le pouvoir de la parole et sa capacité à faire apparaître l'objet décrit en créant l'illusion de sa présence.

Philostrate le Jeune est le petit-fils de Philostrate de Lemnos. On lui attribue une seconde série de tableaux (*Eikones*) : comme il le dit lui-même dans sa préface, il a imité et complété le recueil de son grand-père en ajoutant dix-sept descriptions de tableaux (réels ou fictifs, car il s'agit en fait de développements rhétoriques). Le dix-septième texte est incomplet. L'œuvre de Philostrate le Jeune est en général éditée à la suite des soixante-quatre *Tableaux* de son grand-père ; on leur ajoute quatorze descriptions de statues, peut-être imaginaires, attribuées aux plus grands sculpteurs de l'Antiquité grecque (comme Praxitèle) par un certain « Callistrate », un auteur dont on ne sait rien et qui aurait vécu au IIIe ou IVe siècle.

Pindare (518-438 av. J.-C.)

Né en Béotie dans une famille aristocratique, Pindare est le plus important représentant de la poésie lyrique chorale grecque. Des dix-sept livres dans lesquels les Anciens avaient recueilli ses poèmes, quatre sont conservés (non compris les fragments) : ils contiennent les « épinicies », odes triomphales en l'honneur des athlètes victorieux aux concours sportifs d'Olympie (les *Olympiques*), de Delphes (les *Pythiques*), de Corinthe (les *Isthmiques*) et de Némée (les *Néméennes*). Dans ces poèmes étincelants, Pindare célèbre les vainqueurs en comparant leurs prouesses à des épisodes de la mythologie et en vantant la cité de laquelle ils sont issus. D'abord protégé par le tyran Hiéron de Syracuse, Pindare vécut à la cour du roi de Cyrène dès 462 avant J.-C. Il obtint vite une grande réputation et composa pour de nombreux commanditaires, aristocrates, souverains et cités. S'il eut des rivaux, comme Simonide et Bacchylide, Pindare n'eut guère de successeurs : ses odes sont le dernier écho d'une manière aristocratique de vivre où les exploits étaient ceux des jeux et non ceux de la vie politique.

Platon (427-347 av. J.-C.)

Le célèbre philosophe grec était un citoyen athénien, issu d'une des grandes familles de la cité. Alors que sa noble origine, sa richesse et son éducation pouvaient le destiner à devenir un dirigeant politique ou un savant pédagogue (un de ces sophistes honnis par l'écrivain), Platon choisit de devenir philosophe, à l'imitation de son maître et concitoyen Socrate, qui exerça sur lui une influence déterminante. Loin toutefois de se retirer de la vie publique, le philosophe tel que Platon l'a inventé se consacre à la réforme de la cité et de ses habitants, soit par ses écrits, soit par son enseignement. Vers l'âge de quarante ans, Platon fonda à Athènes une école de philosophie, l'Académie, où les élèves (au nombre desquels Aristote) venaient suivre ses leçons aussi bien que celles de prestigieux savants invités. Son œuvre est immense : près de trente dialogues authentiques, dont certains sont très longs, comme *La République* et *Les Lois*, ainsi que quelques lettres. Deux groupes sont identifiables : les premiers dialogues, mettant en scène les entretiens de Socrate, tels que *Gorgias*, *Phèdre* ou *Protagoras*, et les œuvres de plus longue haleine comme *La République*, où Platon donne une expression plus explicitement systématique de la pensée de son maître, par rapport à laquelle il a toujours fait preuve de fidélité et de liberté. Pour le contenu comme pour la forme, l'œuvre platoni-cienne est d'une richesse éblouissante, et son impor-tance est capitale non seulement pour l'histoire de la philosophie, mais pour toute la culture occidentale, qui n'a eu de cesse d'y puiser des enseignements.

Pline l'Ancien (23-79 apr. J.-C.)

Gaius Plinius Secundus exerça sous le règne de Vespasien de hautes fonctions politiques. En même temps, il se consacra à des recherches tantôt érudites, tantôt généralistes, allant de l'étude des phénomènes célestes à la sculpture et à la peinture, en passant par l'agriculture et la philosophie. Il aurait écrit plus de 500 volumes, dont seuls nous sont parvenus les trente-sept livres de l'*Histoire naturelle*, achevée et publiée en 77. Son neveu et fils adoptif, Pline le Jeune, nous apprend que Pline fut en outre historien (il aurait consacré vingt livres aux guerres de Germanie et trente et un à l'histoire romaine), rhéteur et gram-mairien. Sa curiosité et son insatiable désir de connais-sance lui coûtèrent la vie : en 79, Pline périt dans les laves du Vésuve, dont il s'était approché pour en observer l'éruption. Père de l'esprit encyclopédiste et surnommé à juste titre « le plus illustre apôtre de la science romaine », Pline l'Ancien sut allier le goût du savoir à celui du pouvoir.

Plutarque (c. 45-125 apr. J.-C.)

Né à Chéronée, en Béotie, Plutarque est issu
d'une famille de notables. Après avoir visité Athènes,
où il étudie, l'Égypte et l'Asie Mineure, il s'installe
un temps à Rome et acquiert la citoyenneté romaine.
Puis il revient dans sa patrie, où il se consacre à l'écriture, à sa famille et à ses amis ; on sait qu'il se rendait
fréquemment à Delphes, où il exerçait des fonctions
politiques et sacerdotales en relation avec le sanctuaire
d'Apollon. Plutarque a laissé une œuvre importante,
dans laquelle la philosophie et la biographie occupent
une place de choix. Sous le titre de *Moralia* (*Œuvres
morales*), on trouve un ensemble très varié de traités et
de dialogues consacrés à des questions de philosophie
morale (d'où le titre), mais aussi à des sujets littéraires, politiques, scientifiques, religieux. Ils offrent
une synthèse érudite et passionnante des différentes
écoles antiques, de Platon, d'Aristote, des stoïciens
et des épicuriens. On sait que, dans le domaine
philosophique, Plutarque se rattachait à l'école de
Platon (l'Académie), non sans inflexions et écarts
doctrinaux. En sa qualité de moraliste, Plutarque s'est
intéressé à la vie des hommes illustres, en rédigeant
des biographies dans lesquelles il établit et analyse
les vices et les vertus de chacun. Sous le titre de *Vies
parallèles*, on dispose d'un recueil de biographies de
grands hommes de l'histoire, présentées presque
toutes par paire, un Grec étant mis chaque fois en
parallèle avec un Romain (nous disposons ainsi de
vingt-trois paires). À noter, pour compléter une vie
et une œuvre riches et éclectiques, les *Dialogues
pythiques*, écrits durant les années que Plutarque
a passées à Delphes comme prêtre du sanctuaire
d'Apollon. Au-delà de leur portée philosophique, ses
œuvres d'une érudition prodigieuse sont une mine
de renseignements, un trésor de connaissances, de
faits et d'idées, pour tous ceux qui s'intéressent à

la civilisation gréco-romaine. Dès l'Antiquité, elles ont exercé une influence considérable, et parmi les très nombreux esprits que Plutarque a marqués on relève Shakespeare, Montaigne ou encore Rousseau.

Pollux (IIe siècle apr. J.-C.)

Julius Pollux est un philologue et rhéteur né à Naucratis en Égypte. Venu à Rome, sous le règne d'Antonin le Pieux ou de Marc Aurèle, il devint l'un des maîtres de rhétorique de l'empereur Commode, qui, selon Philostrate, le nomma ensuite à une chaire d'éloquence à Athènes. Il est l'auteur de l'*Onomasticon*, un dictionnaire du grec classique en dix volumes, dont il nous reste une forme lacunaire. Il s'agit essentiellement d'une nomenclature, avec des séries de noms, leurs synonymes, les adjectifs qui en précisent le sens, des locutions où ils sont employés, de nombreuses citations d'auteurs et des explications complémentaires, selon un classement par matières (par exemple le livre IV est consacré à la musique, à la danse et au théâtre, le livre IX aux monnaies). La préface qui présente l'ouvrage est adressée au jeune Commode, dont Pollux était alors le professeur.

Polybe (200-118 av. J.-C.)

Né en Arcadie, dans une famille de militaires, il fut élu *hipparque*, commandant de la cavalerie achéenne, vers 170 avant J.-C. À la suite de la victoire de Paul Émile à Pydna, il fit partie des 1 000 otages emmenés à Rome, où il s'attira la bienveillance de Scipion Émilien, qu'il accompagna en Gaule et en Afrique. Par la suite, il fut négociateur entre les Grecs et les Romains et il participa à la réorganisation politique de la Grèce. Il écrivit des *Histoires* en quarante livres dont seule une partie, les livres I à V, nous a été conservée. Fasciné par la puissance romaine, il voulut en comprendre la raison et crut pouvoir la trouver dans un régime politique qu'il identifia à

la constitution mixte de Platon et d'Aristote, autrement dit à un mélange des trois régimes fondamen-
taux : la monarchie, l'aristocratie et la démocratie.
La coexistence de ces formes avait selon lui pour effet
de bloquer le processus de dégénérescence inhérent
à chacune des constitutions. Historien d'une rigueur
exceptionnelle, Polybe fut l'un des tout premiers
penseurs à élaborer une véritable philosophie de
l'histoire.

Sénèque (1 av. J.-C.-65 apr. J.-C.)

Le « toréador de la vertu », selon le mot de
Nietzsche, est né autour de l'an 1 avant J.-C., à
Cordoue, dans le sud de l'Espagne. Si le nom de
Sénèque est, à juste titre, associé à la pensée stoïcienne, sa vie et son œuvre ne se résument pas à
cela. Sénèque suit les enseignements de Sotion
d'Alexandrie, un stoïcien, puis est initié en Égypte
aux cultes orientaux. La carrière politique du philosophe est tout aussi brillante que sa carrière littéraire,
même s'il connaît des disgrâces, un exil, et échappe
à une première condamnation à mort sous Caligula.
Précepteur de Néron, aristocrate richissime régnant
dans l'ombre sur l'Empire, il rédige une œuvre abondante. Sa production philosophique reste la plus
marquante : *De tranquillitate animi, De clementia, De
vita beata* ou *De constantia animi,* autant de traités
où Sénèque, parallèlement à sa carrière d'homme
d'État, développe les principes de la philosophie
stoïcienne et invite au souci de soi (tranquillité de
l'âme, clémence, constance, bonheur). Il y évoque
aussi les avantages de la retraite : le sage ne veut pas
occuper une responsabilité mesquine et disputée dans
la cité, mais sa juste place dans l'ordre de l'univers.
On attribue aussi à Sénèque neuf tragédies fameuses,
dont *Œdipe, Hercule furieux* et *Médée,* qui représentent
les ravages des passions dénoncées dans ses traités
philosophiques. Cependant, Néron au pouvoir se

méfie de son ancien maître et tente de le faire empoisonner. Retiré à Naples par crainte de l'empereur, le penseur stoïcien mène l'existence érudite et tranquille d'un philosophe, soigne son corps et son âme et compose les *Lettres* à son ami Lucilius. Sa fin est exemplaire : impliqué dans la conspiration de Pison, Sénèque choisit de se suicider et s'emploie avec un grand courage à rejoindre dans la mort une autre figure emblématique du stoïcisme, Caton d'Utique, disparu au siècle précédent.

Strabon (*c.* 63 av. J.-C. -*c.* 25 apr. J.-C.)

Né à Amasée dans le Pont (aujourd'hui en Turquie), Strabon s'installa à Rome vers 44 avant J.-C., après la défaite de Mithridate. D'abord historien – mais nous ne possédons que des fragments de ses *Commentaires historiques* –, il décida ensuite d'écrire une *Géographie* en dix-sept livres, qui nous sont parvenus dans leur intégralité. Il fait dans cet ouvrage une description de toute la terre habitée (*oikoumenè*), en partant comme on le faisait d'habitude dans les périples du détroit de Gibraltar (les colonnes d'Hercule) pour aller jusqu'en Perse, en Inde, en Bretagne, en Éthiopie. Les premiers livres sont consacrés à l'Occident, le dernier à l'Égypte, l'Éthiopie et l'Afrique du Nord. Strabon se considère, sans doute à juste titre, comme le véritable fondateur d'une science géographique qu'il a construite tant en mettant à profit ses voyages que par l'exploitation des textes écrits par les savants antérieurs et par d'autres historiens, dont Éphore (IVᵉ siècle av. J.-C.). Il s'affirme « philosophe », précisément parce que la géographie telle qu'il l'entend suppose un savoir global. Grâce à lui, elle n'est pas une pure démarche intellectuelle, car elle a, entre autres finalités, celle de permettre au gouvernant, en l'occurrence la puissance romaine, une conquête et une domination rendues plus faciles par la connaissance du territoire. La présence de récits mythiques, destinés à distraire le lecteur, ne contrarie nullement la vocation éminemment scientifique et technique de cet impressionnant corpus. Malgré son titre, la *Géographie* donne de nombreux renseignements historiques : Strabon voit en effet la géographie humaine et physique comme le facteur d'explication de l'histoire des peuples.

Suétone (c. 70-122 apr. J.-C.)

Gaius Suetonius Tranquillus appartenait à l'ordre équestre et fit carrière comme haut fonctionnaire, notamment grâce à Pline le Jeune, qui était son ami et qui l'aida de son influence. Il fit une carrière administrative dans les services centraux de l'Empire, où il devint secrétaire *ab epistulis* (chargé de la correspondance) dans le palais d'Hadrien, tâche qui lui permit sans doute un accès direct aux archives impériales. Il écrivit des traités divers concernant la grammaire, l'histoire, l'archéologie, et notamment un *De grammaticis et rhetoribus* tiré d'un ensemble plus vaste, qui rassemblait des biographies de poètes, orateurs, philosophes, historiens, grammairiens, rhéteurs. Grâce à cet ouvrage nous pouvons lire la vie de Térence, de Lucain ou celle d'Horace. Mais c'est surtout par ses célèbres *Vies des douze Césars* (*De vita duodecim Caesarum*) que Suétone est connu. Il y raconte la vie des Julio-Claudiens et des Flaviens, de Jules César à Domitien, en consacrant à chacun des empereurs un livre. De ce fait, il rompt avec la tradition annalistique par laquelle les historiens rendaient compte des événements, année par année, et inaugure une nouvelle forme d'historiographie. Il privilégie une conception anecdotique de l'Histoire, collectionnant les détails précis, parfois scabreux (les ragots au dire des méchantes langues), consignant les faits et gestes des empereurs, comme révélateurs d'une personnalité. Ses biographies seront un modèle pour les biographes du Moyen Âge.

Thucydide (*c.* 460-400 av. J.-C.)

Athénien, fils d'Oloros, Thucydide avait, par sa famille, des attaches avec la Thrace et comptait probablement Miltiade et Cimon, deux grands hommes d'État, parmi ses ascendants. En 430, il fut atteint par l'épidémie qui sévissait à Athènes. En 424, il exerça les fonctions de stratège et fut chargé d'un commandement, aux abords de la Thrace précisément : ayant essuyé un échec, il fut exilé d'Athènes, où il ne revint qu'en 404. Dès le début de la guerre du Péloponnèse, qui opposa Athènes et Sparte (431-404 av. J.-C.), il avait conçu le projet d'écrire l'histoire des événements qui étaient en train de se produire et il s'était mis au travail, travail qu'il continua jusqu'à la fin de sa vie. Son ouvrage monumental, *La Guerre du Péloponnèse*, analyse les causes du conflit, puis relate la période 431-411 ; il est inachevé, sans doute parce que l'auteur mourut avant d'avoir pu le terminer. Xénophon prendra la suite, en faisant commencer ses *Helléniques* exactement en 411. L'œuvre de Thucydide a bénéficié à la fois de l'expérience politique de son auteur et des idées nouvelles qui se répandaient à Athènes, et dont il avait connaissance (sophistique, rhétorique, médecine). Elle marque une étape décisive dans le genre historique et, encore aujourd'hui, elle force l'admiration par l'étendue de l'information, la rigueur scientifique, la recherche des explications rationnelles – ce qui n'empêche pas des choix personnels de la part de l'historien (par exemple son respect pour Périclès) et une mise en forme littéraire, notamment au moyen des discours. En une formule célèbre, Thucydide a défini l'histoire comme « une acquisition pour toujours ».

Tite-Live (*c.* 60 av. J.-C.-17 apr. J.-C.)

La vie de Tite-Live est sans doute l'une des plus calmes parmi les existences d'auteurs antiques. Il fallait bien une telle sérénité pour composer une œuvre fleuve comme celle à laquelle le plus prolixe des historiens latins donna le jour. Originaire de Padoue, il consacre sa vie à sa famille et à l'écriture. Cet intime d'Auguste, attaché à ses convictions républicaines, limite ses séjours à la cour, où il occupe toutefois les fonctions de précepteur du futur empereur Claude. Il est l'auteur d'écrits d'inspiration philosophique aujourd'hui perdus, mais surtout d'une histoire romaine monumentale, *ab Vrbe condita,* « depuis la fondation de Rome », en 142 livres. Seule la mort interrompt son travail. Il nous reste trente-cinq livres qui sont notre source principale sur l'histoire archaïque de Rome. Malheureusement, les livres consacrés aux guerres civiles ont disparu. Tite-Live s'appuie sur différents matériaux : des légendes, des documents officiels, les œuvres des premiers historiens, les « annalistes », qui consignaient tous les événements importants survenus chaque année. Il ne se livre pas nécessairement à une critique des sources : il juxtapose les différentes versions, sans forcément évoquer ses préférences ou les doutes qu'une légende peut lui inspirer. Son travail se veut non seulement narratif mais aussi explicatif et didactique : son ouvrage multiplie les *exempla,* les figures de citoyens « exemplaires » qui ont fait la force et la grandeur de la Rome des premiers temps et qui doivent servir de mémento à ses contemporains dévoyés par le luxe et la débauche. Tite-Live cherche également à composer une œuvre d'art : l'exigence de vérité ne l'amène jamais à sacrifier sa visée esthétique.

Virgile (70-19 av. J.-C.)

Si Homère devait avoir un double latin, ce serait Virgile, tant son œuvre fut célébrée, autant par les Anciens que par les générations suivantes. Issu d'une famille modeste, spoliée d'une partie de ses biens par la guerre civile, Virgile est né à Mantoue et ne tarde guère à se consacrer à la poésie, après avoir

étudié la rhétorique et la philosophie épicurienne à
Crémone, Milan et Rome. À trente ans à peine, il
a déjà composé les *Bucoliques*, pièces champêtres à
la manière du poète grec Théocrite, qui comportent
plusieurs allusions à la triste réalité contemporaine
des propriétaires spoliés. Il poursuit avec les *Géorgiques,*
imitées de la poésie didactique d'Hésiode. Mécène
puis l'empereur Auguste le remarquent, l'encou-
ragent et lui redonnent un petit domaine rural en
Campanie. Virgile devient ainsi le chantre officiel de
l'Empire. Toutefois, ce poète de cour est un poète de
génie. Désireux de chanter la gloire d'Auguste, il a
cependant l'idée de ne pas célébrer directement ses
exploits mais d'entreprendre une épopée propre à
flatter tant le prince que l'orgueil national : l'*Énéide*
relate en effet les exploits d'Énée, chef troyen, fils de
Vénus et ancêtre mythique de la famille d'Auguste et
du peuple romain. Un réseau complexe d'allusions
assure ainsi le lien entre le récit fabuleux des origines,
l'héritage dynastique et l'histoire contemporaine.
C'est ainsi que les Romains ont pu rivaliser avec
les glorieux héros grecs, immortalisés par Homère.
Insatisfait de son œuvre, Virgile avait demandé
à Varron de la jeter dans les flammes s'il venait à
mourir avant d'avoir pu la relire entièrement. Bravant
la volonté du poète mort brusquement d'une inso-
lation, Auguste en ordonna la publication. Dès lors,
l'épopée nationale fut considérée comme un véritable
abrégé du savoir humain et le modèle de la grande
poésie, louée tant par les païens que par les chrétiens
pour la plus grande gloire de Rome. À partir des trois
œuvres du poète s'élabora le modèle de « la roue
de Virgile » : les motifs, les tournures de chacune
servaient de références aux trois niveaux de style, bas,
moyen et élevé (*humile, mediocre, sublime*). Animé d'un
« souffle vraiment divin » selon Claudel, « le cygne
de Mantoue » a été le poète du prince autant que
le prince des poètes.

Vitruve (fin du Ier siècle av. J.-C.)

Architecte et ingénieur militaire, Marcus Vitruvius Pollio servit dans l'armée de César, où il était chargé de construire des machines de guerre ; il s'occupa ensuite des aqueducs de Rome. Il rassembla son savoir, dû autant à l'expérience qu'à ses nombreuses lectures d'auteurs grecs, dans un ouvrage en dix livres, *De l'architecture*, qu'il dédie à l'empereur Auguste. Dans l'introduction de son ouvrage, Vitruve énonce les qualités et les connaissances que doit avoir l'architecte ; celui-ci doit acquérir des notions de grammaire, de dessin, de géométrie, d'histoire, de philosophie (sciences) et de musique. En effet, l'architecte ne s'occupe pas seulement de concevoir et de bâtir des édifices, il a aussi des fonctions d'ingénieur civil et militaire dans le domaine de l'hydraulique et de celui des machines de guerre. Homme cultivé (il se définit comme adepte de la philosophie pythagoricienne), Vitruve n'hésite pas à se lancer dans des développements d'ordre général et il cite aussi bien Archimède que les philosophes grecs (Platon, Aristote, Théophraste ou Épicure).

POUR ALLER PLUS LOIN

Nota bene : l'abréviation « CUF » désigne la Collection des universités de France, publiée à Paris par les Belles Lettres.

SOURCES

ANTONINUS LIBERALIS
Les Métamorphoses, texte établi, traduit et commenté par Manolis Papathomopoulos, Les Belles Lettres, « CUF », 1968

APOLLODORE
Bibliothèque, traduite, annotée et commentée par Jean-Claude Carrière et Bertrand Massonie, Annales littéraires de l'université de Besançon, diffusé par Les Belles Lettres, 1991

APOLLONIOS DE RHODES
Les Argonautiques, tome II, chant III, texte établi et commenté par Francis Vian et traduit par Émile Delage, Les Belles Lettres, « CUF », 1980
Les Argonautiques, tome III, chant IV, texte établi et commenté par Francis Vian et traduit par Émile Delage et Francis Vian, Les Belles Lettres, « CUF », 1981

APOLLONIOS DE TYANE
Le Livre des sept statues, texte traduit par Henry Corbin, Éditions de l'Herne, 1981 (p. 97-98)

Aristophane
Comédies, texte établi par Victor Coulon et traduit par Hilaire Van Daele, tome II, *Les Guêpes – La Paix*, Les Belles Lettres, « CUF », 1964

Aristote
Les Parties des animaux, texte établi et traduit par Pierre Louis, Les Belles Lettres, « CUF », 1956
Politique, livres I et II, texte établi et traduit par Jean Aubonnet, Les Belles Lettres, « CUF », 1960
Traité de l'âme, tome I, traduit et annoté par G. Rodier, Paris, Ernest Leroux, 1900

Athénée de Naucratis
Le Banquet des savants, tome II, traduction M. Lefebvre de Villebrune (revue par Annie Collognat), Paris, 1789
Le Banquet des savants, tome IV, traduction M. Lefebvre de Villebrune (revue par Annie Collognat), Paris, 1789

Aulu-Gelle
Les Nuits attiques, tome II, livres V-X, texte établi et traduit par René Marache, Les Belles Lettres, « CUF », 1989

Ausone
Œuvres, traduction nouvelle par E.-F. Corpet, tome second, Paris, CLF Panckoucke éditeur, 1843

Callistrate
« Description de quelques statues antiques tant de marbre comme de bronze », traduction et commentaire par Blaise de Vigenère, dans *La Suite de Philostrate*, Blaise de Vigenère, Abel Langellier, Paris, 1602

Cicéron
Tusculanes, tome II, livres III-V, texte établi par Georges Fohlen et traduit par Jules Humbert, Les Belles Lettres « CUF », 2011

CLÉMENT D'ALEXANDRIE
Protreptique, in *Les Pères de l'Église*, traduit par M. de Genoude, tome IV, Paris, 1839 (traduction revue par A. Collognat)

DE REBUS BELLICIS
Sur les affaires militaires, texte établi, traduit et commenté par Philippe Fleury, Les Belles Lettres, « CUF », 2017

DIODORE DE SICILE
Bibliothèque historique, livre IV, « Mythologie des Grecs », traduit par Anahita Bianquis, Les Belles Lettres, « La Roue à livres », 1997
Bibliothèque historique, livre V, « Livre des îles », texte établi et traduit par Michel Casevitz, Les Belles Lettres, « CUF », 2015
Bibliothèque historique, tome XV, livre XX, texte établi, traduit et commenté par Cécile Durvye, Les Belles Lettres, « CUF », 2018

ÉRATOSTHÈNE DE CYRÈNE
Catastérismes, édition critique par Jordi Pàmias i Massana, traduction par Arnaud Zucker, Les Belles Lettres, « CUF », 2013

HÉRODOTE
Histoires, tome II, livre II, *Euterpe*, texte établi et traduit par Philippe-Ernest Legrand, Les Belles Lettres, « CUF », 2009

HÉRON D'ALEXANDRIE
La Chirobaliste, restitution et traduction par Alexandre-Joseph-Hidulphe Vincent, Paris, imprimerie A. Lainé et J. Havard, 1866
Les Théâtres d'automates en Grèce au IIe siècle avant l'ère chrétienne, d'après les *Automatopoiika* de Héron

d'Alexandrie, Victor Prou, extrait des Mémoires de l'Académie des inscriptions et belles-lettres, 1884

Héron d'Alexandrie : La science des philosophes et l'art des thaumaturges dans l'Antiquité. Les Pneumatiques *de Héron d'Alexandrie et de Philon de Byzance* par Albert de Rochas, G. Masson éditeur, Paris, 1882

Les Mécaniques ou l'Élévateur des corps lourds, texte arabe de Qusṭā Ibn Lūqā établi et traduit par B. Carra de Vaux, introduction par D. R. Hill, commentaires par A. G. Drachman, Les Belles lettres, collection « Sciences et philosophie arabe » (Études et Reprises), 1988

HÉSIODE
Théogonie, Les Travaux et les Jours, Le Bouclier, texte établi et traduit par Paul Mazon, 11ᵉ tirage, Les Belles Lettres, « CUF », 1982

HOMÈRE
Iliade, tome I, chants I-VI, texte établi et traduit par Paul Mazon, avec la collaboration de Pierre Chantraine, Paul Collart et René Langumier, Les Belles Lettres, « CUF », 1937, 8ᵉ tirage, Les Belles Lettres, « CUF », 1987

Iliade, tome II, chants VII-XII, texte établi et traduit par Paul Mazon, avec la collaboration de Pierre Chantraine, Paul Collart et René Langumier, 6ᵉ tirage, Les Belles Lettres, « CUF », 1972

Iliade, tome III, chants XIII-XVIII, texte établi et traduit par Paul Mazon, avec la collaboration de Pierre Chantraine, Paul Collart et René Langumier, Les Belles Lettres, « CUF », 1949

Odyssée, tome I, chants I-VII, texte établi et traduit par Victor Bérard, 3ᵉ édition, Les Belles Lettres, « CUF », 1939

Odyssée, tome II, chants VIII-XV, texte établi et traduit par Victor Bérard, 9ᵉ tirage, Les Belles Lettres, « CUF », 1974

Odyssée, tome III, chants XVI-XXIV, texte établi et traduit par Victor Bérard, 7ᵉ tirage, Les Belles Lettres, « CUF », 1967

HYGIN
L'*Astronomie*, texte établi et traduit par André Le Bœuffle, Les Belles Lettres, « CUF », 1983
Fables, texte établi et traduit par Jean-Yves Boriaud, Les Belles Lettres, « CUF », 1997

LUCIEN
Œuvres complètes, textes introduits, traduits et annotés par Anne-Marie Ozanam, Les Belles Lettres, « Editio minor », 2018

MARTIAL
Œuvres complètes, « Petit livre sur les spectacles », avec la traduction, de MM. V. Verger, N.-A. Dubois et J. Mangeart ; nouvelle édition revue par MM. Félix Lemaistre, N.-A. Dubois, et précédée des *Mémoires de Martial* par M. Jules Janin, Paris, Garnier frères, 1864

NONNOS DE PANOPOLIS
Les Dionysiaques, tome II, chants III-V, texte établi et traduit par Pierre Chuvin, Les Belles Lettres, « CUF », 1976
Les Dionysiaques, tome IX, chants XXV-XXIX, texte établi et traduit par Francis Vian, Les Belles Lettres, « CUF », 1990

OVIDE
Fastes, tome II, livres IV-VI, texte établi, traduit et commenté par Robert Schilling, 4ᵉ tirage, Les Belles Lettres, « CUF », 2017
Métamorphoses, tome I, livres I-V, texte établi et traduit par Georges Lafaye, 7ᵉ tirage, Les Belles Lettres, « CUF », 1985

Métamorphoses, tome II, livres VI-X, texte établi et traduit par Georges Lafaye, 6ᵉ tirage revu et corrigé par H. Le Bonniec, Les Belles Lettres, « CUF », 1989

PAUSANIAS
Description de la Grèce, livre I, « L'Attique », texte établi par Michel Casevitz et traduit par Jean Pouilloux, Les Belles Lettres, « CUF », 1992
Description de la Grèce, livre III, « La Laconie », traduction M. Clavier (revue Annie Collognat), Paris, 1821
Description de la Grèce, livre VI, « L'Élide » (II), texte établi par Michel Casevitz et traduit par Jean Pouilloux, Les Belles Lettres, « CUF », 2002
Description de la Grèce, livre VIII, « L'Arcadie », texte établi par Michel Casevitz et traduit par Madeleine Jost avec la collaboration de Jean Marcadé, Les Belles Lettres, « CUF », 1998
Description de la Grèce, livre IX, « La Béotie », traduction M. Clavier (revue Annie Collognat), Paris, 1821
Description de la Grèce, livre X, « La Phocide », traduction M. Clavier (revue Annie Collognat), Paris, 1821

PHILOSTRATE D'ATHÈNES
Vie d'Apollonios de Tyane, sa vie, ses voyages, ses prodiges, livre III, traduction Alexis Chassang, Paris, Didier, 1862

PHILOSTRATE L'ANCIEN
La Galerie de tableaux, traduit par Auguste Bougot, révisé et annoté par François Lissarrague, Les Belles Lettres, « La Roue à livres », 1991

PINDARE
Olympiques, tome I, texte établi et traduit par Aimé Puech, 3ᵉ tirage, Les Belles Lettres, « CUF », 1949
Pythiques, tome II, texte établi et traduit par Aimé Puech, 7ᵉ tirage, Les Belles Lettres, « CUF », 1977

PLATON

Euthyphron, Œuvres complètes, tome I, 2ᵉ partie, texte établi et traduit par Maurice Croiset, 9ᵉ tirage, Les Belles Lettres, « CUF », 1966

Protagoras, Œuvres complètes, tome III, 1ʳᵉ partie, texte établi et traduit par Alfred Croiset avec la collaboration de Louis Bodin, 7ᵉ tirage, Les Belles Lettres, « CUF », 1966

Gorgias, Œuvres complètes, tome III, 2ᵉ partie, texte établi et traduit par Alfred Croiset, 12ᵉ tirage, Les Belles Lettres, « CUF », 1968

Ménon, Œuvres complètes, tome III, 2ᵉ partie, texte établi et traduit par Alfred Croiset, 12ᵉ tirage, Les Belles Lettres, « CUF », 1968

Timée, Œuvres complètes, tome X, texte établi et traduit par Albert Rivaud, 4ᵉ tirage, Les Belles Lettres, « CUF », 1963

Minos ou *Sur la loi*, Œuvres complètes, tome XIII, 2ᵉ partie, texte établi et traduit par Joseph Souilhé, 2ᵉ tirage, Les Belles Lettres, « CUF », 1962

PLINE L'ANCIEN

Histoire naturelle, livre XXXIV, « Des métaux et de la sculpture », texte établi et traduit par Henri Le Bonniec, commenté par Henri Le Bonniec et Hubert Gallet de Santerre, 2ᵉ tirage revu et corrigé, Les Belles Lettres, « CUF », 1983

PLUTARQUE

Vies, tome II, « Solon – Publicola – Thémistocle – Camille », texte établi et traduit par Robert Flacelière, Émile Chambry et Marcel Juneaux, Les Belles Lettres, « CUF », 1961

Vies, tome IV, « Timoléon – Paul-Émile – Pélopidas – Marcellus », texte établi et traduit par Robert Flacelière et Émile Chambry, Les Belles Lettres, « CUF », 1966

Vies, tome XIII, « Démétrios – Antoine », texte établi et traduit par Robert Flacelière et Émile Chambry, Les Belles Lettres, « CUF », 1977

POLLUX (JULIUS)
Onomasticon, éd. Emmanuel Bekker, Berlin, 1846 (traduction Annie Collognat)

POLYBE
Histoires, livre I, texte établi et traduit par Paul Pédech, Les Belles Lettres, « CUF », 1969

PSEUDO-ARISTOTE
Problèmes mécaniques, texte introduit, traduit et commenté par Michel Federspiel ; mis à jour par Micheline Decorps-Foulquier ; préface d'Aude Cohen-Skalli, Les Belles lettres, « CUF », 2017

SÉNÈQUE
Lettres à Lucilius, tome IV, livres XIV-XVIII, texte établi par François Préchac et traduit par Henri Noblot, Les Belles Lettres, « CUF », 1962

STRABON
Géographie de Strabon, traduction nouvelle par Amédée Tardieu, tome premier, Paris, Librairie de L. Hachette et Cie, 1867
Géographie, tome VII, texte établi et traduit par François Lasserre, Les Belles Lettres, « CUF », 1971

SUÉTONE
Vies des douze Césars. Claude – Néron, traduit par Henri Ailloud, relu par Jean Maurin, introduction et notes de Jean Maurin, Les Belles Lettres, « CUF », 1996

THUCYDIDE
La Guerre du Péloponnèse, tome I, livres I-II, texte établi et traduit par Jacqueline de Romilly,

introduction et notes par Claude Mossé, Les Belles Lettres, « CUF », 2009

TITE-LIVE

Histoire romaine, tome V, texte établi par Jean Bayet et traduit par Gaston Baillet, Les Belles Lettres, « CUF », 1954

Histoire romaine, tome XIV, livre XXIV, texte établi et traduit par Paul Jal, Les Belles Lettres, « CUF », 2005

VIRGILE

L'*Énéide*, Livres V – VIII, Texte établi et traduit par Jacques Perret, Les Belles Lettres, CUF, 1978

VITRUVE

De l'architecture, livre IX, texte établi, traduit et commenté par Jean Soubiran, Les Belles Lettres, « CUF », 1969

De l'architecture, livre X, texte établi, traduit et commenté par Louis Callebat, avec la collaboration, pour le commentaire, de Philippe Fleury, ouvrage publié avec le concours du CNRS, Les Belles Lettres, « CUF », 1986

REPÈRES BIBLIOGRAPHIQUES

ADAM VÉRONIQUE, « L'automate des alchimistes : une machine naturelle » in *La Fabrique du corps humain : la machine modèle du vivant* (direction Véronique Adam et Anna Caiozzo), Presses de la MSH-Alpes, 2010.

AMARTIN-SERIN ANNIE, *La Création défiée. L'homme fabriqué dans la littérature,* Presses universitaires de France, Paris, 1996.

ARGOUD GILBERT et GUILLAUMIN JEAN-YVES, Les Pneumatiques *de Héron d'Alexandrie,* introduction, traduction et notes, Mémoires XV du Centre Jean-Palerne, Publications de l'université de Saint-Étienne, 1997.

ARGOUD GILBERT et GUILLAUMIN JEAN-YVES, *Sciences exactes et sciences appliquées à Alexandrie,* Actes du colloque international de Saint-Étienne (6-8 juin 1996), Mémoires XVI du Centre Jean-Palerne, Publications de l'université de Saint-Étienne, 1998.

BONNARD ANDRÉ, *Civilisation grecque. D'Euripide à Alexandre,* Éditions Complexe, Bruxelles, 1991.

BONNIN JÉRÔME, *La Mesure du temps dans l'Antiquité,* Les Belles Lettres, Paris, 2015.

BROUILLET MANON et CARASTRO CLÉO, « Parures divines. Puissances et constructions homériques de l'objet » in Dossier *Place aux objets. Présentification et vie des artefacts en Grèce ancienne*, Éditions de l'École des hautes études en sciences sociales, Daedalus, collection « Mètis » | N.S.16, Paris-Athènes, 2018.

BRUN PATRICK (coord.), *Questions d'histoire, Guerres et sociétés dans les mondes grecs (490-322 av. J.-C.)*, Éditions du Temps, Paris, 1999.

BRUNET MICHÈLE, « Les aménagements hydrauliques dans les cités grecques antiques. Technique et société », in *L'Eau en Méditerranée de l'Antiquité au Moyen Âge*, 23, p. 85-98, 2012, Cahiers de la Villa Kérylos.

CARRA DE VAUX BERNARD, *Le Livre des appareils pneumatiques et des machines hydrauliques par Philon de Byzance, édité d'après les versions arabes d'Oxford et de Constantinople et traduit en français*, Imprimerie nationale, Klincksieck, Paris, 1902.

CARRA DE VAUX BERNARD, *Héron d'Alexandrie : Les Mécaniques ou l'Élévateur des corps lourds*, texte arabe de Qusṭā Ibn Lūqā, établi et traduit par B. Carra de Vaux, Imprimerie nationale, Les Belles Lettres, Paris, 1988.

CHAPUIS ALFRED et DROZ EDMOND, *Les Automates, figures artificielles d'hommes et d'animaux, histoire et technique*, Éditions du Griffon, Neuchâtel, 1949.

CHAPUIS ALFRED et GÉLIS ÉDOUARD, *Le Monde des automates : étude historique et technique*, volumes 1 et 2, Éditions Slatkine, Genève, 1984.

CHEVALLIER RAYMOND, *Sciences et techniques à Rome*, Presses universitaires de France, Paris, 1993.

COHEN JOHN, *Les Robots humains dans le mythe et dans la science* (trad. Dambuyant), Vrin, Paris, 1968.

DANCOURT MICHÈLE, *Dédale et Icare : métamorphoses d'un mythe*, CNRS Éditions, Paris, 2002.

DAREMBERG CHARLES ET SAGLIO EDMOND, *Dictionnaire des Antiquités grecques et romaines*, Librairie Hachette, Paris, 1877.

DELCOURT MARIE, *Héphaïstos ou la Légende du magicien*, Paris, Les Belles Lettres, 1982.

DELUZ VINCENT, *De la clepsydre animée à l'horloge mécanique à automates, entre Antiquité et Moyen Âge*, Presses universitaires, Caen, 2015.

ELIADE MIRCEA, *Forgerons et alchimistes*, Paris, Flammarion, 1956.

FLEURY PHILIPPE, *La Mécanique de Vitruve*, Presses universitaires de Caen, 1993.

FLEURY PHILIPPE, « L'hydraulique ancienne : de l'Égypte à Rome », colloque international « L'Égypte à Rome », septembre 2002, Caen, Presses universitaires de Caen, Cahiers de la MRSH, p. 169-186, 2005.

FRAGAKI HÉLÈNE, « Automates et statues merveilleuses dans l'Alexandrie antique », in *Journal des savants*, Académie des inscriptions et belles-lettres, janvier-juin 2012, n° 1 (p. 29-67).

FRONTISI-DUCROUX FRANÇOISE, *Dédale, mythologie de l'artisan en Grèce ancienne*, Paris, François Maspero (« Textes à l'appui »), Paris, 1975.

GILLE Bertrand, sous la direction de, *Histoire des techniques. Technique et civilisations. Technique et sciences*, Gallimard, Encyclopédie de la Pléiade, Paris, 1978.

GILLE Bertrand, *Les Mécaniciens grecs. La naissance de la technologie*, Seuil, Paris, 1980.

GREEN PETER, *D'Alexandre à Actium, Du partage de l'Empire au triomphe de Rome*, traduit de l'anglais par Odile Demange, Robert Laffont, Paris, 1997.

GUILLAUMIN JEAN-YVES, « Les automates dans l'Antiquité, de la légende mythologique aux traités techniques », in « Machines et inventions : le mythe et la technique », Actes de la journée scientifique du XLIVe congrès de l'APLAES édités par Frédéric Le Blay, Annales de l'APLAES, 2015.

HEUDIN JEAN-CLAUDE, *Les Créatures artificielles : des automates aux mondes virtuels*, Odile Jacob, 2008.

INGOLD TIM, « L'outil, l'esprit et la machine : une excursion dans la philosophie de la "technologie" », *Techniques & Culture*, 54-55, 2010, « Cultures matérielles », p. 291-311, éditions de l'EHESS, Paris, 2010.

JAMARD JEAN-LUC, « Avant-propos. Mythes et techniques, ou l'origine des manières de faire », in *Techniques & Culture* 43-44, 2004, « Mythes. L'origine des manières de faire ».

JOUANNA JACQUES, TOUBERT PIERRE, ZINK MICHEL, « L'eau en Méditerranée de l'Antiquité au Moyen Âge », octobre 2011, Beaulieu-sur-Mer, France, *L'Eau en Méditerranée de l'Antiquité au Moyen Âge*, 23, p. 85-98, 2012, Cahiers de la Villa Kérylos.

MAGNIN CHARLES, *Histoire des marionnettes en Europe depuis l'Antiquité jusqu'à nos jours*, Michel Lévy frères, Paris, 1852.

Marcinkowski Alexandre et Wilgaux Jérôme, « Automates et créatures artificielles d'Héphaïstos : entre science et fiction », in *Techniques & Culture* 43 44, 2004, « Mythes. L'origine des manières de faire ».

Mayor Adrienne, *Gods and Robots, Myths, Machines and Ancient Dreams of Technology*, Princeton University Press, Princeton, New Jersey, 2018.

Méasson Anita, « Alexandrea ad Aegyptum » in *Science et vie intellectuelle à Alexandrie (Ier-IIIe siècle apr. J.-C.)*, publication de l'université de Saint-Etienne, 1994.

Meyer Jean-Arcady, *Dei ex machinis : La vie et l'œuvre des principaux facteurs d'automates et proto-robots, depuis les légendes anciennes jusqu'aux débuts de l'intelligence artificielle,* volume 1, *De l'Antiquité à Hans Schlottheim,* Les Éditions du Net, Paris, 2015.

Morris Sarah P., *Daidalos and the Origins of Greek Art,* Princeton University Press, Princeton, New Jersey, 1992.

Muller-Dufeu Marion, *« Créer du vivant », sculpteurs et artistes dans l'Antiquité grecque,* Presses universitaires du Septentrion, collection « Archaiologia », 2011.

Muller-Dufeu Marion, *La Sculpture grecque. Sources littéraires et épigraphiques,* École nationale supérieure des Beaux-Arts, collection « Beaux-arts Histoire », Paris, 2002.

Perrot Jean, *L'Orgue de ses origines hellénistiques à la fin du XIIIe siècle,* Éditions A. et J. Picard, Paris, 1965.

PIMOUGUET-PÉDARROS ISABELLE, « L'apparition des premiers engins balistiques dans le monde grec et hellénisé : un état de la question », in *Revue des études anciennes*, tome CII, n° 1-2, Paris, 2000.

PROU VICTOR, « Les théâtres d'automates en Grèce au IIe siècle avant l'ère chrétienne d'après les *Automatopoiika* de Héron d'Alexandrie », in Mémoires présentés par divers savants à l'Académie des inscriptions et belles-lettres de l'Institut de France, Première série, Sujets divers d'érudition, tome 9, 2e partie, 1884 (p. 117-274).

ROCHAS ALBERT DE, *La Science des philosophes et l'art des thaumaturges dans l'Antiquité* [comporte une traduction des *Pneumatiques* de Héron, p. 85-204, et d'un fragment des *Pneumatiques* de Philon, p. 205-217], G. Masson éditeur, Paris, 1882.

ROCHAS ALBERT DE, « Les bénitiers à tire-lire et à tourniquet dans les temples de l'ancienne Égypte » in *La Nature* n° 460, 25 mars 1882.

SCHUHL PIERRE-MAXIME, « La notion de blocage et l'Antiquité classique », in *Tiers-Monde*, tome 7, n° 26, 1966, *Blocages et freinages de la croissance et du développement* (1), p. 251-253.

TRÉZINY HENRI, « Les fortifications grecques en Occident à l'époque classique (491-322 av. J.-C.) », in *Pallas*, 51/1999, *Guerres et sociétés dans les mondes grecs à l'époque classique.*

VERNANT JEAN-PIERRE, « Remarques sur les formes et les limites de la pensée technique chez les Grecs », in *Revue d'histoire des sciences et de leurs applications*, tome X, n° 3, 1957 (p. 205-225).

Viollet Pierre-Louis, *L'Hydraulique dans les civilisations anciennes. 5 000 ans d'histoire*, Presses de l'École nationale des ponts et chaussées, Paris, 2004.

Weynants-Ronday Marie Claire, *Les Statues vivantes. Introduction à l'étude des statues égyptiennes*, Édition de la fondation égyptologique Reine Élisabeth, Bruxelles, 1926.

SITOGRAPHIE

Konstantinos Kotsanas
Site du musée (privé) « MUSÉE des TECHNOLOGIES des GRECS de l'ANTIQUITÉ »
Athènes
http://kotsanas.com/fr/categories.php